舰船捷联惯性导航与仿真

覃方君　李开龙　郜鹏华　韦宏玮　编著

科　学　出　版　社

北　京

内 容 简 介

本书针对当前教学需求，重点突破传统理论教学中数学推导与工程实践的衔接难题，创新性地构建“数学模型—算法实现—可视化验证”三位一体的教学体系。全书基于 MATLAB R2021a 仿真平台，系统整合惯性导航系统核心算法的程序实现环节，实现从原理推导到虚拟仿真的全链条教学闭环。

本书采用“基础模块—专业应用—前沿拓展”的递进架构，具体内容包含 MATLAB/Simulink 编程基础、惯性导航数学模型及算法实现、陀螺仪与加速度计原理仿真、捷联式惯性导航系统（涵盖误差建模、阻尼控制、初始对准等关键技术）、旋转调制式惯性导航系统等，并创新性地纳入极区导航方法等前沿内容。各章均采用“理论导引—公式解析—代码实现—可视化验证”的四步教学法，配套提供经过工程验证的 MATLAB 源码（见封三页面二维码）。

本书既可作为高等院校导航专业“理论+实践”的立体化教学用书，也能为工业界惯性导航系统开发人员提供标准的算法移植模板。本书“数理严密的推导+工业级的代码规范+动态可视的验证手段”特色，尤其适合新型工科人才培养的需求。

图书在版编目（CIP）数据

舰船捷联惯性导航与仿真 / 覃方君等编著. -- 北京 : 科学出版社, 2025. 7. -- ISBN 978-7-03-082671-8

I. U666.11

中国国家版本馆 CIP 数据核字第 2025PD3609 号

责任编辑：杜 权 刘 畅/责任校对：高 嵘
责任印制：彭 超/封面设计：苏 波

科学出版社出版
北京东黄城根北街 16 号
邮政编码：100717
http://www.sciencep.com
武汉市首壹印务有限公司印刷
科学出版社发行 各地新华书店经销
*
开本：787×1092 1/16
2025 年 7 月第 一 版 印张：10 1/2
2025 年 7 月第一次印刷 字数：250 000
定价：118.00 元
（如有印装质量问题，我社负责调换）

前　言

捷联式惯性导航系统是现代导航技术的核心之一，它以固定于载体的惯性传感器（陀螺仪和加速度计）为基础，实时测量载体的角运动和线运动，并结合捷联解算算法精确计算载体的位置、速度和姿态。与传统平台式惯性导航相比，捷联惯性导航取消了物理稳定平台，结构更紧凑，可靠性更高，适用于航空、航天、航海及陆地运动载体的自主导航。

本书共 5 章：第 1 章为惯性导航基础知识，内容包括惯性导航坐标系、加速度计测量原理、惯导位置信息计算方法、陀螺仪测量原理、角度计算方法、惯性稳定平台及相应的程序实现；第 2 章介绍捷联式惯性导航系统基本原理及其关键技术，主要包括捷联式惯性导航基本原理、捷联式惯性导航的阻尼；第 3 章介绍捷联式惯性导航系统的关键技术，主要包括初始对准、组合导航综合校正及相应的程序设计；第 4 章介绍旋转调制式捷联惯性导航系统，主要包括单轴旋转调制、双轴旋转调制及相应程序设计；第 5 章介绍捷联式惯性导航系统在极区的导航方法，主要包括捷联惯性导航极区的机械编排、误差分析及相应的程序设计；附录部分为惯性导航程序设计的基础知识，包括惯性导航系统的常用研究工具——SIMULINK 的常用运算规则和基础程序设计，以及卡尔曼滤波基础。

本书以惯性导航基础理论与算法程序实现为双主线，通过原理推导与工程实践的紧密结合，系统阐述惯性导航基础知识、捷联式惯性导航及旋转调制式惯性导航的核心技术。各章节均配有配套的 MATLAB 程序源码（见封三页面二维码），通过公式推导与代码实现逐一对应，帮助读者深化理解。本书既可作为导航工程专业本科生、研究生的理论实践一体化教材，也能为从事惯性导航研发的工程师提供算法移植与工程实现的参考范式。

由于水平有限，书中疏漏之处在所难免，恳请读者朋友批评指正。

编　者

2025 年 4 月

目　录

第 1 章　惯性导航基础知识 …… 1
1.1　常见坐标系及转换 …… 1
1.1.1　常见坐标系 …… 1
1.1.2　常见坐标系转换 …… 5
1.2　坐标系变换程序设计与仿真 …… 16
1.2.1　程序设计 …… 16
1.2.2　仿真结果 …… 19
1.3　地球及其自转 …… 20
1.3.1　地球的形状与参考椭球 …… 20
1.3.2　参考椭球的曲率半径 …… 22
1.3.3　垂线及纬度的定义 …… 24
1.3.4　地球的重力场 …… 25
1.3.5　计时标准及地球自转角速度 …… 26
1.3.6　地球自转下的坐标系分解 …… 27
1.4　地球自转程序设计与仿真 …… 28
1.4.1　程序设计 …… 28
1.4.2　仿真结果 …… 30
1.5　经纬度变化率 …… 30
1.5.1　加速度计对比力的测量 …… 30
1.5.2　比力方程 …… 33
1.5.3　经纬度变化率的计算 …… 37
1.6　惯导位置信息程序设计与仿真 …… 38
1.6.1　程序设计 …… 38
1.6.2　仿真结果 …… 40

第 2 章　捷联惯导系统 …… 42
2.1　捷联惯导基本原理 …… 42
2.1.1　捷联惯导惯性系机械编排 …… 42

2.1.2 捷联惯导导航系机械编排 …… 44
2.2 捷联惯导程序设计与仿真 …… 45
2.2.1 程序设计 …… 45
2.2.2 仿真结果 …… 47
2.3 捷联惯导误差分析 …… 49
2.3.1 四元数姿态更新方法 …… 49
2.3.2 姿态角误差方程 …… 50
2.3.3 速度误差方程 …… 51
2.3.4 位置误差方程 …… 52
2.3.5 静基座误差方程 …… 53
2.3.6 系统误差的周期特性分析 …… 54
2.4 捷联惯导误差分析程序设计与仿真 …… 55
2.4.1 程序设计 …… 55
2.4.2 仿真结果 …… 59
2.5 水平阻尼原理 …… 60
2.5.1 单通道惯导的水平阻尼 …… 61
2.5.2 三通道惯导的水平阻尼 …… 64
2.5.3 外速度补偿的水平阻尼惯导 …… 69
2.6 水平阻尼程序设计与仿真 …… 74
2.6.1 程序设计 …… 74
2.6.2 仿真结果 …… 75

第 3 章 捷联惯导系统对准与校正 …… 78
3.1 初始对准原理 …… 78
3.1.1 粗对准原理 …… 78
3.1.2 精对准原理 …… 80
3.1.3 精对准中失准角对准精度分析 …… 81
3.1.4 初始对准原理框图 …… 82
3.2 捷联惯导初始对准程序设计与仿真 …… 82
3.2.1 程序设计 …… 82
3.2.2 仿真结果 …… 84
3.3 综合校正原理 …… 85
3.3.1 松散综合校正模式 …… 85
3.3.2 基于速度的组合导航系统 …… 86
3.4 综合校正程序设计与仿真 …… 91

3.4.1 程序设计……91
3.4.2 仿真结果……93

第 4 章 旋转调制式捷联惯导系统……95
4.1 单轴旋转调制原理……95
4.1.1 旋转调制式捷联惯导系统的发展历史……95
4.1.2 单轴旋转调制的基本原理……97
4.1.3 单轴旋转调制方案……98
4.2 单轴旋转调制程序设计与仿真……100
4.2.1 程序设计……100
4.2.2 仿真结果……105
4.3 双轴旋转调制原理……108
4.3.1 双轴旋转调制的基本原理……108
4.3.2 双轴旋转调制方案……109
4.4 双轴旋转调制程序设计与仿真……111
4.4.1 程序设计……111
4.4.2 仿真结果……111

第 5 章 捷联惯导极区导航方法……113
5.1 极区基本情况……113
5.1.1 地理学定义的极区范围……113
5.1.2 物候学定义的极区范围……113
5.1.3 航海学定义的极区范围……113
5.2 基于虚拟圆球法的极区导航方法……114
5.2.1 虚拟圆球模型……114
5.2.2 基于虚拟圆球模型的惯导机械编排……115
5.3 基于虚拟圆球法的极区导航程序设计与仿真……117
5.3.1 程序设计……117
5.3.2 仿真结果……118
5.4 基于虚拟圆球向量法位置模型的误差分析……120
5.4.1 姿态角误差方程……120
5.4.2 速度误差方程……120
5.4.3 位置误差方程……120
5.4.4 静基座误差方程……120
5.5 基于虚拟圆球向量法的位置模型误差分析程序设计与仿真……121

5.5.1 程序设计······121
5.5.2 仿真结果······121

附录 A SIMULINK 程序设计基础······123
A.1 SIMULINK 常用运算规则······123
A.1.1 SIMULINK 操作基础······123
A.1.2 SIMULINK 模型创建······129
A.1.3 SIMULINK 系统封装······136
A.1.4 SIMULINK 仿真参数······140
A.1.5 SIMULINK 仿真运行······146
A.2 SIMULINK 基础程序设计······150
A.2.1 程序设计······150
A.2.2 仿真结果······150

附录 B 卡尔曼滤波基础······154
B.1 基础理论······154
B.2 离散卡尔曼滤波使用要点······155

参考文献······158

第 1 章

惯性导航基础知识

1.1　常见坐标系及转换

研究惯性导航（简称惯导）问题时，常常要涉及多种坐标系，正确且合适的坐标系是惯性导航系统能够可靠运行的基础和保障。本节介绍几种常见的坐标系及其变换。

1.1.1　常见坐标系

1. 惯性坐标系

惯性坐标系是描述惯性空间的一种坐标系，在惯性坐标系中，牛顿运动定律所描述的力与运动之间的关系是完全成立的。要建立惯性坐标系，必须找到相对惯性空间静止或匀速运动的参照物，也就是说该参照物不受力的作用或所受合力为零。然而根据万有引力定律可知，这样的物体是不存在的。人们通常只能建立近似的惯性坐标系，而近似的程度根据问题的需要而定。惯性导航系统中常用的惯性坐标系是太阳中心惯性坐标系。以太阳中心为坐标原点，以指向其他遥远恒星的直线为坐标轴，组成坐标系，就可以构成太阳中心惯性参考系。在牛顿时代，人们把太阳中心参考系看作惯性坐标系，根据当时的测量水平，牛顿运动定律是完全成立的。后来才认识到，太阳系还在绕银河系中心运动，只不过运动的角速度极小。银河系本身也处于不断的运动之中，因为银河系之外，还有许多像银河系这样的星系（统称河外星系），银河系和河外星系之间也有相互作用力。太阳中心惯性坐标系是一近似的惯性参考系，近似在于：忽略了太阳本身的运动加速度。

地球中心惯性坐标系是另一种常用的近似惯性参考系。将太阳中心惯性坐标系的坐标原点移到地球中心，就是地球中心惯性坐标系。地球中心惯性坐标系与太阳中心惯性坐标系的差异就在于地心的平移运动加速度。在太阳系中，地球受到的主要作用力是太阳的引力，此外还有月亮的作用力、太阳系其他行星的作用力等。地球中心惯性坐标系的原点随地球绕太阳公转，但不参与地球自转，要估算地球中心惯性坐标系用作惯性坐标系的近似误差，除要考虑太阳系的运动角速度和加速度外，还要考虑地心绕太阳公转的加速度。一般情况下，地球中心坐标系不能看作惯性坐标系。但是，当一个物体在地球附近运动时，如果人们只关心物体相对地球的运动，由于太阳等星体对地球有引力，同时对运动物体也有引力，太阳等星体引起的地心平移加速度与对地球附近运动物体的引力加速度基本相同，两者之差很小，远在目前加速度计所能测量的范围之外。这样，研究运动物体相对地球的运动加速度时，可以同时忽略地心的平移加速度与太阳等星体对该物体的作用力。

2. 确定载体相对地球位置的坐标系

1）地球直角坐标系 $OX_eY_eZ_e$（简称 e 系）

地球直角坐标系的坐标原点位于椭球中心，Z_e 轴为参考椭球的短轴，X_e、Y_e 轴位于地球赤道平面，X_e 指向格林尼治子午线，Y_e 轴与 X_e 轴垂直，构成右手直角坐标系。这样对地球附近任何一点 P，其位置均可用一三维坐标 $P(x,y,z)$ 来确定，如图 1-1-1 所示。

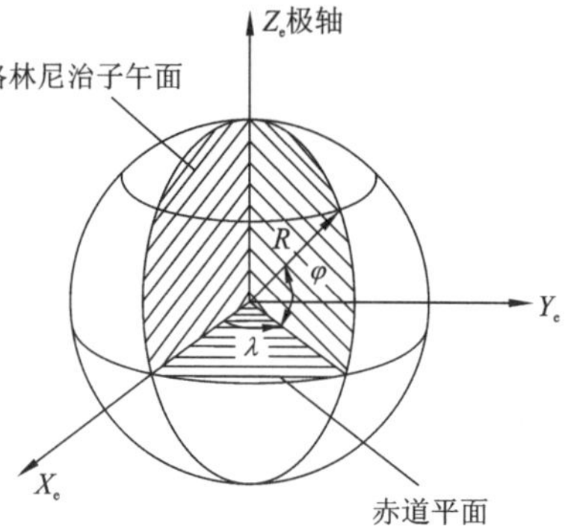

图 1-1-1　地球直角坐标系与经纬度坐标系

R 为地球等效球半径；φ 为纬度；λ 为经度

地球中心惯性坐标系和地球直角坐标系的原点均为椭球中心，随地球一起平移。区别在于，后者与地球固连，随地球转动，而前者的坐标轴不随地球转动，指向相对惯性空间不变。地球上任意一固定点在地球直角坐标系中的坐标是固定的，但在地球中心惯性坐标系中是变化的。地球直角坐标系 $OX_eY_eZ_e$ 相对惯性参考系的转动角速度就是地球的自转角速度 $\boldsymbol{\omega}_{ie}$。

2）经纬度坐标系

经纬度坐标是人们比较熟悉的。地球表面任意一点的位置均可用经度和纬度来确定。以参考椭球为基准，格林尼治子午面与过该点的子午面之间的夹角（0°～180°）为经度。点位处于东半球时为东经，点位处于西半球时为西经。纬度是当地垂线与椭球赤道面的夹角（0°～90°）。点位处于赤道面以北时为北纬，点位处于赤道面以南时为南纬。由于垂线有几种定义，纬度也有地理纬度和地心纬度之分。惯性导航中使用的是地理纬度。

需要注意的是，不论是使用地球直角坐标系还是使用经纬度坐标系，都是以某种参考椭球为基准的。我国的 1980 西安坐标系选用 1975 年第 16 届国际大地测量与地球物理联合会大会推荐的参考椭球参数，椭球相对地球的位置是根据我国大地测量的结果确定的。这种适用于局部地区的大地坐标系又称局部大地坐标系。由于卫星和遥感技术的发展，目前已经可以利用卫星测量的方法进行全球性的大地测量，从而拟合出适用于全球的大地坐标系。美国国防部迄今为止已经提供了 WGS-60、WGS-66、WGS-72、WGS-84 四种全球大地坐标系，目前采用 WGS-84 坐标系；我国采用的全球大地坐标系为 2000 国家大地坐标系（China Geodetic Coordinate System 2000，CGCS2000），两者具有不同的质心和坐标轴。因此，地球上的同一点在不同大地坐标系下的经纬度或在地球直角坐标系的坐标可能是不同的。

3）地球直角坐标与经纬度坐标的互换

设地球表面某一点 P 在地球直角坐标系中的坐标为 $P(x,y,z)$，经纬度坐标为 $P(\lambda,\varphi)$，地球直角坐标与经纬度坐标的互换公式如下。

经纬度坐标到地球直角坐标的变换：

$$\begin{cases} x = R_{\mathrm{N}} \cos\varphi \cos\lambda \\ y = R_{\mathrm{N}} \cos\varphi \sin\lambda \\ z = R_{\mathrm{N}} (1-\varepsilon)^2 \sin\varphi \end{cases} \tag{1-1-1}$$

式中：R_{N} 为卯酉圈曲率半径，一般可取 6371 km（基于理想的地球球体模型），实际应用中需考虑地球扁率 ε 等因素进行更精确的计算。

地球直角坐标到经纬度坐标的变换：

$$\begin{cases} \lambda = \arctan\dfrac{y}{x} \\ \varphi = \arctan\left[\dfrac{1}{(1-\varepsilon)^2}\dfrac{z}{\sqrt{x^2+y^2}}\right] \end{cases} \tag{1-1-2}$$

式中：ε 为参考椭球的扁率。

3. 与载体位置或惯导系统本身有关的坐标系

1）地理坐标系 $OX_tY_tZ_t$（简称 t 系）

如图 1-1-2 所示，地理坐标系的原点就是载体所在点，Z_t 轴沿当地参考椭球的法线指向天顶，X_t 轴与 Y_t 轴均与 Z_t 轴垂直，即在当地水平面内，X_t 轴沿当地纬度线指向正东，Y_t 轴沿当地子午线指向正北。按照这样的定义，地理坐标系的 Z_t 轴与地球赤道平面的夹角就是当地地理纬度，Z_t 轴与 Y_t 轴构成的平面就是当地子午面。Z_t 轴与 Y_t 轴构成的平面就是当地卯酉面。X_t 轴与 Y_t 轴构成的平面就是当地水平面。

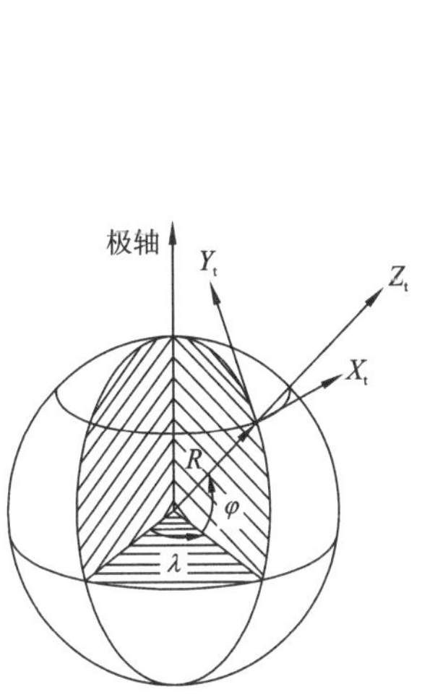

图 1-1-2　地理坐标系

地理坐标系的三根轴可以有不同的选取方

法。图 1-1-2 所示的地理坐标系是按“东、北、天”为顺序构成的右手直角坐标系。除此之外，还有按“北、西、天”或“东、北、地”为顺序构成的右手直角坐标系。

2）载体坐标系 $OX_bY_bZ_b$（简称 b 系）

载体坐标系是与载体固联的直角坐标系。惯性导航系统的载体可以是舰船、飞机、火箭等，这里以舰船坐标系为例说明载体坐标系的定义。舰船坐标系的 Y_b 轴在甲板平面内指向舰艏方向，X_b 轴在甲板平面内指向舰船右舷，Z_b 轴垂直于甲板平面指向天顶（图 1-1-3）。当然，这不是唯一的取法。若能获知当地正北、正东的准确指向，即获知当地地理坐标系的准确指向的话，根据舰船坐标系与地理坐标系的角度关系就可以确定舰船的姿态角，即航向角、横滚角和纵摇角。

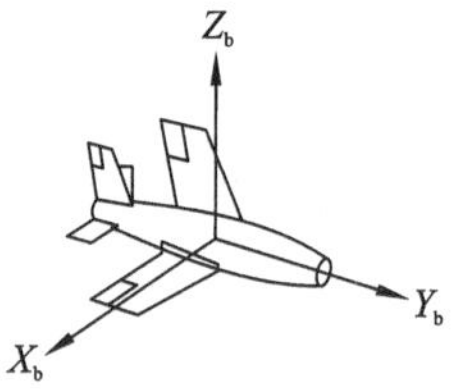

（a）飞机坐标系

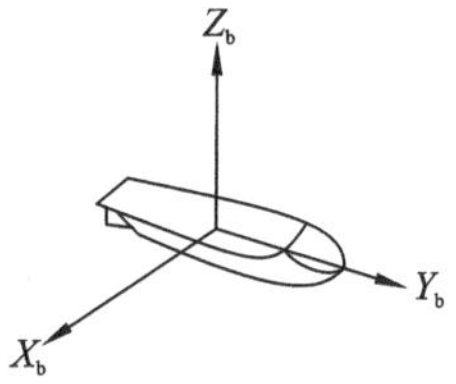

（b）舰船坐标系

图 1-1-3　载体坐标系

3）平台坐标系 $OX_pY_pZ_p$（简称 p 系）

在平台式惯性导航系统中，加速度计放置于一个三轴稳定平台上，稳定平台三根轴的指向可以用平台坐标系 $OX_pY_pZ_p$ 来描述。平台式惯导中的一种重要类型是指北方位平台式惯导，这种惯导稳定平台的三根轴分别指东、指北和指向天顶，也就是说，平台的三根轴要模拟当地地理坐标系的三根轴，OX_p 轴称为平台东，OY_p 轴称为平台北。由于误差总是存在的，指北方位惯导平台坐标系与当地地理坐标系之间的夹角就反映了平台的误差角。

4）导航坐标系（简称 n 系）

导航坐标系是惯性导航系统求解导航参数时所采用的坐标系。例如，指北方位惯导平台，在理想情况下完全模拟当地地理坐标系，载体位置是根据平台上加速度计的输出的加速度信息（正东、正北向加速度）在当地地理坐标系中解算得到，因此地理坐标系就是水平指北惯性导航系统的导航坐标系。对捷联惯性导航系统来说，测得的载体加速度是沿载体坐标系轴向的，必须将加速度信息分解到某个便于求解导航参数的坐标系内，再进行导航计算，这个坐标系就是导航坐标系。

5）计算坐标系（简称 c 系）

由于惯性导航系统只能根据系统本身计算获得的载体位置来描述导航坐标系，该坐标系必然存在误差，有时为了与理想的导航坐标系相区别，将这种根据惯导本身计算出的、由载体位置确定的导航坐标系称为计算坐标系，在分析惯导误差时要用到这种坐标系。

1.1.2 常见坐标系转换

1. 方向余弦法

如图 1-1-4 所示，设有一三维直角坐标系 $OX_1Y_1Z_1$，其三个轴向上的单位矢量分别为 $\boldsymbol{i}_1$、$\boldsymbol{j}_1$、$\boldsymbol{k}_1$。任一矢量 $\boldsymbol{R}$ 均可以用它在三个轴向上的分量来表示：

$$\boldsymbol{R} = R_{x1}\boldsymbol{i}_1 + R_{y1}\boldsymbol{j}_1 + R_{z1}\boldsymbol{k}_1 \tag{1-1-3}$$

式中：R_{x1}、R_{y1}、R_{z1} 为矢量 $\boldsymbol{R}$ 在三个轴（X_1、Y_1、Z_1）上的投影，可表示为

$$\begin{cases} R_{x1} = R\cos\theta_{x1}^R \\ R_{y1} = R\cos\theta_{y1}^R \\ R_{z1} = R\cos\theta_{z1}^R \end{cases} \tag{1-1-4}$$

式中：R 是矢量 $\boldsymbol{R}$ 的模；θ_{x1}^R、θ_{y1}^R、θ_{z1}^R 分别为矢量 $\boldsymbol{R}$ 与坐标系 $OX_1Y_1Z_1$ 的 X_1 轴、Y_1 轴、Z_1 轴的夹角。

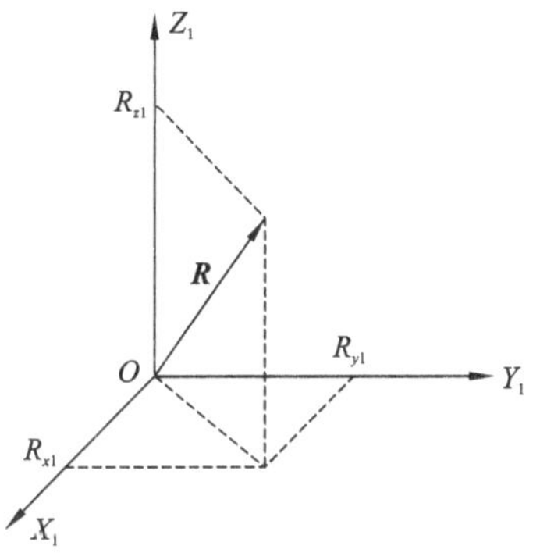

图 1-1-4 矢量在三维直角坐标系中的表示

显然，当 $\cos\theta_{x1}^R$、$\cos\theta_{y1}^R$、$\cos\theta_{z1}^R$ 确定了，矢量 $\boldsymbol{R}$ 相对坐标系 $OX_1Y_1Z_1$ 的指向也就确定了，因此将 $\cos\theta_{x1}^R$、$\cos\theta_{y1}^R$、$\cos\theta_{z1}^R$ 称为矢量 $\boldsymbol{R}$ 在坐标系 $OX_1Y_1Z_1$ 中的方向余弦。

矢量 $\boldsymbol{R}$ 的模 R 与其分量 R_{x1}、R_{y1}、R_{z1} 之间存在如下关系：

$$R^2 = R_{x1}^2 + R_{y1}^2 + R_{z1}^2 \tag{1-1-5}$$

将式（1-1-4）代入式（1-1-5），可得

$$\cos^2\theta_{x1}^R + \cos^2\theta_{y1}^R + \cos^2\theta_{z1}^R = 1 \tag{1-1-6}$$

这说明矢量在直角坐标系中三个方向余弦的平方和为 1，故三个方向余弦中只含有两个独立量。假定另有一三维直角坐标系 $OX_2Y_2Z_2$，其原点与 $OX_1Y_1Z_1$ 坐标系相同。记 X_2 轴、Y_2 轴、Z_2 轴上的单位矢量分别为 $\boldsymbol{i}_2$、$\boldsymbol{j}_2$、$\boldsymbol{k}_2$。上述矢量 $\boldsymbol{R}$ 在 $OX_2Y_2Z_2$ 坐标系中也可分解为三个分量 R_{x2}、R_{y2}、R_{z2}：

$$\boldsymbol{R}=R_{x2}\boldsymbol{i}_2+R_{y2}\boldsymbol{j}_2+R_{z2}\boldsymbol{k}_2 \tag{1-1-7}$$

显然，矢量 $\boldsymbol{R}$ 在 $OX_1Y_1Z_1$ 和 $OX_2Y_2Z_2$ 坐标系中的两组坐标(R_{x1}，R_{y1}，R_{z1})与(R_{x2}，R_{y2}，R_{z2})之间有着内在的联系。这种联系应该由两个坐标系之间的角度关系来确定。

假定 X_2 轴对 $OX_1Y_1Z_1$ 坐标系的三个方向余弦为 $\cos\theta_{x1}^{x2}$、$\cos\theta_{y1}^{x2}$、$\cos\theta_{z1}^{x2}$；Y_2 轴对 $OX_1Y_1Z_1$ 坐标系的三个方向余弦为 $\cos\theta_{x1}^{y2}$、$\cos\theta_{y1}^{y2}$、$\cos\theta_{z1}^{y2}$；Z_2 轴对 $OX_1Y_1Z_1$ 坐标系的三个方向余弦为 $\cos\theta_{x1}^{z2}$、$\cos\theta_{y1}^{z2}$、$\cos\theta_{z1}^{z2}$，那么有

$$\begin{cases}\boldsymbol{i}_2=\boldsymbol{i}_1\cos\theta_{x1}^{x2}+\boldsymbol{j}_1\cos\theta_{y1}^{x2}+\boldsymbol{k}_1\cos\theta_{z1}^{x2}\\ \boldsymbol{j}_2=\boldsymbol{i}_1\cos\theta_{x1}^{y2}+\boldsymbol{j}_1\cos\theta_{y1}^{y2}+\boldsymbol{k}_1\cos\theta_{z1}^{y2}\\ \boldsymbol{k}_2=\boldsymbol{i}_1\cos\theta_{x1}^{z2}+\boldsymbol{j}_1\cos\theta_{y1}^{z2}+\boldsymbol{k}_1\cos\theta_{z1}^{z2}\end{cases} \tag{1-1-8}$$

同时：

$$\begin{cases}\boldsymbol{i}_1=\boldsymbol{i}_2\cos\theta_{x1}^{x2}+\boldsymbol{j}_2\cos\theta_{x1}^{y2}+\boldsymbol{k}_2\cos\theta_{x1}^{z2}\\ \boldsymbol{j}_1=\boldsymbol{i}_2\cos\theta_{y1}^{x2}+\boldsymbol{j}_2\cos\theta_{y1}^{y2}+\boldsymbol{k}_2\cos\theta_{y1}^{z2}\\ \boldsymbol{k}_1=\boldsymbol{i}_2\cos\theta_{z1}^{x2}+\boldsymbol{j}_2\cos\theta_{z1}^{y2}+\boldsymbol{k}_2\cos\theta_{z1}^{z2}\end{cases} \tag{1-1-9}$$

将式（1-1-8）和式（1-1-9）写成矩阵形式：

$$\begin{bmatrix}\boldsymbol{i}_2\\ \boldsymbol{j}_2\\ \boldsymbol{k}_2\end{bmatrix}=\boldsymbol{C}_1^2\begin{bmatrix}\boldsymbol{i}_1\\ \boldsymbol{j}_1\\ \boldsymbol{k}_1\end{bmatrix} \tag{1-1-10}$$

$$\begin{bmatrix}\boldsymbol{i}_1\\ \boldsymbol{j}_1\\ \boldsymbol{k}_1\end{bmatrix}=\boldsymbol{C}_2^1\begin{bmatrix}\boldsymbol{i}_2\\ \boldsymbol{j}_2\\ \boldsymbol{k}_2\end{bmatrix} \tag{1-1-11}$$

式中：

$$\boldsymbol{C}_1^2=\begin{bmatrix}\cos\theta_{x1}^{x2} & \cos\theta_{y1}^{x2} & \cos\theta_{z1}^{x2}\\ \cos\theta_{x1}^{y2} & \cos\theta_{y1}^{y2} & \cos\theta_{z1}^{y2}\\ \cos\theta_{x1}^{z2} & \cos\theta_{y1}^{z2} & \cos\theta_{z1}^{z2}\end{bmatrix} \tag{1-1-12}$$

$$\boldsymbol{C}_2^1=\begin{bmatrix}\cos\theta_{x1}^{x2} & \cos\theta_{x1}^{y2} & \cos\theta_{x1}^{z2}\\ \cos\theta_{y1}^{x2} & \cos\theta_{y1}^{y2} & \cos\theta_{y1}^{z2}\\ \cos\theta_{z1}^{x2} & \cos\theta_{z1}^{y2} & \cos\theta_{z1}^{z2}\end{bmatrix} \tag{1-1-13}$$

比较 $\boldsymbol{C}_1^2$、$\boldsymbol{C}_2^1$ 的关系，显然两矩阵互为转置关系：

$$[\boldsymbol{C}_1^2]^{\mathrm{T}}=\boldsymbol{C}_2^1 \tag{1-1-14}$$

将式（1-1-3）写成矩阵形式并代入式（1-1-17）：

$$\boldsymbol{R}=[\,R_{x1}\ \ R_{y1}\ \ R_{z1}\,]\begin{bmatrix}\boldsymbol{i}_1\\ \boldsymbol{j}_1\\ \boldsymbol{k}_1\end{bmatrix}=[\,R_{x1}\ \ R_{y1}\ \ R_{z1}\,]\,\boldsymbol{C}_2^1\begin{bmatrix}\boldsymbol{i}_2\\ \boldsymbol{j}_2\\ \boldsymbol{k}_2\end{bmatrix} \tag{1-1-15}$$

由式（1-1-7）可得

$$\boldsymbol{R}=[\,R_{x2}\ \ R_{y2}\ \ R_{z2}\,]\begin{bmatrix}\boldsymbol{i}_2\\ \boldsymbol{j}_2\\ \boldsymbol{k}_2\end{bmatrix} \tag{1-1-16}$$

比较式（1-1-15）和式（1-1-16），可得$[\,R_{x1}\ \ R_{y1}\ \ R_{z1}\,]\boldsymbol{C}_2^1=[\,R_{x2}\ \ R_{y2}\ \ R_{z2}\,]$。即

$$\begin{bmatrix}R_{x2}\\ R_{y2}\\ R_{z2}\end{bmatrix}=\left[\boldsymbol{C}_2^1\right]^{\mathrm{T}}\begin{bmatrix}R_{x1}\\ R_{y1}\\ R_{z1}\end{bmatrix}=\boldsymbol{C}_1^2\begin{bmatrix}R_{x1}\\ R_{y1}\\ R_{z1}\end{bmatrix} \tag{1-1-17}$$

式（1-1-17）可用矩阵方程表示为

$$\boldsymbol{R}_2=\boldsymbol{C}_1^2\boldsymbol{R}_1 \tag{1-1-18}$$

式中：$\boldsymbol{R}_1$、$\boldsymbol{R}_2$ 分别为表示矢量 $\boldsymbol{R}$ 在 $OX_1Y_1Z_1$ 坐标系、$OX_2Y_2Z_2$ 坐标系中坐标的列向量，可表示为

$$\boldsymbol{R}_1=[R_{x1},R_{y1},R_{z1}]^{\mathrm{T}} \tag{1-1-19}$$

$$\boldsymbol{R}_2=[R_{x2},R_{y2},R_{z2}]^{\mathrm{T}} \tag{1-1-20}$$

式（1-1-18）表明，矩阵 $\boldsymbol{C}_1^2$ 将同一矢量的两组坐标联系起来了。$\boldsymbol{C}_1^2$ 中的 9 个元素均为两坐标系坐标轴之间的方向余弦，它反映了两坐标系之间的角位置关系，称 $\boldsymbol{C}_1^2$ 为从坐标系 $OX_1Y_1Z_1$ 到坐标系 $OX_2Y_2Z_2$ 的方向余弦矩阵。

同理，将式（1-1-10）代入式（1-1-7），再与式（1-1-3）比较，可得

$$\begin{bmatrix}R_{x1}\\ R_{y1}\\ R_{z1}\end{bmatrix}=\boldsymbol{C}_2^1\begin{bmatrix}R_{x2}\\ R_{y2}\\ R_{z2}\end{bmatrix} \tag{1-1-21}$$

式（1-1-21）也可缩写成

$$\boldsymbol{R}_1=\boldsymbol{C}_2^1\boldsymbol{R}_2 \tag{1-1-22}$$

式中：$\boldsymbol{C}_2^1$ 为从坐标系 $OX_2Y_2Z_2$ 到坐标系 $OX_1Y_1Z_1$ 的方向余弦矩阵。

对比式（1-1-18）和式（1-1-22），可得

$$\boldsymbol{C}_1^2\boldsymbol{C}_2^1=\boldsymbol{I} \tag{1-1-23}$$

式中：$\boldsymbol{I}$ 为单位矩阵。再考虑式（1-1-14），有

$$[\boldsymbol{C}_1^2]^{-1}=\boldsymbol{C}_2^1=[\boldsymbol{C}_1^2]^{\mathrm{T}} \tag{1-1-24}$$

这说明方向余弦矩阵的逆就是其转置阵，这是方向余弦矩阵重要性质之一——正交性。

此外方向余弦矩阵的任一行或任一列的三个元素均为两个坐标系中的某一个坐标轴在另一坐标系中的方向余弦，而任一矢量的三个方向余弦的平方和为 1，因此，方向余弦矩阵的每一行或每一列三个元素的平方和也就是 1，这样方向余弦矩阵 $\boldsymbol{C}_2^1$ 或 $\boldsymbol{C}_1^2$ 中的 9 个元素实际上有 6 个约束条件，即一个方向余弦矩阵中只有三个元素是完全独立的。

利用方向余弦矩阵，可以方便地实现多个相同原点的坐标系之间的坐标旋转变换，在前述问题中，如果再有第三个坐标系 $OX_3Y_3Z_3$，由坐标系 $OX_2Y_2Z_2$ 到坐标系 $OX_3Y_3Z_3$ 的方向余弦矩阵为 $\boldsymbol{C}_2^3$，记矢量 $\boldsymbol{R}$ 在坐标系 $OX_3Y_3Z_3$ 中的坐标列向量为 $\boldsymbol{R}_3$，则有

$$\boldsymbol{R}_3=\boldsymbol{C}_2^3\boldsymbol{R}_2 \tag{1-1-25}$$

代入式（1-1-18），有 $\boldsymbol{R}_3=\boldsymbol{C}_2^3\boldsymbol{R}_2=\boldsymbol{C}_2^3\boldsymbol{C}_1^2\boldsymbol{R}_1$。

如果令

$$\boldsymbol{C}_1^3=\boldsymbol{C}_2^3\boldsymbol{C}_1^2 \tag{1-1-26}$$

则有

$$\boldsymbol{R}_3=\boldsymbol{C}_1^3\boldsymbol{R}_1 \tag{1-1-27}$$

这说明，由坐标系 $OX_1Y_1Z_1$ 到坐标系 $OX_3Y_3Z_3$ 的方向余弦矩阵可由坐标系 $OX_1Y_1Z_1$ 到坐标系 $OX_2Y_2Z_2$ 的方向余弦矩阵左乘坐标系 $OX_2Y_2Z_2$ 到坐标系 $OX_3Y_3Z_3$ 的方向余弦矩阵而得。推而广之，有

$$\boldsymbol{R}_n=\boldsymbol{C}_1^n\boldsymbol{R}_1 \tag{1-1-28}$$

式中：$\boldsymbol{C}_1^n$ 可由多个中间变换步骤的方向余弦矩阵得到

$$\boldsymbol{C}_1^n=\boldsymbol{C}_{n-1}^n\cdots\boldsymbol{C}_2^3\boldsymbol{C}_1^2 \tag{1-1-29}$$

这说明方向余弦矩阵具有传递性。

对于原点不相同的两组坐标系，它们坐标轴之间的关系仍然可以用式（1-1-12）和式（1-1-13）这样的方向余弦矩阵来描述。但这时若进行坐标变换，要先进行坐标平移变换（因原点不同），而后再按照式（1-1-18）和式（1-1-22）进行坐标旋转变换。

两个三维直角坐标系之间的方向余弦矩阵有 9 个元素，由于有 6 个约束条件，只有 3 个元素是独立的，这说明任意两个三维直角坐标系之间的角度关系完全可以由三个角度来描述。为了能直观地求取中间变换的方向余弦矩阵，假定从坐标系 $OX_0Y_0Z_0$ 经下面三次旋转可得到坐标系 $OXYZ$（图 1-1-5）。变化 K_x、K_y、K_z 三个角，可以形成原点与 $OX_0Y_0Z_0$ 相同的任意三维直角坐标系。反过来说，任意一个三维直角坐标系 $OXYZ$ 均可从坐标系 $OX_0Y_0Z_0$ 经过上述三次旋转得到，因此这三个旋转角完全反映了两坐标系之间的角度关系，称这三个旋转角为欧拉角。要注意的是，欧拉角与旋转顺序有关（即先绕哪根轴转、后绕哪根轴转），顺序不同时，欧拉角也不同，顺序固定时，两坐标系之间的欧拉角是唯一的。

$$OX_0Y_0Z_0\xrightarrow{\text{绕}X_0\text{轴转}K_x\text{角}}OX_1Y_1Z_1\xrightarrow{\text{绕}Y_1\text{轴转}K_y\text{角}}OX_2Y_2Z_2\xrightarrow{\text{绕}Z_2\text{轴转}K_z\text{角}}OXYZ$$

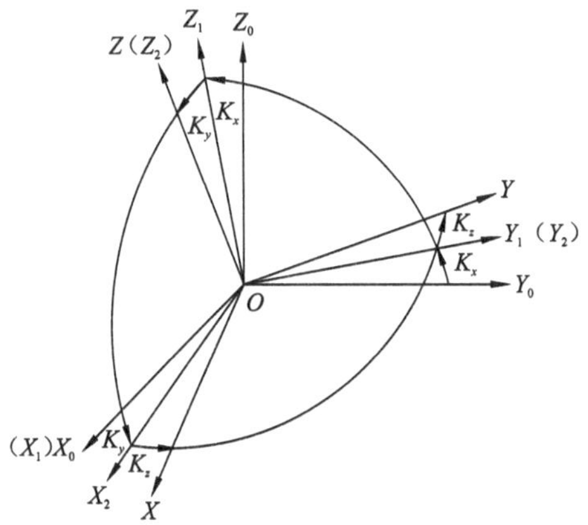

图 1-1-5　从坐标系 $OX_0Y_0Z_0$ 到坐标系 $OXYZ$ 的三次旋转

记由坐标系 $OX_0Y_0Z_0$ 至坐标系 $OX_1Y_1Z_1$、由坐标系 $OX_1Y_1Z_1$ 至坐标系 $OX_2Y_2Z_2$、由坐标系 $OX_2Y_2Z_2$ 至坐标系 $OXYZ$ 的方向余弦矩阵分别为 $\boldsymbol{C}_0^1$、$\boldsymbol{C}_1^2$、$\boldsymbol{C}_2^3$。

由坐标系 $OX_0Y_0Z_0$ 至 $OX_1Y_1Z_1$（X_1 与 X_0 同轴）是前者绕 X_0 轴旋转 K_x 角得到的（图 1-1-6）。根据方向余弦矩阵的结构形式[式（1-1-12）]，可以做一方向余弦表（表 1-1-1），这样比较形象、便于记忆，由于 X_0、X_1 同轴，两坐标系角度关系比较明确，方向余弦值可直接填入。

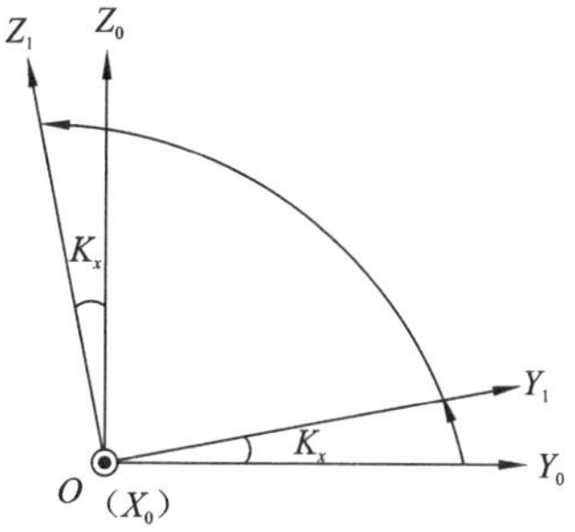

图 1-1-6　由坐标系 $OX_0Y_0Z_0$ 至 $OX_1Y_1Z_1$

表 1-1-1　绕 X_0 轴旋转 K_x 角的方向余弦表

	X_0 轴	Y_0 轴	Z_0 轴
X_1 轴	1	0	0
Y_1 轴	0	$\cos K_x$	$\sin K_x$
Z_1 轴	0	$-\sin K_x$	$\cos K_x$

根据表 1-1-1 可直接写出方向余弦矩阵：

$$C_0^1 = \begin{bmatrix} 1 & 0 & 0 \\ 0 & \cos K_x & \sin K_x \\ 0 & -\sin K_x & \cos K_x \end{bmatrix} \tag{1-1-30}$$

用同样的方法可以得到由坐标系 $OX_1Y_1Z_1$ 至坐标系 $OX_2Y_2Z_2$、由坐标系 $OX_2Y_2Z_2$ 至坐标系 $OXYZ$ 的方向余弦矩阵 C_1^2、C_2^3。

由坐标系 $OX_1Y_1Z_1$ 至坐标系 $OX_2Y_2Z_2$：绕 Y_1 轴转 K_y 角（图 1-1-7），相应的方向余弦表见表 1-1-2，方向余弦矩阵为

$$C_1^2 = \begin{bmatrix} \cos K_y & 0 & -\sin K_y \\ 0 & 1 & 0 \\ \sin K_y & 0 & \cos K_y \end{bmatrix} \tag{1-1-31}$$

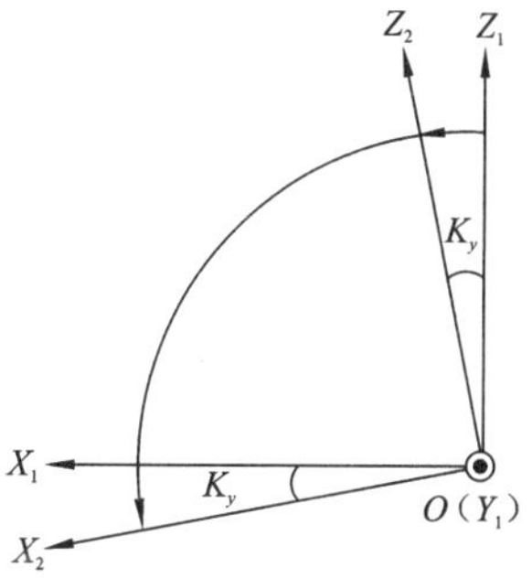

图 1-1-7　由坐标系 $OX_1Y_1Z_1$ 至坐标系 $OX_2Y_2Z_2$

表 1-1-2　绕 Y_1 轴旋转 K_y 角的方向余弦表

	X_1 轴	Y_1 轴	Z_1 轴
X_2 轴	$\cos K_y$	0	$-\sin K_y$
Y_2 轴	0	1	0
Z_2 轴	$\sin K_y$	0	$\cos K_y$

由坐标系 $OX_2Y_2Z_2$ 至坐标系 $OXYZ$：绕 Z_2 轴转 K_z 角（图 1-1-8），相应的方向余弦表见表 1-1-3，方向余弦矩阵为

$$\boldsymbol{C}_2^3=\begin{bmatrix}\cos K_z & \sin K_z & 0\\ -\sin K_z & \cos K_z & 0\\ 0 & 0 & 1\end{bmatrix} \tag{1-1-32}$$

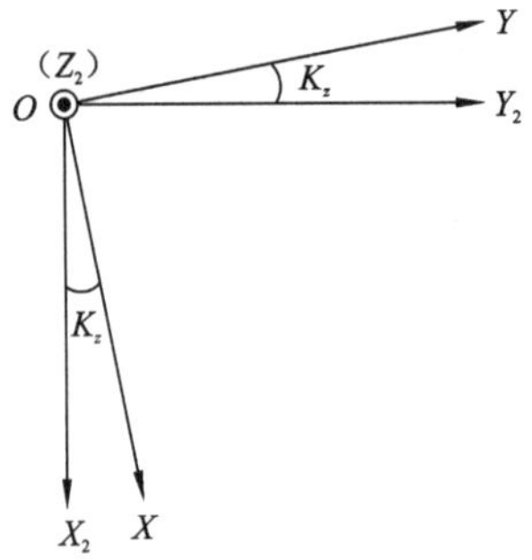

图 1-1-8　由坐标系 $OX_2Y_2Z_2$ 至坐标系 $OXYZ$

表 1-1-3　绕 Z_2 轴旋转 K_z 角的方向余弦表

	X_2 轴	Y_2 轴	Z_2 轴
X 轴	$\cos K_z$	$\sin K_z$	0
Y 轴	$-\sin K_z$	$\cos K_z$	0
Z 轴	0	0	1

记由坐标系 $OX_0Y_0Z_0$ 至坐标系 $OXYZ$ 的方向余弦矩阵为 $\boldsymbol{C}$，则根据方向余弦矩阵的传递性有

$$\boldsymbol{C}=\boldsymbol{C}_2^3\boldsymbol{C}_1^2\boldsymbol{C}_0^1 \tag{1-1-33}$$

代入式（1-1-26）～式（1-1-28），有

$$\boldsymbol{C}=\begin{bmatrix}\cos K_z\cos K_y & \sin K_z\cos K_x+\cos K_z\sin K_y\sin K_x & \sin K_z\sin K_x-\cos K_z\sin K_y\cos K_x\\ -\sin K_z\cos K_y & \cos K_z\cos K_x+\sin K_z\sin K_y\sin K_x & \cos K_z\sin K_x-\sin K_z\sin K_y\cos K_x\\ \sin K_y & -\cos K_y\sin K_x & \cos K_y\cos K_x\end{bmatrix} \tag{1-1-34}$$

式（1-1-34）即为由欧拉角 K_x、K_y、K_z 计算方向余弦矩阵的公式。

当三个欧拉角 K_x、K_y、K_z 均为小角度时，略去二阶小量，矩阵 $\boldsymbol{C}$ 有比较简单的形式（K_x、K_y、K_z 均用弧度表示）：

$$C=\begin{bmatrix}1 & K_z & -K_y\\ -K_z & 1 & K_x\\ K_y & -K_x & 1\end{bmatrix} \tag{1-1-35}$$

因为矩阵乘法不符合交换律，所以方向余弦矩阵 $\boldsymbol{C}$ 与旋转顺序有关系，但当三个欧拉角 K_x、K_y、K_z 均为小角度时，由于可以忽略二阶小量，$\boldsymbol{C}$ 就与旋转顺序无关。对此读者可以自行验算。

2. 旋转矢量法

相对于欧拉旋转的多次旋转坐标变换，复杂且与次序有关，用旋转矢量进行一次旋转就可得到两坐标系间的相互关系，不同的坐标系可以用 a、b、c 等进行描述，以方向余弦矩阵 $\boldsymbol{C}_a^b$ 描述从 a 系转换到 b 系的转换矩阵，旋转矢量转换描述可以参考图 1-1-9，旋转矢量定义为一个旋转轴，轴长度表示矢量大小，刚开始时，b 系和 a 系重合，以旋转矢量方向为轴旋转一个大小为 ϕ 的角度，b 系到一个新的位置，$\boldsymbol{\phi}$ 就代表 a 系向 b 系转换的旋转矢量。

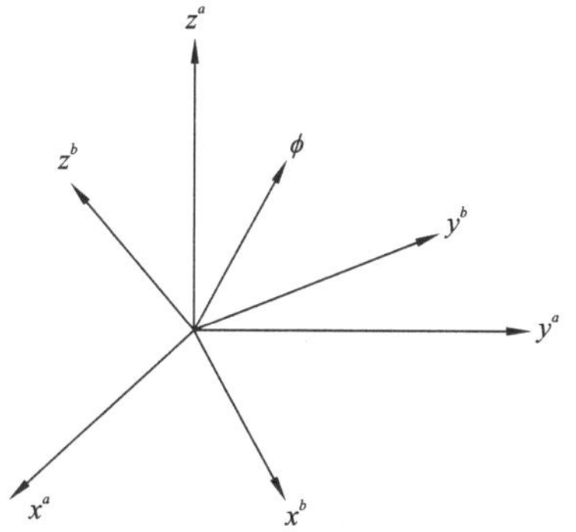

图 1-1-9 旋转矢量

假设 b 系相对于 a 系以角速度 $\boldsymbol{\omega}_{ab}^b$ 旋转，则旋转矢量的微分方程可表示为

$$\begin{aligned}\dot{\boldsymbol{\phi}}&=\boldsymbol{\omega}_{ab}^b+\frac{1}{2}\phi\times\boldsymbol{\omega}_{ab}^b+\frac{1}{\|\phi\|^2}\left[1-\frac{\phi\sin\phi}{2(1-\cos\phi)}\right]\phi\times(\phi\times\boldsymbol{\omega}_{ab}^b)\left(\frac{\pi}{2}-\theta\right)\\&\approx\boldsymbol{\omega}_{ab}^b+\frac{1}{2}\phi\times\boldsymbol{\omega}_{ab}^b+\frac{1}{12}\phi\times(\phi\times\boldsymbol{\omega}_{ab}^b)\end{aligned} \tag{1-1-36}$$

式中：$\dot{\boldsymbol{\phi}}=\dfrac{\mathrm{d}\phi}{\mathrm{d}t}$。该方程也称为 Bortz 方程。

3. 四元数

由刚体绕定点运动的转动定理可知，刚体从一位置到另一位置的有限转动，可以通过绕定点的某一轴转过某一角度的一次转动来实现。即动坐标系相对参考坐标系的方位等效于动坐标系绕某个固定轴转动一个角度 θ。固定轴称为欧拉轴，角度 θ 称为欧拉角。如果用 $\boldsymbol{\mu}$ 表示欧拉轴向的单位矢量，则动坐标系的方位可以完全由 μ 和 θ 两个参数来确定。用 $\boldsymbol{\mu}$ 和 θ 可构造四元数：

$$\boldsymbol{q}=\cos\frac{\theta}{2}+\boldsymbol{\mu}\sin\frac{\theta}{2}=q_0+q_1\boldsymbol{i}+q_2\boldsymbol{j}+q_3\boldsymbol{k} \tag{1-1-37}$$

式中：$\boldsymbol{i}$、$\boldsymbol{j}$、$\boldsymbol{k}$ 为虚轴单位；q_0 为四元数的标量部分；q_1、q_2、q_3 为四元数的向量部分。$\boldsymbol{q}$ 也可用下式进行表示：

$$\boldsymbol{q}=[q_0 \quad q_1 \quad q_2 \quad q_3]^{\mathrm{T}} \tag{1-1-38}$$

假定矢量 $\boldsymbol{r}$ 绕通过定点 O 的某一转轴转动了一个角度 θ，其对应的转动四元数为

$$\boldsymbol{q}=\cos\frac{\theta}{2}+\boldsymbol{\mu}\sin\frac{\theta}{2} \tag{1-1-39}$$

则转动后的矢量为 $\boldsymbol{r}'$，以四元数描述的 $\boldsymbol{r}'$ 和 $\boldsymbol{r}$ 的坐标转换关系为

$$\boldsymbol{r}'=\boldsymbol{q}\otimes\boldsymbol{r}\otimes\boldsymbol{q}^* \tag{1-1-40}$$

式中：$\otimes$ 表示四元数乘法算子；$\boldsymbol{q}^*$ 为四元数 $\boldsymbol{q}$ 的共轭四元数，可表示为

$$\boldsymbol{q}^*=\cos\frac{\theta}{2}-\boldsymbol{\mu}\sin\frac{\theta}{2} \tag{1-1-41}$$

由于 $\boldsymbol{q}$ 为单位四元数，有

$$|\boldsymbol{q}|=\sqrt{{q_0}^2+{q_1}^2+{q_2}^2+{q_3}^2}=1 \tag{1-1-42}$$

$$\boldsymbol{q}\otimes\boldsymbol{q}^*=\boldsymbol{q}^*\otimes\boldsymbol{q}=q_0^2+q_1^2+q_2^2+q_3^2=1 \tag{1-1-43}$$

单位四元数 $\boldsymbol{q}$ 的逆与其共轭四元数相等，即

$$\boldsymbol{q}^{-1}=\boldsymbol{q}^* \tag{1-1-44}$$

对于三维空间中的位置矢量同样可以用四元数来表示，四元数的标量部分为 0，向量部分对应位置矢量的相应部分。

设两个四元数 $\boldsymbol{q}$、$\boldsymbol{M}$，定义如下：

$$\boldsymbol{q}=\lambda+P_1\boldsymbol{i}+P_2\boldsymbol{j}+P_3\boldsymbol{k} \tag{1-1-45}$$

$$\boldsymbol{M}=v+\mu_1\boldsymbol{i}+\mu_2\boldsymbol{j}+\mu_3\boldsymbol{k} \tag{1-1-46}$$

式中：λ 和 v 分别为两个四元数的实部，即标量部分。

则四元数的加法和减法可表示为

$$\boldsymbol{q}\pm\boldsymbol{M}=(\lambda\pm v)+(P_1\pm\mu_1)\boldsymbol{i}+(P_2\pm\mu_2)\boldsymbol{j}+(P_3\pm\mu_3)\boldsymbol{k} \tag{1-1-47}$$

根据虚数单位的乘法规则，有

$$\begin{cases}\boldsymbol{i}\cdot\boldsymbol{i}=\boldsymbol{j}\cdot\boldsymbol{j}=\boldsymbol{k}\cdot\boldsymbol{k}=-1\\ \boldsymbol{i}\cdot\boldsymbol{j}=\boldsymbol{k}=-\boldsymbol{j}\cdot\boldsymbol{i}\\ \boldsymbol{j}\cdot\boldsymbol{k}=\boldsymbol{i}=-\boldsymbol{k}\cdot\boldsymbol{j}\\ \boldsymbol{k}\cdot\boldsymbol{i}=\boldsymbol{j}=-\boldsymbol{i}\cdot\boldsymbol{k}\end{cases} \tag{1-1-48}$$

四元数乘法表示为

$$\begin{aligned}\boldsymbol{q}\otimes\boldsymbol{M}&=(\lambda+P_1\boldsymbol{i}+P_2\boldsymbol{j}+P_3\boldsymbol{k})\otimes(v+\mu_1\boldsymbol{i}+\mu_2\boldsymbol{j}+\mu_3\boldsymbol{k})\\ &=\begin{bmatrix}\lambda & -P_1 & -P_2 & -P_3\\ P_1 & \lambda & -P_3 & P_2\\ P_2 & P_3 & \lambda & -P_1\\ P_3 & -P_2 & P_1 & \lambda\end{bmatrix}\begin{bmatrix}v\\ \mu_1\\ \mu_2\\ \mu_3\end{bmatrix}\end{aligned} \tag{1-1-49}$$

式中：$\otimes$ 为四元数乘法符号。

值得注意的是，四元数一般不满足乘法的交换律，但满足乘法的结合律：

$$\begin{cases}\boldsymbol{q}\otimes\boldsymbol{M}\neq\boldsymbol{M}\otimes\boldsymbol{q}\\ (q_1\otimes q_2)\otimes q_3=q_1\otimes(q_2\otimes q_3)\end{cases} \tag{1-1-50}$$

根据共轭四元数的定义，两个四元数的标量部分相同，向量部分相反，即

$$\begin{cases} \boldsymbol{q} = \lambda + P_1\boldsymbol{i} + P_2\boldsymbol{j} + P_3\boldsymbol{k} \\ \boldsymbol{q}^* = \lambda - P_1\boldsymbol{i} - P_2\boldsymbol{j} - P_3\boldsymbol{k} \end{cases} \tag{1-1-51}$$

四元数的范数表示为

$$\|\boldsymbol{q}\|^2 = \boldsymbol{q} \otimes \boldsymbol{q}^* = \lambda^2 + P_1^2 + P_2^2 + P_3^2 \tag{1-1-52}$$

四元数的逆表示为

$$\boldsymbol{q}^{-1} = \frac{\boldsymbol{q}^*}{\|\boldsymbol{q}\|^2} \tag{1-1-53}$$

设 $\boldsymbol{q} \cdot \boldsymbol{h} = \boldsymbol{M}$，四元数的除法表示为

$$\begin{cases} \boldsymbol{q} \otimes \boldsymbol{h} = \boldsymbol{M} \\ \boldsymbol{h} = \boldsymbol{q}^{-1} \otimes \boldsymbol{M} \end{cases} \tag{1-1-54}$$

四元数 $\boldsymbol{q}$ 由一个标度因子 S 和一个三维向量 $\boldsymbol{V}$ 构成，其表达式为

$$q = \begin{bmatrix} S \\ \boldsymbol{V} \end{bmatrix} \tag{1-1-55}$$

令 $S = q_0$，$\boldsymbol{V} = [q_1 \quad q_2 \quad q_3]^{\mathrm{T}}$，则有

$$\boldsymbol{q} = [q_0 \quad q_1 \quad q_2 \quad q_3]^{\mathrm{T}} \tag{1-1-56}$$

四元数进行 b 系下的矢量 $\boldsymbol{r}^b$ 变换到 a 系下的矢量 $\boldsymbol{r}^a$ 变换可表示为

$$\boldsymbol{r}^{a\prime} = \boldsymbol{q} \otimes \boldsymbol{r}^{b\prime} \otimes (\boldsymbol{q})^{-1} \tag{1-1-57}$$

式中：$\boldsymbol{q}$ 为 b 系转换到 a 系所对应的四元数。$\boldsymbol{r}^{a\prime}$、$\boldsymbol{r}^{b\prime}$ 分别为 $\boldsymbol{r}^a$、$\boldsymbol{r}^b$ 的扩展，其表达式为

$$\boldsymbol{r}^{a\prime} = \begin{bmatrix} 0 \\ \boldsymbol{r}^a \end{bmatrix}, \quad \boldsymbol{r}^{b\prime} = \begin{bmatrix} 0 \\ \boldsymbol{r}^b \end{bmatrix} \tag{1-1-58}$$

四元数的时间传递可表示为

$$\dot{\boldsymbol{q}} = 0.5\boldsymbol{q} \otimes [0 \quad \boldsymbol{\omega}_{ab}^b]^{\mathrm{T}} \tag{1-1-59}$$

用式（1-1-49）的四元数矩阵形式表示式（1-1-59），有

$$\begin{aligned} \dot{\boldsymbol{q}} &= [\dot{q}_1 \quad \dot{q}_2 \quad \dot{q}_3]^{\mathrm{T}} \\ &= 0.5 \begin{bmatrix} q_0 & -q_1 & -q_2 & -q_3 \\ q_1 & q_0 & -q_3 & q_2 \\ q_2 & q_3 & q_0 & -q_1 \\ q_3 & -q_2 & q_1 & q_0 \end{bmatrix} \begin{bmatrix} 0 \\ \omega_{ab,x}^b \\ \omega_{ab,y}^b \\ \omega_{ab,z}^b \end{bmatrix} \end{aligned} \tag{1-1-60}$$

式中：$\omega_{ab,x}^b$、$\omega_{ab,y}^b$、$\omega_{ab,z}^b$ 为主 b 系相对于 a 系的旋转角速度在 b 系三个坐标上的投影分量。

4. 方向余弦矩阵、欧拉角、旋转矢量和四元数间的关系

两个坐标系 a 系和 b 系间的旋转矢量为 $\boldsymbol{\phi}$，而对应的四元数为 $\boldsymbol{q}_b^a$，则四元数可以用旋转矢量描述：

$$\boldsymbol{q}_b^a = \begin{bmatrix} \cos\|0.5\boldsymbol{\phi}\| \\ \dfrac{\sin\|0.5\boldsymbol{\phi}\|}{\|0.5\boldsymbol{\phi}\|} 0.5\boldsymbol{\phi} \end{bmatrix} \tag{1-1-61}$$

式中：$\|\cdot\|$表示欧几里得范数，且有

$$
\begin{aligned}
&\cos\|0.5\boldsymbol{\phi}\| = 1 - \frac{\|0.5\boldsymbol{\phi}\|^2}{2!} + \frac{\|0.5\boldsymbol{\phi}\|^4}{4!} - \cdots \\
&\frac{\sin\|0.5\boldsymbol{\phi}\|}{\|0.5\boldsymbol{\phi}\|} = 1 - \frac{\|0.5\boldsymbol{\phi}\|^2}{3!} + \frac{\|0.5\boldsymbol{\phi}\|^4}{5!} - \cdots
\end{aligned}
\tag{1-1-62}
$$

如果已知四元数 $\boldsymbol{q}_b^a = [q_0 \quad q_1 \quad q_2 \quad q_3]^{\mathrm{T}}$，那么其对应的旋转矢量 $\boldsymbol{\phi}$ 可表示为

$$
\boldsymbol{\phi} = \frac{1}{\boldsymbol{f}}[q_1 \quad q_2 \quad q_3]^{\mathrm{T}} \tag{1-1-63}
$$

式中

$$
\begin{aligned}
&\boldsymbol{f} \equiv \frac{\sin\|0.5\boldsymbol{\phi}\|}{\boldsymbol{\phi}} = \frac{1}{2}\left(1 - \frac{\|0.5\boldsymbol{\phi}\|^2}{3!} + \frac{\|0.5\boldsymbol{\phi}\|^4}{5!} - \frac{\|0.5\boldsymbol{\phi}\|^6}{7!} + \cdots\right) \\
&\|0.5\boldsymbol{\phi}\| = \tan^{-1}\frac{\sin\|0.5\boldsymbol{\phi}\|}{\cos\|0.5\boldsymbol{\phi}\|} = \frac{\sqrt{q_1^2 + q_2^2 + q_3^2}}{q_0}
\end{aligned}
\tag{1-1-64}
$$

如果 $q_0 = 0$，那么 $\boldsymbol{\phi} = \pi[q_1 \quad q_2 \quad q_3]^{\mathrm{T}}$。

方向余弦矩阵与四元数都是表示空间转动的两种数学工具，二者存在对应关系。已知四元数，可以利用式（1-1-65）求得相应的方向余弦矩阵：

$$
\boldsymbol{C}_b^a = \begin{bmatrix} q_0{}^2 + q_1{}^2 - q_2{}^2 - q_3{}^2 & 2(q_1q_2 - q_0q_3) & 2(q_1q_3 + q_0q_2) \\ 2(q_1q_2 + q_0q_3) & q_0{}^2 - q_1{}^2 + q_2{}^2 - q_3{}^2 & 2(q_2q_3 - q_0q_1) \\ 2(q_1q_3 - q_0q_2) & 2(q_2q_3 + q_0q_1) & q_0{}^2 - q_1{}^2 - q_2{}^2 + q_3{}^2 \end{bmatrix} \tag{1-1-65}
$$

已知方向余弦矩阵 $\boldsymbol{C}_a^b$ 时，可由下式确定相应的四元数：

$$
\begin{cases}
P_1 = 1 + \mathrm{tr}(\boldsymbol{C}_b^a) \\
P_2 = 1 + 2c_{11} - \mathrm{tr}(\boldsymbol{C}_b^a) \\
P_3 = 1 + 2c_{22} - \mathrm{tr}(\boldsymbol{C}_b^a) \\
P_4 = 1 + 2c_{33} - \mathrm{tr}(\boldsymbol{C}_b^a)
\end{cases}
\tag{1-1-66}
$$

式中：$\mathrm{tr}(\cdot)$ 表示矩阵的迹；$c_{ij}(1 \leqslant i, j \leqslant 3)$ 为方向余弦矩阵 $\boldsymbol{C}_b^a$ 的元素。

如果 $P_1 = \max(P_1, P_2, P_3, P_4)$，则四元数计算式如下：

$$
q_0 = 0.5\sqrt{P_1}, \quad q_1 = \frac{c_{32} - c_{23}}{4q_0}, \quad q_2 = \frac{c_{13} - c_{31}}{4q_0}, \quad q_3 = \frac{c_{21} - c_{12}}{4q_0} \tag{1-1-67a}
$$

如果 $P_2 = \max(P_1, P_2, P_3, P_4)$，则四元数计算式如下：

$$
q_1 = 0.5\sqrt{P_2}, \quad q_2 = \frac{c_{21} + c_{12}}{4q_1}, \quad q_3 = \frac{c_{13} + c_{31}}{4q_1}, \quad q_0 = \frac{c_{32} - c_{23}}{4q_1} \tag{1-1-67b}
$$

如果 $P_3 = \max(P_1, P_2, P_3, P_4)$，则四元数计算式如下：

$$
q_2 = 0.5\sqrt{P_3}, \quad q_3 = \frac{c_{32} + c_{23}}{4q_2}, \quad q_0 = \frac{c_{13} - c_{31}}{4q_2}, \quad q_1 = \frac{c_{21} + c_{12}}{4q_2} \tag{1-1-67c}
$$

如果 $P_4 = \max(P_1, P_2, P_3, P_4)$，则四元数计算式如下：

$$q_3 = 0.5\sqrt{P_4},\ q_0 = \frac{c_{21} - c_{12}}{4q_3},\ q_1 = \frac{c_{13} + c_{31}}{4q_3},\ q_2 = \frac{c_{32} + c_{23}}{4q_3} \tag{1-1-67d}$$

如果 $q_0 < 0$，为保证标度因子不为负，则取 $\boldsymbol{q} = -\boldsymbol{q}$，表示同一个旋转，确保唯一性。方向余弦矩阵的旋转矢量变换公式可以表示为

$$\boldsymbol{C}_b^a = \boldsymbol{I} + \frac{\sin\|\boldsymbol{\phi}\|}{\|\boldsymbol{\phi}\|}(\boldsymbol{\phi}\times) + \frac{1-\cos\|\boldsymbol{\phi}\|}{\|\boldsymbol{\phi}\|^2}(\boldsymbol{\phi}\times)(\boldsymbol{\phi}\times) \tag{1-1-68}$$

如果 $\|\boldsymbol{\phi}\|$ 是很小量，则 $\dfrac{\sin\|\boldsymbol{\phi}\|}{\|\boldsymbol{\phi}\|} \approx 1$，而且二次项也可忽略，则式（1-1-68）可简化为

$$\boldsymbol{C}_b^a \approx \boldsymbol{I} + (\boldsymbol{\phi}\times) \tag{1-1-69}$$

式中：$\phi = \|\boldsymbol{\phi}\|$；$(\boldsymbol{\phi}\times)$ 表示 $\boldsymbol{\phi}$ 的反对称矩阵，即 $(\boldsymbol{\phi}\times) = \begin{bmatrix} 0 & -\phi_x & \phi_y \\ \phi_y & 0 & -\phi_x \\ -\phi_y & \phi_x & 0 \end{bmatrix}$，其中 x、y 和 z 为矢量在三维空间中旋转的三个方向，若该三维空间为“东北天”，则 x、y 和 z 为 E、N 和 U。

经典的描述两个不同坐标系之间关系的方法是通过欧拉角旋转，即由纵摇角（ϕ）、横滚角（θ）、航向角（ψ）得到。若已知方向余弦矩阵，则可得横滚角 θ 为

$$\theta = \tan^{-1}\frac{\sin\theta}{\cos\theta} = \tan^{-1}\frac{-c_{31}}{\sqrt{c_{32}^2 + c_{33}^2}} \tag{1-1-70a}$$

式中：$|\theta| \leqslant \pi/2$，因为 $\cos\theta$ 取的是正值。当 $|\theta| \neq \pi/2$（$|c_{31}| \leqslant 0.999$）时，纵摇角 ϕ 和航向角 ψ 可由式（1-1-70b）与式（1-1-70c）计算：

$$\phi = \tan^{-1}\frac{\sin\phi}{\cos\phi} = \tan^{-1}\frac{c_{32}}{c_{33}} \tag{1-1-70b}$$

$$\psi = \tan^{-1}\frac{\sin\psi}{\cos\psi} = \tan^{-1}\frac{c_{21}}{c_{11}} \tag{1-1-70c}$$

当 $|c_{31}| \geqslant 0.999$ 时，即横滚角为 $\pi/2$，此时只能确定 ϕ 和 ψ 的线性关系：

$$\begin{cases} \psi - \phi = \tan^{-1}\dfrac{c_{23} - c_{12}}{c_{13} + c_{22}}, & c_{31} \leqslant -0.999 \\ \psi + \phi = \pi + \tan^{-1}\dfrac{c_{23} + c_{12}}{c_{13} - c_{22}}, & c_{31} \geqslant 0.999 \end{cases} \tag{1-1-70d}$$

下面直接给出四元数的欧拉角描述公式：

$$\boldsymbol{q}_b^a = \begin{bmatrix} \cos\frac{\phi}{2}\cos\frac{\theta}{2}\cos\frac{\psi}{2} + \sin\frac{\phi}{2}\sin\frac{\theta}{2}\sin\frac{\psi}{2} \\ \sin\frac{\phi}{2}\cos\frac{\theta}{2}\cos\frac{\psi}{2} - \cos\frac{\phi}{2}\sin\frac{\theta}{2}\sin\frac{\psi}{2} \\ \cos\frac{\phi}{2}\sin\frac{\theta}{2}\cos\frac{\psi}{2} + \sin\frac{\phi}{2}\cos\frac{\theta}{2}\sin\frac{\psi}{2} \\ \cos\frac{\phi}{2}\cos\frac{\theta}{2}\sin\frac{\psi}{2} - \sin\frac{\phi}{2}\sin\frac{\theta}{2}\cos\frac{\psi}{2} \end{bmatrix} \tag{1-1-71}$$

1.2 坐标系变换程序设计与仿真

1.2.1 程序设计

坐标系的转换是实现载体精确导航的基础，本节结合 1.1 节内容，进行以下实验。

假定载体绕 X 、Y 、Z 轴分别转动 15°、25°、70°，通过编写 SIMULINK 程序求解载体方向余弦矩阵。实验步骤如下。具体程序如图 1-2-1 所示。

（1）定义变量，并进行弧度和角度的转换。

（2）根据式（1-1-30），即可求得载体仅绕 X 轴旋转 15° 的方向余弦矩阵 $\boldsymbol{C}_0^1$。

（3）根据式（1-1-31），即可求得载体仅绕 Y 轴旋转 25° 的方向余弦矩阵 $\boldsymbol{C}_1^2$。

（4）根据式（1-1-32），即可求得载体仅绕 Z 轴旋转 70° 的方向余弦矩阵 $\boldsymbol{C}_2^3$。

（5）根据式（1-1-33），即可求得载体经过三次转动的方向余弦矩阵 $\boldsymbol{C}=\boldsymbol{C}_2^3\boldsymbol{C}_1^2\boldsymbol{C}_0^1$。

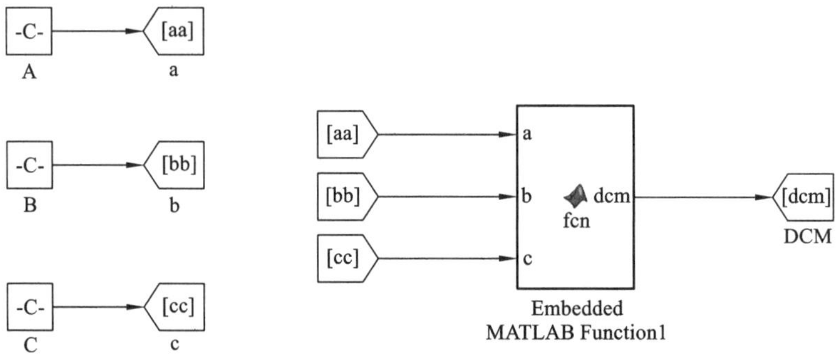

图 1-2-1　求解载体方向余弦矩阵程序

步骤（2）～（5）所对应的主要代码如下。

```
v1=[1 0 0;
      0 cos(a) sin(a);
      0 -sin(a) cos(a)];        %方向余弦矩阵 C_0^1
v2=[cos(b) 0 -sin(b);
    0 1 0;
      sin(b) 0 cos(b)];         %方向余弦矩阵 C_1^2
v3=[cos(c) sin(c) 0;
     -sin(c) cos(c) 0;
    0 0 1];                     %方向余弦矩阵 C_2^3
dcm=v3*v2*v1;                   %方向余弦矩阵 C=C_2^3 C_1^2 C_0^1
```

将方向余弦矩阵转化为四元数形式。实验步骤如下。

根据上述求解的方向余弦矩阵，结合式（1-1-65）和式（1-1-66），即可将上述方向余弦矩阵转化为四元数形式，具体程序如图 1-2-2 所示。

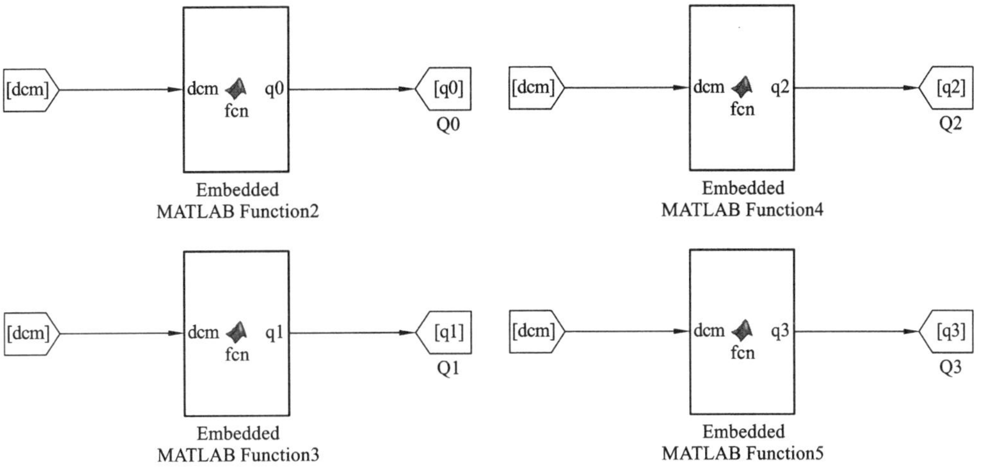

图 1-2-2　求解四元数程序

所对应的主要代码如下。

```
p1=1+trace(dcm);%
p2=1+2*dcm(1,1)-trace(dcm);
p3=1+2*dcm(2,2)-trace(dcm);
p4=1+2*dcm(3,3)-trace(dcm);
q0=0.5*sqrt(p1);                    %求解四元数 q0
q1=(dcm(3,2)-dcm(2,3))/(4*q0);      %求解四元数 q1
q2=(dcm(1,3)-dcm(3,1))/(4*q0);      %求解四元数 q2
q3=(dcm(2,1)-dcm(1,2))/(4*q0);      %求解四元数 q3
```

利用方向余弦矩阵求解对应姿态角。根据求解的方向余弦矩阵，结合式（1-1-69），即可得到载体姿态角，具体程序如图 1-2-3 所示。

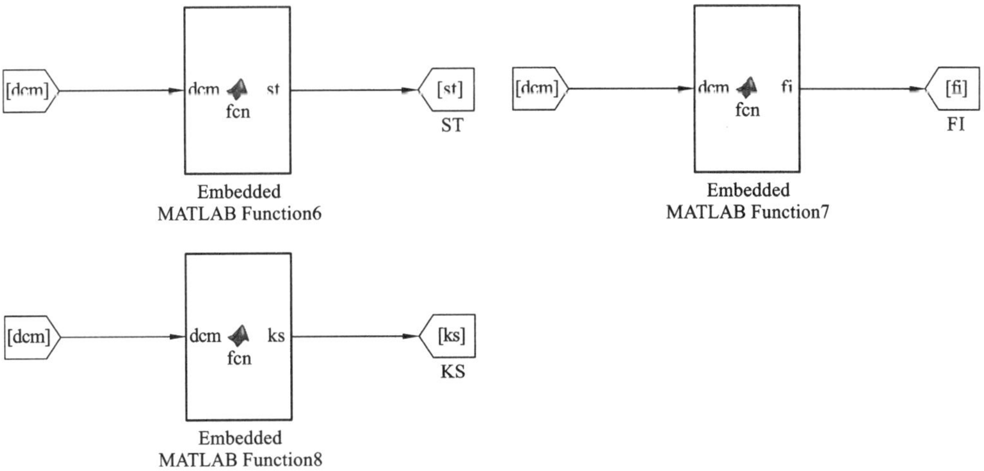

图 1-2-3　求解姿态角程序

所对应的部分代码如下。

```
%方向余弦矩阵转换为解姿态角
st=atan(-dcm(3,1)/sqrt(dcm(3,2)^2+dcm(3,3)^2))*180/pi;
```

```
fi=atan(dcm(3,2)/dcm(3,3))*180/pi;
ks=atan(dcm(2,1)/dcm(1,1))*180/pi;
```

由姿态角直接求取四元数。根据上述求解的姿态角，结合式（1-1-70），即可得到四元数，具体程序如图 1-2-4 所示。

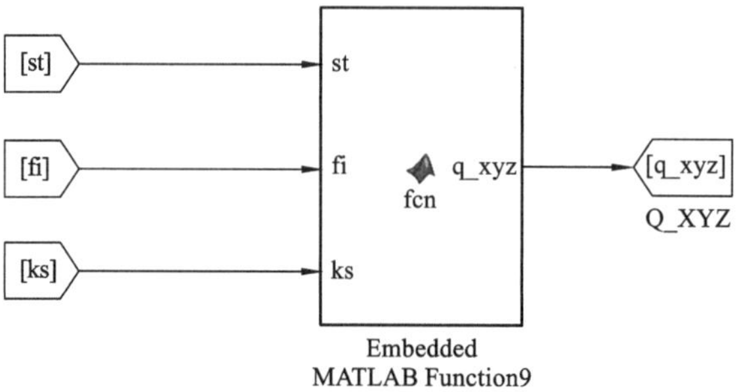

图 1-2-4　由姿态角求解四元数程序

所对应的代码如下。

```
st=st*pi/180;
fi=fi*pi/180;
ks=ks*pi/180;
%姿态角转换为四元数
q_xyz=[cos(fi/2)*cos(st/2)*cos(ks/2)+sin(fi/2)*sin(st/2)*sin(ks/2);
sin(fi/2)*cos(st/2)*cos(ks/2)-cos(fi/2)*sin(st/2)*sin(ks/2);
cos(fi/2)*sin(st/2)*cos(ks/2)+sin(fi/2)*cos(st/2)*sin(ks/2);
cos(fi/2)*cos(st/2)*sin(ks/2)-sin(fi/2)*sin(st/2)*cos(ks/2)];
```

由四元数求解方向余弦矩阵。根据上述求解的四元数，结合式（1-1-64），即可得到四元数，具体程序如图 1-2-5 所示。

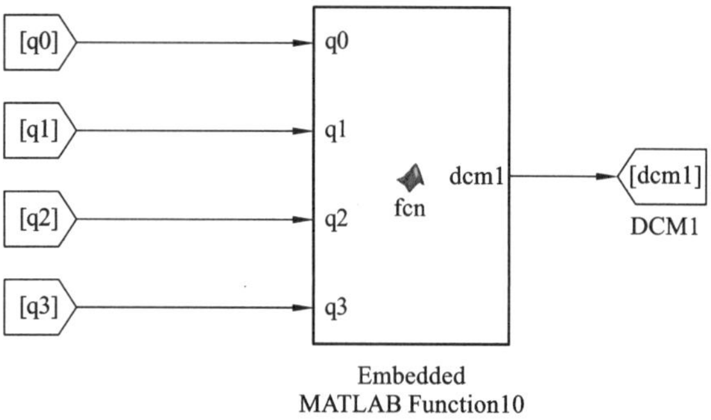

图 1-2-5　由四元数求解方向余弦矩阵程序

所对应的代码如下。

```
%四元数转换为方向余弦矩阵
dcm1=[q0^2+q1^2-q2^2-q3^2 2*(q1*q2-q0*q3) 2*(q1*q3+q0*q2);
2*(q1*q2+q0*q3) q0^2-q1^2+q2^2-q3^2 2*(q2*q3-q0*q1);
2*(q1*q3-q0*q2) 2*(q2*q3+q0*q1) q0^2-q1^2-q2^2+q3^2];
```

1.2.2 仿真结果

根据 1.2.1 小节程序，即可计算出所求参数。

（1）载体方向余弦矩阵如图 1-2-6 所示。

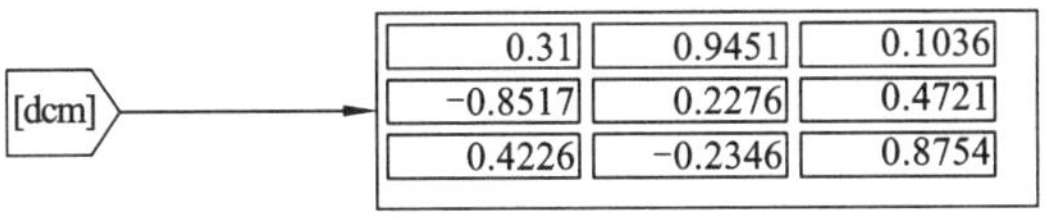

图 1-2-6　方向余弦矩阵结果

（2）方向余弦矩阵转化的四元数如图 1-2-7 所示。

图 1-2-7　四元数求解结果

（3）相应的姿态角如图 1-2-8 所示。

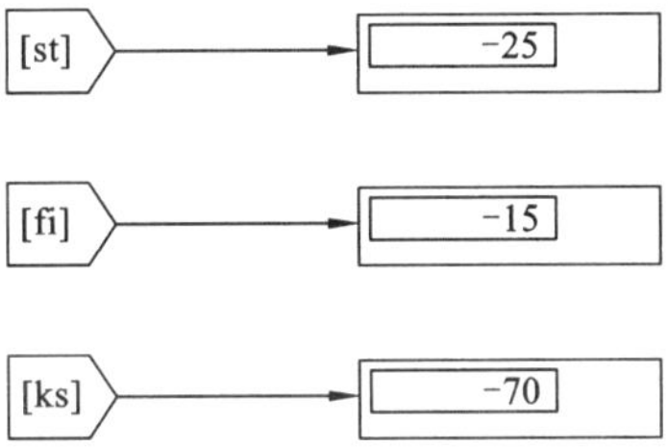

图 1-2-8　姿态角

（4）由姿态角直接求解的四元数如图 1-2-9 所示。

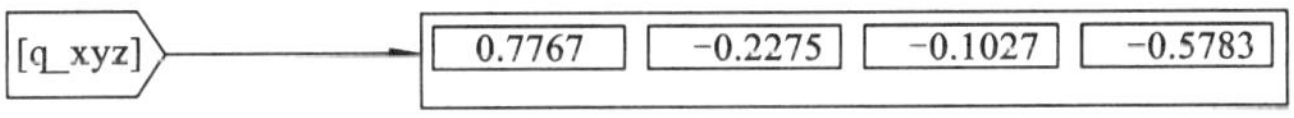

图 1-2-9　姿态角求解四元数结果

（5）由四元数求解得到的方向余弦矩阵如图 1-2-10 所示。

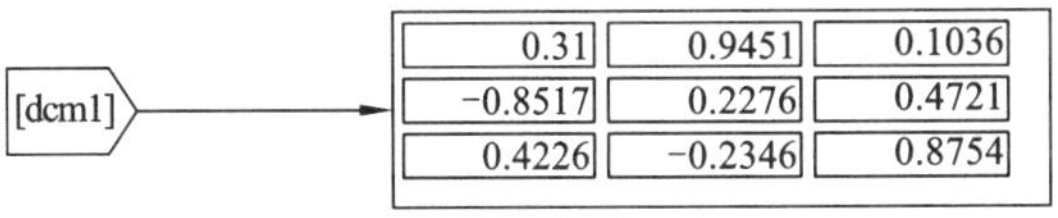

图 1-2-10　四元数求解方向余弦矩阵结果

由图 1-2-10 可知，计算结果与理论一致，说明建立的模型是准确的。

1.3 地球及其自转

惯性空间可理解为宇宙空间，由于宇宙是无限的，要描述相对惯性空间的运动，需要有具体的参照物才有意义。地球中心惯性坐标系是一种常用的近似惯性参考系。使用这种“惯性坐标系”时，要认为物体受到的引力只有地球的引力，而没有太阳、月球等星体的引力，即认为该系仅与地球自转有关。本节主要介绍地球自转的相关知识。

1.3.1 地球的形状与参考椭球

人类赖以生存的地球，实际上是一个质量分布不均匀、形状不规则的几何体。从整体上看，地球近似为一个对称于自转轴的扁平旋转椭球体，其截面的轮廓近似为一扁平椭圆，沿赤道方向为长轴、沿极轴方向为短轴。这种形状的形成与地球的自转有密切的关系。地球上的每一质点，一方面受到地心引力的作用，另一方面受自转造成的离心力的作用。越靠近赤道，离心力越强，正是在此离心力的作用下，地球靠近赤道的部分向外膨胀，这样，地球就成了扁平形状。

从局部看来，地球表面有高山、有盆地，加上内部结构异常复杂，地球表面是一个相当不规则的曲面，无法用数学模型表达。

在海洋上，各处的海平面均与该处重力矢量垂直，若假想地球表面全部被海水包围，在风平浪静、没有潮汐的情况下，由海水水面组成的曲面就是地球重力场的等势面，称为大地水准面。大地水准面不像真正的地表那样有明显的起伏，虽然也不规则，但是光滑的。通常所说的海拔高度就是相对大地水准面的。大地水准面包围的体积称为大地水准体，简称大地体。大地水准面也是不规则的，大地体也无法用一数学表达式准确描述。

对精度要求不高的一般工程问题，常用圆球体代替大地体，地球的平均半径为6371.02 km±0.05 km（1964 年国际天文学会通过的数据）。

若再精确一些，可以将大地体近似为一个旋转椭球体，旋转轴就是地球的自转轴，这种旋转椭球体称为参考椭球。参考椭球的短轴与地球表面的交点就是地球的两极，在地球自转角速度矢量正向的极点为北极，另一端为南极。参考椭球的赤道平面是一个圆平面，其半径即为参考椭球的长轴半径 R_e，沿地球极轴方向的参考椭球半径为短轴半径 R_p。有了长短轴半径，就可以确定参考椭球了（图 1-3-1），图 1-3-2 所示为地球实际表面、大地水准面、参考椭球表面三者之间的关系。

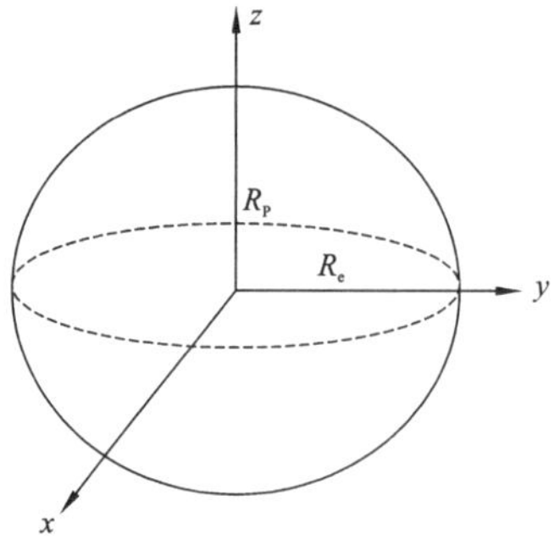

图 1-3-1 地球参考椭球

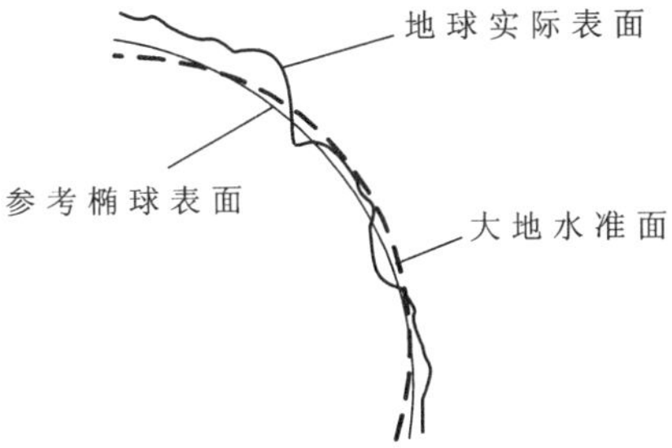

图 1-3-2　地球实际表面、大地水准面与参考椭球表面

参考椭球可用下面的二次方程描述：

$$\frac{x^2+y^2}{R_e^2}+\frac{z^2}{R_p^2}=1 \tag{1-3-1}$$

也可用长短轴半径之一和扁率 ε 来描述参考椭球，扁率（又称椭圆度）ε 定义为

$$\varepsilon=\frac{R_e-R_p}{R_e} \tag{1-3-2}$$

大地测量中，还常用偏心率来描述椭球的形状：

第一偏心率为

$$e=\frac{\sqrt{R_e^2-R_p^2}}{R_e} \tag{1-3-3}$$

第二偏心率为

$$e'=\frac{\sqrt{R_e^2-R_p^2}}{R_p} \tag{1-3-4}$$

大地水准面与参考椭球在椭球法线方向上的误差称为大地起伏，若参考椭球选取合适，大地起伏一般不超过 150 m，参考椭球的法线与当地大地水准面之间法线方向的夹角一般不超过 3″。惯性导航中就是以参考椭球来代替大地体来描述地球形状的。

选取参考椭球的基本准则是使测定出的大地水准面的局部或全部与参考椭球之间贴合得最好，即差异最小。由于所在地区不同，各国选用的参考椭球也不尽相同，表 1-3-1 列出了目前世界上常用的参考椭球。

表 1-3-1　目前世界上常用的参考椭球

参考椭球名称	长轴半径 R_e	扁率 ε	使用的国家或地区
克拉索夫斯基（1940）	6 378 245	1/298.3	俄罗斯、中国
贝赛尔（1841）	6 377 397	1/299.16	日本
克拉克（1866）	6 378 206	1/294.98	北美
克拉克（1880）	6 378 245	1/293.46	北美
海富特（1910）	6 378 388	1/297.00	欧洲、北美及中东
1975 年国际会议推荐的参考椭球	6 378 140	1/298.257	中国
WGS-84（1984）	6 378 137	1/298.257	全球

1.3.2 参考椭球的曲率半径

导航中经常要从载体相对地球的位移或速度求取载体经纬度的变化率，因此当把地球近似为参考椭球时必须研究参考椭球表面各方向的曲率半径。显然，椭球体表面上不同点的曲率半径是不同的，同一点沿不同方向的曲率半径也是不同的。

过极轴的任意平面与参考椭球相截，截平面为一个椭圆面，该椭圆面称为子午面，子午面的轮廓线称为子午圈或子午线，子午线都是过两极的南北方向线（图 1-3-3）。

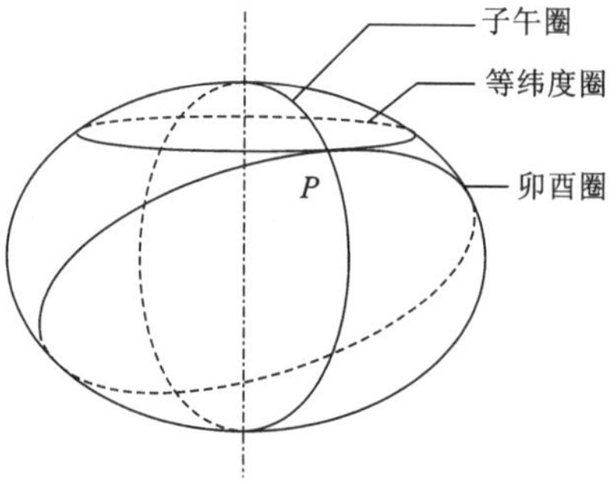

图 1-3-3　子午圈、等纬度圈及卯酉圈

子午圈的曲率半径 R_M 称为主曲率半径。显然，在两极处子午圈的曲率半径最大，在赤道附近子午圈的曲率半径最小。在纬度 φ 处（φ 为椭球法线与赤道面之间的夹角），子午圈的曲率半径为

$$R_{\mathrm{M}}=\frac{R_{\mathrm{e}}(1-e^2)}{(1-e^2\sin^2\varphi)^{\frac{3}{2}}} \tag{1-3-5}$$

或

$$R_{\mathrm{M}}=\frac{R_{\mathrm{e}}(1-\varepsilon)^2}{[(1-\varepsilon)^2\sin^2\varphi+\cos^2\varphi]^{\frac{3}{2}}}\approx R_{\mathrm{e}}(1-2\varepsilon+3\varepsilon\sin^2\varphi) \tag{1-3-6}$$

式中：R_{e} 为椭球长半轴；ε 为扁率；e 为第一偏心率。

在赤道上，$\varphi=0$，子午圈曲率半径 R_M 最小，$R_{\mathrm{M}}=R_{\mathrm{e}}(1-2\varepsilon)$，它比地心到赤道的距离约小 42 km。在地球南北极，$\varphi=\pm 90^\circ$ 时，曲率半径 R_M 最大，$R_{\mathrm{M}}=R_{\mathrm{e}}(1+\varepsilon)$。它比地心到南北极的距离约大 42 km。

若已知载体的北向速度 V_n，则根据子午圈的曲率半径 R_M 可求出载体纬度的变化率：

$$\frac{\mathrm{d}\varphi}{\mathrm{d}t}=\frac{V_{\mathrm{n}}}{R_{\mathrm{M}}} \tag{1-3-7}$$

同时，可确定载体绕东向轴的转动角速度为

$$\omega_{\mathrm{e}}=-\frac{V_{\mathrm{n}}}{R_{\mathrm{M}}} \tag{1-3-8}$$

若以过椭球上任一点 P 且平行于赤道平面的平面截参考椭球，截面是一个圆平面，其轮廓为圆，称为等纬度圈（或等纬度圆），如图 1-3-3 所示。

显然，P 点纬度不同时等纬度圆半径 R_L 也不同，可以证明，R_L 与纬度 φ 的关系

如下：

$$R_{\mathrm{L}}=\frac{R_{\mathrm{e}}\cos\varphi}{(1-e^{2}\sin^{2}\varphi)^{\frac{1}{2}}} \tag{1-3-9}$$

或

$$R_{\mathrm{L}}=\frac{R_{\mathrm{e}}\cos\varphi}{[\cos^{2}\varphi+(1-\varepsilon)^{2}\sin^{2}\varphi]^{\frac{1}{2}}}\approx R_{\mathrm{e}}(1+\varepsilon\sin^{2}\varphi)\cos\varphi \tag{1-3-10}$$

载体绕等纬度圈运动时，纬度不变，经度变化。若已知载体的东向速度 V_{e}，则可以根据等纬度圈曲率半径 R_{L} 求出载体经度的变化率：

$$\frac{\mathrm{d}\lambda}{\mathrm{d}t}=\frac{V_{\mathrm{e}}}{R_{\mathrm{L}}} \tag{1-3-11}$$

用过参考椭球表面任意一点 P 的法线且与过 P 点的子午面垂直的平面截取椭球，截平面的轮廓线称为卯酉圈，卯酉圈的切线方向即为 P 点的东西方向。卯酉圈的曲率半径 R_{N} 也称为主曲率半径。

可以证明，任意点 P 处卯酉圈的曲率半径，正好等于 P 点与过 P 点的椭球法线和椭球极轴的交点 O' 之间的距离 PO'，于是 P 点处卯酉圈的曲率半径 R_{N} 与等纬度圈的曲率半径 R_{L} 之间的关系就是直角三角形的斜边与一直角边之间的关系（图 1-3-4）。

$$R_{\mathrm{L}}=R_{\mathrm{N}}\cos\varphi \tag{1-3-12}$$

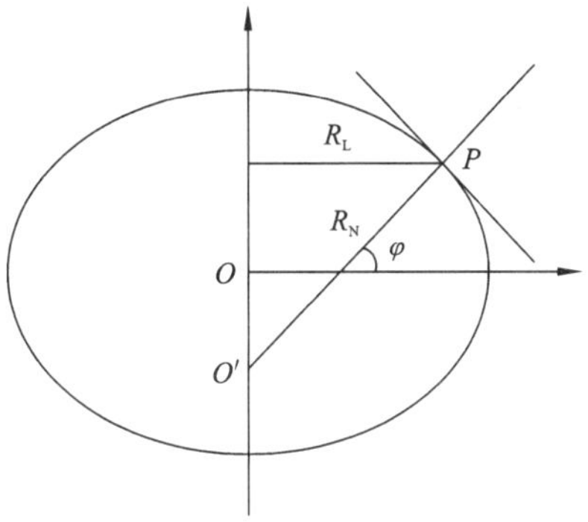

图 1-3-4　卯酉圈曲率半径 R_{N} 与等纬度圆半径 R_{L} 的关系

结合式（1-3-10），可得出卯酉圈的曲率半径与纬度之间的关系：

$$R_{\mathrm{N}}=\frac{R_{\mathrm{e}}}{[\cos^{2}\varphi+(1-\varepsilon)^{2}\sin^{2}\varphi]^{\frac{1}{2}}}\approx R_{\mathrm{e}}(1+\varepsilon\sin^{2}\varphi) \tag{1-3-13}$$

在地球赤道上，卯酉圈就是赤道圆，此时卯酉圈的曲率半径最小。在南北极，卯酉圈就是子午圈，此时卯酉圈的曲率半径最大。

结合式（1-3-11）和式（1-3-12），有

$$\frac{\mathrm{d}\lambda}{\mathrm{d}t}=\frac{V_{\mathrm{e}}}{R_{\mathrm{N}}\cos\varphi} \tag{1-3-14}$$

同时，根据载体东向速度和卯酉圈曲率半径，可确定载体绕北向轴的运动角速度为

$$\omega_{\mathrm{n}}=\frac{V_{\mathrm{e}}}{R_{\mathrm{N}}} \tag{1-3-15}$$

若将椭球近似为圆球，则子午圈的曲率半径与卯酉圈的曲率半径均为圆球的半径：

$$R_M = R_N = R \tag{1-3-16}$$

1.3.3 垂线及纬度的定义

地球表面一点的纬度是过该点的垂线与地球赤道平面的夹角。由于地球形状的不规则和质量的不均匀，地球表面一点的垂线有几种定义，相应地，纬度也有几种定义。

1. 地心垂线和地心纬度

参考椭球上任意一点 P 与椭球中心 O 的连线 PO 及其延伸线称为 P 点处的地心垂线。地心垂线与椭球赤道平面的夹角称为地心纬度（图 1-3-5 中的 φ_c）。

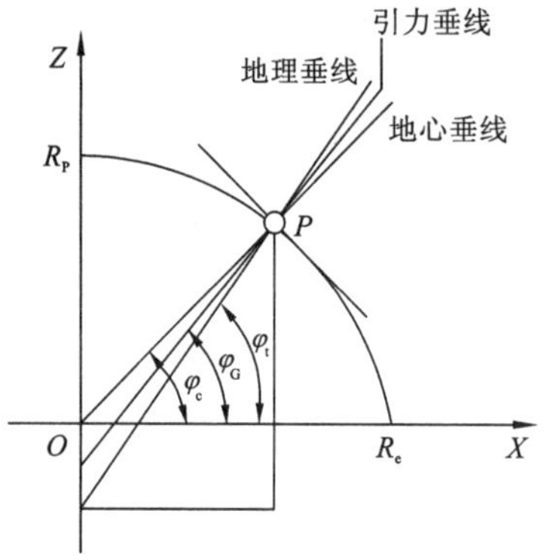

图 1-3-5　几种垂线及纬度的定义

2. 引力垂线与引力纬度

地球表面某质点所受地球引力的方向称为引力垂线，引力垂线与椭球赤道平面的夹角称为引力纬度。由于地球不是规则球体，引力垂线一般不通过地心，所以引力纬度是不同于地心纬度的，但是两者的差别极小（图 1-3-5 中的 φ_G）。

3. 测地垂线与测地纬度

参考椭球上任意一点的法线就是该点处的测地垂线，测地垂线可以通过大地测量的办法获得。测地垂线与椭球赤道平面的夹角称为测地纬度。在大地测量和精确导航中，采用的都是测地纬度。通常描述地球上位置点的经纬度坐标中的纬度指的就是测地纬度，测地纬度又称地理纬度、大地纬度（图 1-3-5 中的 φ_t）。

4. 重力垂线与天文纬度

参考椭球上任一点处的重力方向线称为重力垂线。由于地球的质量不均匀，重力垂线不一定落于子午面内。重力垂线在子午面内的投影与椭球赤道面之间的夹角称为天文纬度，天文纬度可以用天文测量的方法来测定。重力垂线与测地垂线之间的偏差极小，一般不超过 30″，通常可以忽略。因此一般将重力垂线（天文纬度）与测地垂线（测地纬度）也不加区别，都称为地理垂线（地理纬度），地理纬度简称纬度。

地理垂线与地心垂线的夹角 δ_0（即地理纬度与地心纬度之间的夹角）为

$$\delta_0 = \varphi_t - \varphi_c \tag{1-3-17}$$

很显然，δ_0 是纬度的函数。可以推导，偏差角 δ_0 的近似计算公式为

$$\delta_0 \approx \varepsilon \sin 2\varphi \tag{1-3-18}$$

式中：ε 为参考椭球的扁率。

当 $\varphi = 45°$ 时，δ_0 达到最大值，约为 11.5′。对应于地球表面的距离为 11.5 n mile（1 n mile = 1.852 km），因此在导航中必须区分地心纬度与地理纬度。惯性导航中采用的是地理纬度。

1.3.4 地球的重力场

地球周围的物体都受到地球的引力作用，同时由于要跟随地球自转，引力的一部分需要用来作为向心力产生向心加速度，引力的其余部分就是重力（图 1-3-6）。记物体受到的引力为 $\boldsymbol{J}$，跟随地球自转所需的向心力为 $\boldsymbol{F}$，重力为 $\boldsymbol{G}$，则有

$$\boldsymbol{G} = \boldsymbol{J} - \boldsymbol{F} \tag{1-3-19}$$

式中：$\boldsymbol{F}$ 为中向心力矢量，可表示为

$$\boldsymbol{F} = m\boldsymbol{\omega}_{ie} \cdot (\boldsymbol{\omega}_{ie} \cdot \boldsymbol{r}) \tag{1-3-20}$$

式中：$\boldsymbol{\omega}_{ie}$ 为地球自转角速度矢量；m 为物体的质量；$\boldsymbol{r}$ 为地心到物体所在点的位置矢量。

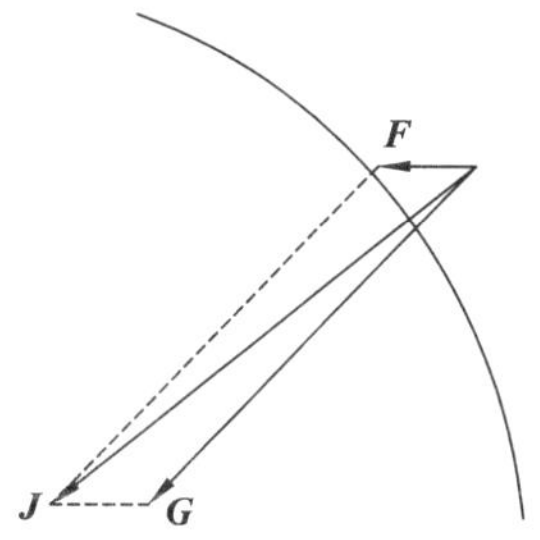

图 1-3-6　地球的重力场

单位质量的物体所受到的重力就是重力加速度，可表示为

$$\boldsymbol{g} = \boldsymbol{G}_e - \boldsymbol{\omega}_{ie} \cdot (\boldsymbol{\omega}_{ie} \cdot \boldsymbol{r}) \tag{1-3-21}$$

式中：$\boldsymbol{G}_e$ 为地球引力加速度。

根据椭球参数，理论上可以计算出不同纬度处重力加速度，近似公式为

$$\boldsymbol{g} = \boldsymbol{g}_0(1 + 0.005\,288\,4\sin\varphi - 0.000\,005\,9\sin 2\varphi) - 0.000\,000\,308\,6h \tag{1-3-22}$$

式中：φ 为地理纬度；$\boldsymbol{g}_0$ 为赤道处海平面上的重力加速度，$\boldsymbol{g}_0 = 9.780\,49\ \text{m/s}^2$；$h$ 为物体的海拔高度。式（1-3-22）称为达朗贝尔方程。

由于地球形状不规则、质量分布不均匀，实测的重力加速度数据与理论计算值往往不一致，大地测量中把两者在数值上的差别称为重力异常，两者在方向上的不一致称为垂线偏差。对工作在水平状态的平台式惯导来说，重力加速度的数值变化对定位精度影响较小，因此与重力异常的关系不大。但垂线偏斜不仅直接造成导航误差，还会引起随

时间增长的水平误差。地球表面各点的重力异常和垂线偏斜没有规律性，只能将地球表面划分为许多个区域，事先加以测量，然后在系统中加以补偿。对一般精度的惯性导航系统的影响可以忽略。若惯性导航系统在某地区的导航误差总是比较大时，就可能与垂线偏斜有关系。

1.3.5 计时标准及地球自转角速度

描述物体运动时，除空间的概念以外，还要引入时间的概念。时间和空间是物质存在的基本形式。时间表示物质运动的连续性，空间表示物质运动的广延性。在惯性导航系统中，陀螺仪和加速度计所能测量的角速度和加速度已经达到了相当的精度，因此具有明确的时间单位，运动的角速度和加速度才有确切的意义。

度量时间时，一般用物质的周期性运动作为计时标准，为保证计量具有一定的精确度，要求这种周期性运动必须是均匀的、连续的。在自然界中，地球的自转运动是非常稳定的，具有连续、均匀的特点，因此人们自然地将它作为计时标准。但是在地球上观察地球的自转运动，可以有两种参考系，一是将太阳作为参照物，二是将别的恒星作为参照物，于是就出现了两种计时标准，即太阳时计时系统和恒星时计时系统。

把相对恒星测得的地球自转运动周期作为计时单位，就是恒星日。把一个恒星日分成 24 等分，就是恒星时。

利用太阳的视运动来计量时间，就是另一个记时单位——太阳日。地球相对于太阳自转一周的时间称为真太阳日。由于地球围绕太阳公转的轨道为椭圆，使得真太阳日不是很均匀，一年中最长和最短的太阳日相差 51 s，这样按照真太阳日来计时就很不准确，于是天文学家假想了一个太阳，其视运动速度是均匀的，为真太阳视运动速度的全年平均值，这个假想的太阳称为平太阳，地球相对平太阳自转一周的时间称为平太阳日。一个平太阳日可等分为 24 个平太阳时，这就是人们日常生活中采用的小时记时单位。

天文学上的测量表明地球围绕太阳公转一周需要 365.2422 个平太阳日。由于地球除自转外，还有围绕太阳的公转，一个平太阳日中，地球相对太阳转动了一周，然而在相同的时间内，地球相对恒星的转动并不止 360°，而是比 360° 多一点（图 1-3-7）。地球绕太阳公转一周，地球相对恒星转动的周数比相对太阳转动的周数正好多一周。于是有

$$365.242\,2\ \text{平太阳日} = 366.2422\ \text{恒星日}$$

从而有

$$1\ \text{恒星日} = 0.997\,269\,6\ \text{太阳日} = 23\ \text{小时}\ 56\ \text{分}\ 4.1\ \text{秒}$$

$$1\ \text{平太阳日} = 1.002\,737\,9\ \text{恒星日}$$

$$1\ \text{平太阳时} = 1.002\,737\,9\ \text{恒星时}$$

有了平太阳日与恒星日的定义，可以确切地给出地球的自转角速度：地球在一个恒星日中相对恒星准确地转动 360°，故其自转角速度为

$$\begin{aligned}\omega_{ie} &= 360°/\text{恒星日} = 15°/\text{恒星时}\\ &= 15.041\,069°/\text{平太阳时} = 7.292\,115\,8\times10^{-5}\ \text{rad/s}\end{aligned}$$

显然，上述地球自转角速度就是相对惯性空间的自转角速度，即绝对运动角速度。

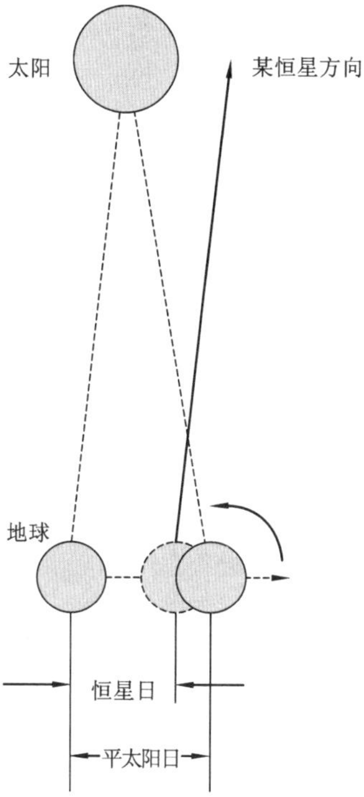

图 1-3-7　平太阳日与恒星日

1.3.6　地球自转下的坐标系分解

当载体在地球表面运动时，载体相对地球的位置不断发生变化，而地球上不同地点的地理坐标系相对地球的角位置是不同的。也就是说，载体的运动将引起地理坐标系相对地球坐标系的转动。如果考察地理坐标系相对惯性坐标系的转动角速度，应当考虑两种因素：一是地理坐标系随载体运动时相对地球坐标系的转动角速度；二是地球坐标系相对惯性参考系的转动角速度。

假设载体沿水平面航行（如舰船），所在地点的纬度为 φ，航速为 V，航向为 H。将航速分解为沿地理坐标系北东两个分量：

$$\begin{cases} V_n = V\cos H \\ V_e = V\sin H \end{cases} \tag{1-3-23}$$

航速的北向分量 V_n 引起地理坐标系绕着平行于地理东西方向的地心轴相对地球转动，其转动角速度为

$$\dot{\varphi} = \frac{V_n}{R_M} \tag{1-3-24}$$

航速的东向分量 V_e 引起地理坐标系绕着极轴相对地球转动，其转动角速度为

$$\dot{\lambda} = \frac{V_e}{R_N \cos\varphi} \tag{1-3-25}$$

将角速度 $\dot{\varphi}$ 和 $\dot{\lambda}$ 平移到地理坐标系的原点，并投影到地理坐标系各轴上，可得

$$
\begin{cases}
\omega_{\mathrm{et}x}^{\mathrm{t}} = -\dot{\boldsymbol{\varphi}} = -\dfrac{V_{\mathrm{n}}}{R_{\mathrm{M}}} \\
\omega_{\mathrm{et}y}^{\mathrm{t}} = \dot{\boldsymbol{\lambda}}\cos\varphi = \dfrac{V_{\mathrm{e}}}{R_{\mathrm{N}}} \\
\omega_{\mathrm{etz}}^{\mathrm{t}} = \dot{\boldsymbol{\lambda}}\sin\varphi = \dfrac{V_{\mathrm{e}}}{R_{\mathrm{N}}}\tan\varphi
\end{cases}
\tag{1-3-26}
$$

式中：$\omega_{\mathrm{et}x}^{\mathrm{t}}$ ($\omega_{\mathrm{et}y}^{\mathrm{t}}$、$\omega_{\mathrm{etz}}^{\mathrm{t}}$)为 t 系相对 e 系的角速度在 t 系 X_{t} 轴（Y_{t} 轴、Z_{t} 轴）上的分量。式（1-3-26）表明，航行速度将引起地理坐标系绕地理东向、北向和垂直方向相对地球坐标系转动。

地球坐标系相对惯性参考系的转动是由地球自转引起的。将地球自转角速度 $\boldsymbol{\omega}_{\mathrm{ie}}$ 平移到地理坐标系的原点，并投影到地理坐标系的各轴上，可得

$$
\begin{cases}
\omega_{\mathrm{ie}x}^{\mathrm{t}} = 0 \\
\omega_{\mathrm{ie}y}^{\mathrm{t}} = \boldsymbol{\omega}_{\mathrm{ie}}\cos\varphi \\
\omega_{\mathrm{iez}}^{\mathrm{t}} = \boldsymbol{\omega}_{\mathrm{ie}}\sin\varphi
\end{cases}
\tag{1-3-27}
$$

式（1-3-27）表明，地球自转将引起地理坐标系绕地理北向和垂线方向相对惯性参考系转动。

综合考虑地球自转和载体的航行影响，地理坐标系相对惯性参考系的转动角速度在地理坐标系各轴上的投影表达式为

$$
\begin{cases}
\omega_{\mathrm{it}x}^{\mathrm{t}} = \omega_{\mathrm{ie}x}^{\mathrm{t}} + \omega_{\mathrm{et}x}^{\mathrm{t}} = -\dfrac{V_{\mathrm{n}}}{R_{\mathrm{M}}} \\
\omega_{\mathrm{it}y}^{\mathrm{t}} = \omega_{\mathrm{ie}y}^{\mathrm{t}} + \omega_{\mathrm{et}y}^{\mathrm{t}} = \boldsymbol{\omega}_{\mathrm{ie}}\cos\varphi + \dfrac{V_{\mathrm{e}}}{R_{\mathrm{N}}} \\
\omega_{\mathrm{itz}}^{\mathrm{t}} = \omega_{\mathrm{iez}}^{\mathrm{t}} + \omega_{\mathrm{etz}}^{\mathrm{t}} = \boldsymbol{\omega}_{\mathrm{ie}}\sin\varphi + \dfrac{V_{\mathrm{e}}}{R_{\mathrm{N}}}\tan\varphi
\end{cases}
\tag{1-3-28}
$$

在分析陀螺仪和惯性导航系统时，地理坐标系是要经常使用的坐标系。例如，陀螺罗经用来重现子午面，其运动和误差就是相对地理坐标系而言的。在指北方位平台式惯导中，采用地理坐标系作为导航坐标系，平台所模拟的就是地理坐标系。

1.4 地球自转程序设计与仿真

1.4.1 程序设计

惯性导航系统的部分重要参数来自地球的自转分解，本节结合 1.3 节内容，进行以下实验。

假设载体在地球表面运动，其所在地纬度为 36.3568° N，航速为 20 m/s，航向为+15°。求解 t 系相对 e 系的角速度在 t 系下 X、Y、Z 轴上的分量。

实验步骤如下。

根据式（1-3-23）～式（1-3-26），编写 SIMULINK 程序进行求解，程序如图 1-4-1 所示。

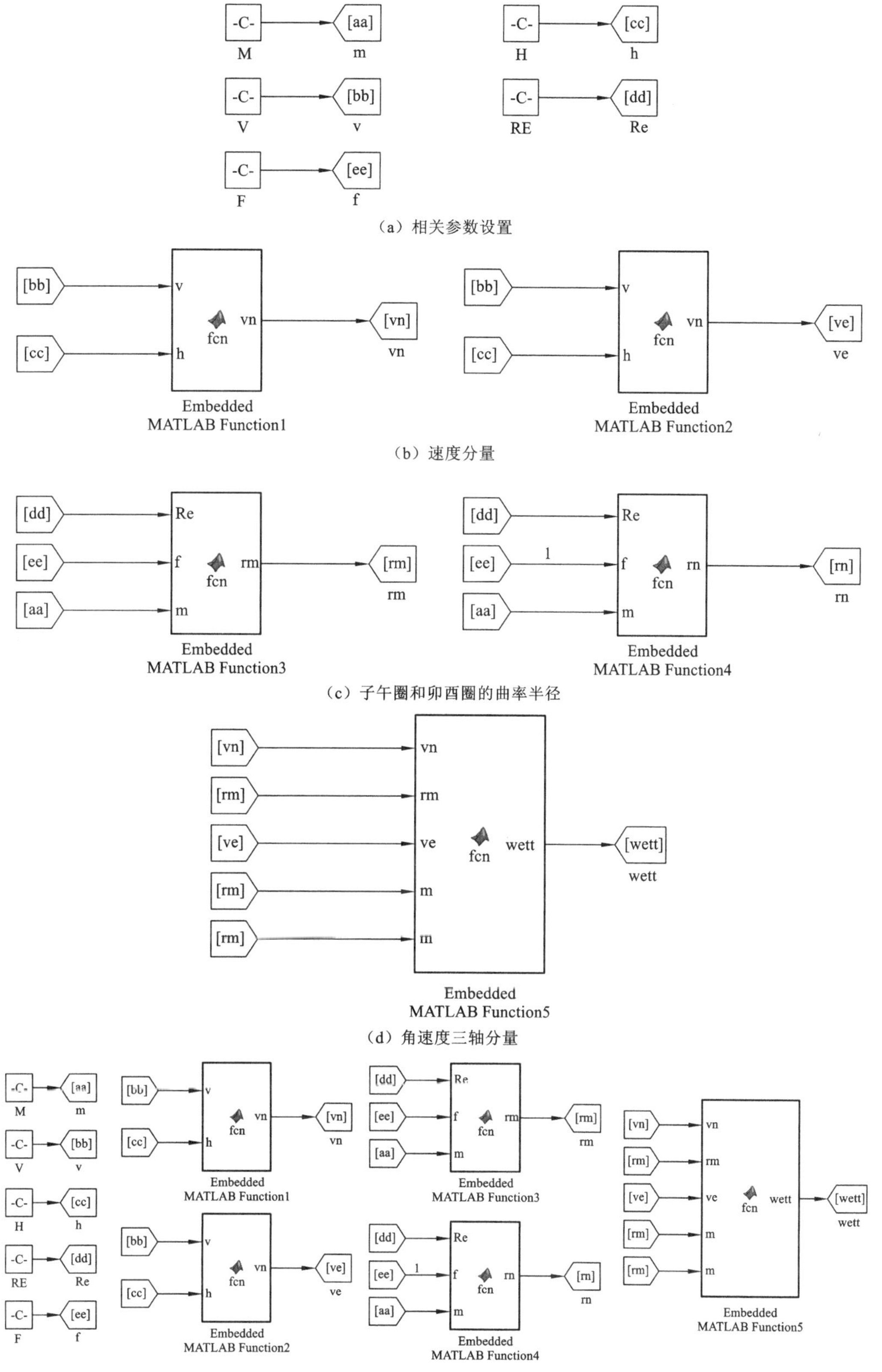

图 1-4-1　求解三轴上的分量

所对应的主要代码如下。

东向速度和北向速度分量求解代码：

```
ve=v*sin(h);                    %东向速度分量
vn=v*cos(h);                    %北向速度分量
```

子午圈和卯酉圈曲率半径求解代码：

```
rm=Re*(1-2*f+3*f*(sin(m)^2));   %子午圈曲率半径
rn=Re*(1+f*(sin(m)^2));         %卯酉圈曲率半径
```

角速度三轴分量求解代码：

```
wett=[-vn/rm ve/rn (ve/rn)*tan(m)];
```

1.4.2 仿真结果

根据 1.4.1 小节程序，即可计算出所求参数，如图 1-4-2 所示。

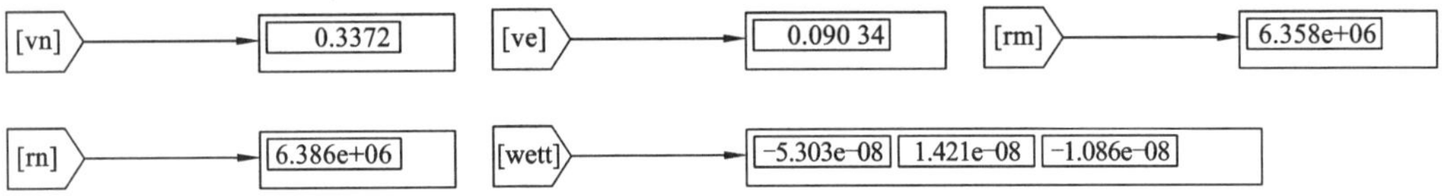

图 1-4-2 三轴分量结果

1.5 经纬度变化率

日常生活中，位置是人们最为关注的导航信息，常用经纬度表示。在惯性导航系统中，加速度计能够输出载体相对惯性空间的加速度信息，是惯性导航系统的核心元件之一。其依据惯性力或惯性力矩测得比力或加速度，通过计算可得出载体的速度与位置变化率，再进行积分运算即可获取载体的速度与位置信息。1.1 节、1.3 节介绍了惯性导航系统的基础知识，即常用的坐标系及地球自转分解，在此基础上，本节介绍在地球自转下，如何通过加速度计获取载体的位置。

1.5.1 加速度计对比力的测量

根据牛顿第二运动定律，任何物体若所受力的合力不为零，则会相对惯性空间做加速运动，要在惯性空间保持静止或匀速运动，物体所受合力必须为零；若物体相对惯性空间有运动加速度，则其所受合力必然不为零，这就是惯性空间中力与运动的关系。

分析运动载体中任一物体的受力时，可以把任何物体的受力 $\boldsymbol{F}$ 分为两部分：一部分是各种天体（如地球、太阳、月球等）的引力 $\boldsymbol{F}_{\mathrm{g}}$；另一部分是作用于该物体的其他力，统称为非引力 $\boldsymbol{f}_{\mathrm{m}}$，即

$$\boldsymbol{F}=\boldsymbol{F}_{\mathrm{g}}+\boldsymbol{f}_{\mathrm{m}} \tag{1-5-1}$$

若载体相对惯性空间的运动加速度为 $\boldsymbol{a}_i$，载体内的物体相对惯性空间的运动加速度当然也为 $\boldsymbol{a}_i$，根据牛顿运动定律，应该有

$$\boldsymbol{F} = m\boldsymbol{a}_i \tag{1-5-2}$$

式中：m 为物体的质量。代入式（1-5-1），有

$$\boldsymbol{F}_g + \boldsymbol{f}_m = m\boldsymbol{a}_i \tag{1-5-3}$$

于是有

$$\frac{\boldsymbol{F}_g}{m} + \frac{\boldsymbol{f}_m}{m} = \boldsymbol{a}_i \tag{1-5-4}$$

人们关心的是载体运动加速度 $\boldsymbol{a}_i$，若能测得引力 $\boldsymbol{F}_g$、非引力 $\boldsymbol{f}_m$，当然可以得到加速度 $\boldsymbol{a}_i$，但是，天体的引力实际上是无法直接测量的，而非引力部分则能通过一定的办法测得。由于非引力可以测量，它又与加速度有密切的关系，研究者赋予单位质量的物体受力中的非引力部分一个名词——比力。记比力为 $\boldsymbol{f}$，于是有

$$\boldsymbol{f} = \frac{\boldsymbol{f}_m}{m} = \boldsymbol{a}_i - \frac{\boldsymbol{F}_g}{m} = \boldsymbol{a}_i - \boldsymbol{G} \tag{1-5-5}$$

式中：$\boldsymbol{G}$ 为单位质量物体所受到的引力，即引力加速度。式（1-5-5）表明，作用于单位质量物体的比力矢量等于该物体的绝对加速度矢量与引力加速度矢量之差。

式（1-5-5）比较抽象。为应用方便，下面做进一步分析。在地球表面附近，引力主要是地球引力，但太阳的引力加速度约为 $6.05\times10^{-4}g$，是必须要考虑的，而月球及太阳系各行星的引力加速度均在 $10^{-6}g$ 量级或更低，可以忽略。据此分析，将引力加速度分为两部分：

$$\boldsymbol{G} = \boldsymbol{G}_e + \boldsymbol{G}_s \tag{1-5-6}$$

式中：$\boldsymbol{G}_e$、$\boldsymbol{G}_s$ 分别为地球和太阳的引力加速度。

地球对其附近物体的引力加速度又可进一步分解成重力加速度和随地球自转的向心加速度两部分：

$$\boldsymbol{G}_e = \boldsymbol{\omega}_{ie}\cdot(\boldsymbol{\omega}_{ie}\cdot\boldsymbol{r}) + \boldsymbol{g} \tag{1-5-7}$$

式中：$\boldsymbol{r}$ 为载体在地球坐标系中的位置矢量。

于是有

$$\boldsymbol{G} = \boldsymbol{G}_e + \boldsymbol{G}_s = \boldsymbol{\omega}_{ie}\cdot(\boldsymbol{\omega}_{ie}\cdot\boldsymbol{r}) + \boldsymbol{g} + \boldsymbol{G}_s \tag{1-5-8}$$

地球表面的物体都要随地球一起绕太阳公转，记公转造成的绕太阳向心加速度为 $\boldsymbol{a}_s$，将地球附近载体的绝对加速度分为两部分：

$$\boldsymbol{a}_i = \boldsymbol{a}_i' + \boldsymbol{a}_s \tag{1-5-9}$$

地球绕太阳公转本质上就是由太阳引力造成的，因此有 $\boldsymbol{a}_s = \boldsymbol{G}_s$。

加速度 $\boldsymbol{a}_i'$ 的含义是不含随地球一起绕太阳公转向心加速度的加速度，即以地心惯性系为参考系的“绝对加速度”。

地球上的物体，还要随地球一起自转，因此加速度 $\boldsymbol{a}_i'$ 中含有向心加速度：

$$\boldsymbol{a}_i' = \boldsymbol{a} + \boldsymbol{\omega}_{ie}\cdot(\boldsymbol{\omega}_{ie}\cdot\boldsymbol{r}) \tag{1-5-10}$$

$\boldsymbol{a}$ 的物理含义是：绝对加速度除去牵连运动加速度（绕太阳公转的向心加速度和随地球自转的向心加速度）的剩余部分，$\boldsymbol{a}$ 包含了载体相对地球的运动加速度和由相对地球运动和地球自转联合形成的科里奥利加速度。于是有

$$\boldsymbol{a}_{\mathrm{i}} = \boldsymbol{a} + \boldsymbol{\omega}_{\mathrm{ie}} \cdot (\boldsymbol{\omega}_{\mathrm{ie}} \cdot \boldsymbol{r}) + \boldsymbol{a}_{\mathrm{s}} \tag{1-5-11}$$

综合式（1-5-8）和式（1-5-11），代入式（1-5-5），并结合 $\boldsymbol{a}_{\mathrm{s}} = \boldsymbol{G}_{\mathrm{s}}$，有

$$\boldsymbol{f} = \boldsymbol{a}_{\mathrm{i}} - \boldsymbol{G} = \boldsymbol{a} - \boldsymbol{g} \tag{1-5-12}$$

根据式（1-5-12），可得出以下结论。

（1）若载体相对地球静止，则 $\boldsymbol{a} = 0$。则 $\boldsymbol{f} = \boldsymbol{a} - \boldsymbol{G} = -\boldsymbol{g}$；

（2）在与重力方向垂直的方向上，比力中不含重力加速度分量。对于地球上的一般运动载体，重力加速度的量值远大于载体加速度，若使比力分量中不含重力加速度分量，则对测定比力分量的精度是非常有益的。

前面指出，物体受力的非引力部分，即比力能通过一定的办法测得。

加速度计就是一种能测量比力的装置。下面以一种理想化的电位计式线性加速度计为例说明加速度计是如何测量比力的。电位计式线性加速度计的结构如图 1-5-1 所示。壳体中有一个检测质量块 m，检测质量块可以沿导轨在壳体内滑动，假定滑动是无摩擦的，当壳体相对惯性空间有运动加速度 $\boldsymbol{a}_{\mathrm{i}}$ 时，受惯性力与天体引力共同作用，质量块会沿导轨方向产生位移，通过电位计的输出电压可以检测出该位移量。

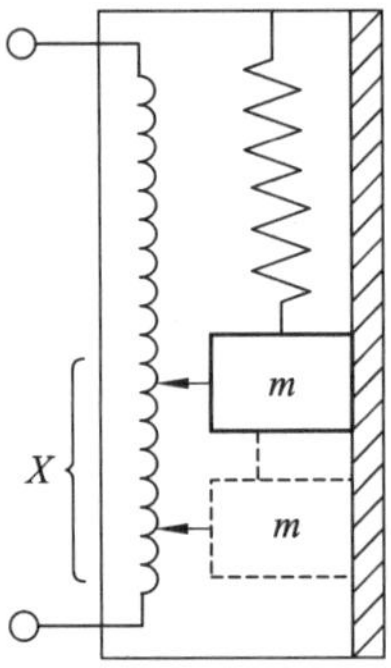

图 1-5-1　电位计式线性加速度计的结构

假如导轨方向与引力方向平行，载体运动加速度的方向也与引力方向平行，质量块 m 沿 X 轴的位移量为 X。由于要随载体一起相对惯性空间运动，质量块的受力为运动加速度 $\boldsymbol{a}_{\mathrm{i}}$ 引起的惯性力（$-m\boldsymbol{a}_{\mathrm{i}}$）、弹簧对质量块的作用力 $\boldsymbol{N}$、对质量块的引力 $m\boldsymbol{G}$（$\boldsymbol{G}$ 为引力加速度），质量块位置稳定后三者是平衡的[图 1-5-2（a）]：

$$\boldsymbol{N} + m\boldsymbol{G} - m\boldsymbol{a}_{\mathrm{i}} = 0 \tag{1-5-13}$$

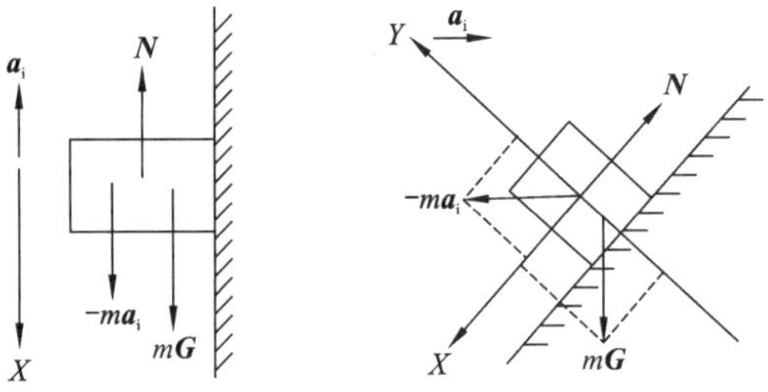

（a）垂直情况　　（b）斜坡情况

图 1-5-2　加速度计中质量块的受力分析

由于三种力方向平行，式（1-5-13）可转化为标量方程：

$$N = mG + ma_{\mathrm{i}} = m(G + a_{\mathrm{i}}) \tag{1-5-14}$$

式中：N、G、a_i 分别为 $\boldsymbol{N}$、$\boldsymbol{G}$、$\boldsymbol{a}_i$ 的模。

弹簧作用力 $\boldsymbol{N}$ 的大小与质量块的位移量 X 成比例，设弹性系数为 k，则

$$N = kX \tag{1-5-15}$$

于是有

$$X = \frac{m(G + a_i)}{k} \tag{1-5-16}$$

此外，比力 $\boldsymbol{f} = \boldsymbol{a}_i - \boldsymbol{G}$，按图 1-5-2（a）中假定的加速度方向，沿导轨方向（X 轴方向）的分量为

$$\boldsymbol{f}_x = \boldsymbol{a}_x - \boldsymbol{G}_x = -\boldsymbol{a}_i - \boldsymbol{G}_x \tag{1-5-17}$$

式中：$\boldsymbol{a}_x$、$\boldsymbol{G}_x$ 为沿导轨方向（X 轴正向）的绝对加速度分量与引力加速度分量。图 1-5-2（a）中 $\boldsymbol{a}_i$ 方向在 X 轴负向，故 $\boldsymbol{a}_x = -\boldsymbol{a}_i$。

对比式（1-5-16）和式（1-5-17），弹簧的拉伸量 X 所代表的正是质量块所受的比力 f：

$$f = -\frac{k}{m}X \tag{1-5-18}$$

上面的讨论中，假定了载体运动加速度 $\boldsymbol{a}$、导轨、引力方向三者平行。若三者不平行，显然质量块位移量 X 代表的是沿质量块导轨方向的比力分量 $\boldsymbol{f}_x$，因为垂直于导轨方向上的比力分量不会影响质量块沿导轨方向的运动。图 1-5-2（b）中，加速度 $\boldsymbol{a}_i$、引力加速度 $\boldsymbol{G}$、导轨 X 的方向均不平行，此时式（1-5-19）仍然成立：

$$f_x = a_x - G_x = -\frac{k}{m}X \tag{1-5-19}$$

式中：$\boldsymbol{f}_x$ 为沿导轨方向的比力；$\boldsymbol{a}_x$、$\boldsymbol{G}_x$ 为沿导轨方向的绝对加速度分量与引力加速度分量。

上面分析了电位计式线性加速度计测量比力的原理，这种加速度计有一个敏感方向，加速度计的输出（即上述电位计式线性加速度计中的弹簧拉伸量 X）反映的是其敏感方向的比力分量，与其敏感方向垂直的比力分量不影响加速度计的输出。实际上，一般的加速度计测定的都是其敏感方向上的比力。

1.5.2 比力方程

在导航计算时，需要获知载体相对地球的加速度在导航坐标系的分量，为此需要研究比力分量与相对加速度之间的关系，即比力方程。

科里奥利定理描述了矢量在不同坐标系中的变化率之间的关系。设有矢量 $\boldsymbol{r}$，m 和 n 是两个空间坐标系，坐标系 n 相对坐标系 m 的旋转角速度矢量为 $\boldsymbol{\omega}_{mn}$，两个坐标系的原点没有相对运动速度。

在坐标系 m 中观察到的矢量 $\boldsymbol{r}$ 的变化率即矢量 $\boldsymbol{r}$ 的矢端相对坐标系 m 的速度矢量，记为 $\left.\frac{\mathrm{d}\boldsymbol{r}}{\mathrm{d}t}\right|_m$，在坐标系 n 中观察到的矢量 $\boldsymbol{r}$ 的变化率即矢量 $\boldsymbol{r}$ 的矢端相对坐标系 n 的速度矢量，记为 $\left.\frac{\mathrm{d}\boldsymbol{r}}{\mathrm{d}t}\right|_n$，则有

$$\left.\frac{\mathrm{d}\boldsymbol{r}}{\mathrm{d}t}\right|_{\mathrm{m}}=\left.\frac{\mathrm{d}\boldsymbol{r}}{\mathrm{d}t}\right|_{\mathrm{n}}+\boldsymbol{\omega}_{\mathrm{mn}}\times\boldsymbol{r} \tag{1-5-20}$$

式中：$\boldsymbol{\omega}_{\mathrm{mn}}\times\boldsymbol{r}$ 为矢量 $\boldsymbol{r}$ 跟随坐标系 n 一起相对坐标系 m 旋转形成的矢端速度，是牵连速度。

对于矢量的叉乘 $\boldsymbol{\omega}_{\mathrm{mn}}\times\boldsymbol{r}=\boldsymbol{v}$，可以通过矩阵运算其分量。

在任一三维直角坐标系 $OXYZ$ 中，用矢量 $\boldsymbol{\omega}_{\mathrm{mn}}$、$\boldsymbol{r}$ 的投影分别定义列向量：

$$\boldsymbol{\omega}_{\mathrm{mn}}=[\omega_x \quad \omega_y \quad \omega_z]^{\mathrm{T}} \tag{1-5-21}$$

$$\boldsymbol{r}=[r_x \quad r_y \quad r_z]^{\mathrm{T}} \tag{1-5-22}$$

则 $\boldsymbol{v}$ 在坐标系 $OXYZ$ 中的三个投影组成的列向量 $\boldsymbol{v}=[v_x \quad v_y \quad v_z]^{\mathrm{T}}$ 可用式（1-5-23）计算：

$$\begin{bmatrix} v_x \\ v_y \\ v_z \end{bmatrix}=\begin{bmatrix} 0 & -\omega_z & \omega_y \\ \omega_z & 0 & -\omega_x \\ -\omega_y & \omega_x & 0 \end{bmatrix}\begin{bmatrix} r_x \\ r_y \\ r_z \end{bmatrix} \tag{1-5-23}$$

式（1-5-23）可通过解析几何中用行列式计算矢量叉乘的方法验证。

当动点的牵连运动为转动时，动点的绝对加速度 $\boldsymbol{a}_{\mathrm{i}}$ 是相对加速度 $\boldsymbol{a}_{\mathrm{r}}$、牵连加速度 $\boldsymbol{a}_{\mathrm{e}}$ 与科里奥利加速度 $\boldsymbol{a}_{\mathrm{c}}$ 的矢量和，即

$$\boldsymbol{a}_{\mathrm{i}}=\boldsymbol{a}_{\mathrm{r}}+\boldsymbol{a}_{\mathrm{e}}+\boldsymbol{a}_{\mathrm{c}} \tag{1-5-24}$$

这就是一般情况下的加速度合成定理。当运载体在地球表面附近航行时，运载体既相对地球运动，又参与地球相对惯性空间的牵连运动，因此运载体的绝对加速度也应是上述三项的矢量和。

考虑惯性导航系统中加速度计的灵敏度范围，在日心惯性坐标系中分析绝对加速度。如图 1-5-3 所示，设地球附近的运动载体位于 P 点，它在日心惯性坐标系中的位置矢量是 $\boldsymbol{R}$，在地球坐标系中的位置矢量是 $\boldsymbol{r}$，地心在日心惯性坐标系中的位置矢量是 $\boldsymbol{R}_0$，显然有

$$\boldsymbol{R}=\boldsymbol{R}_0+\boldsymbol{r} \tag{1-5-25}$$

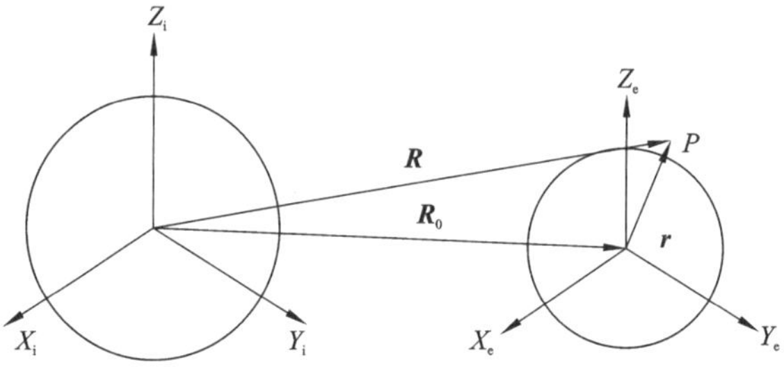

图 1-5-3 载体在日心惯性坐标系中的位置

相对惯性坐标系求取式（1-5-25）各项的变化率：

$$\left.\frac{\mathrm{d}R}{\mathrm{d}t}\right|_{\mathrm{i}}=\left.\frac{\mathrm{d}R_0}{\mathrm{d}t}\right|_{\mathrm{i}}+\left.\frac{\mathrm{d}r}{\mathrm{d}t}\right|_{\mathrm{i}} \tag{1-5-26}$$

位置矢量 $\boldsymbol{r}$ 相对惯性坐标系的变化率为绝对速度。设在地球坐标系 e 中观察到的矢量 $\boldsymbol{r}$ 变化率为 $\left.\frac{\mathrm{d}\boldsymbol{r}}{\mathrm{d}t}\right|_{\mathrm{e}}$，地球坐标系相对惯性坐标系的自转角速度矢量为 $\boldsymbol{\omega}_{\mathrm{ie}}$，根据科里奥利定理有

$$\left.\frac{\mathrm{d}\boldsymbol{r}}{\mathrm{d}t}\right|_{\mathrm{i}}=\left.\frac{\mathrm{d}\boldsymbol{r}}{\mathrm{d}t}\right|_{\mathrm{e}}+\boldsymbol{\omega}_{\mathrm{ie}}\times\boldsymbol{r}=\boldsymbol{v}_{\mathrm{ep}}+\boldsymbol{\omega}_{\mathrm{ie}}\times\boldsymbol{r} \tag{1-5-27}$$

式中：$\boldsymbol{v}_{\mathrm{ep}}=\left.\frac{\mathrm{d}\boldsymbol{r}}{\mathrm{d}t}\right|_{\mathrm{e}}$，表示载体相对地球的速度，即载体速度。

将式（1-5-27）代入式（1-5-26），有

$$\left.\frac{\mathrm{d}\boldsymbol{R}}{\mathrm{d}t}\right|_{\mathrm{i}}=\left.\frac{\mathrm{d}\boldsymbol{R}_0}{\mathrm{d}t}\right|_{\mathrm{i}}+\boldsymbol{v}_{\mathrm{ep}}+\boldsymbol{\omega}_{\mathrm{ie}}\times\boldsymbol{r} \tag{1-5-28}$$

再次求导得到式（1-5-28）各项矢量在惯性坐标系中的变化率：

$$\left.\frac{\mathrm{d}^2\boldsymbol{R}}{\mathrm{d}t^2}\right|_{\mathrm{i}}=\left.\frac{\mathrm{d}^2\boldsymbol{R}_0}{\mathrm{d}t^2}\right|_{\mathrm{i}}+\left.\frac{\mathrm{d}\boldsymbol{v}_{\mathrm{ep}}}{\mathrm{d}t}\right|_{\mathrm{i}}+\left.\frac{\mathrm{d}(\boldsymbol{\omega}_{\mathrm{ie}}\times\boldsymbol{r})}{\mathrm{d}t}\right|_{\mathrm{i}} \tag{1-5-29}$$

地球自转角速度$\boldsymbol{\omega}_{\mathrm{ie}}$相对惯性坐标系基本不变，可看成常值矢量，$\left.\frac{\mathrm{d}\boldsymbol{\omega}_{\mathrm{ie}}}{\mathrm{d}t}\right|_{\mathrm{i}}=0$，故有

$$\left.\frac{\mathrm{d}(\boldsymbol{\omega}_{\mathrm{ie}}\times\boldsymbol{r})}{\mathrm{d}t}\right|_{\mathrm{i}}=\boldsymbol{\omega}_{\mathrm{ie}}\times\left.\frac{\mathrm{d}\boldsymbol{r}}{\mathrm{d}t}\right|_{\mathrm{i}}=\boldsymbol{\omega}_{\mathrm{ie}}\times(\boldsymbol{v}_{\mathrm{ep}}+\boldsymbol{\omega}_{\mathrm{ie}}\times\boldsymbol{r}) \tag{1-5-30}$$

运用科里奥利定理求取$\boldsymbol{v}_{\mathrm{ep}}$相对地球坐标系的变化率：

$$\left.\frac{\mathrm{d}\boldsymbol{v}_{\mathrm{ep}}}{\mathrm{d}t}\right|_{\mathrm{i}}=\left.\frac{\mathrm{d}\boldsymbol{v}_{\mathrm{ep}}}{\mathrm{d}t}\right|_{\mathrm{e}}+\boldsymbol{\omega}_{\mathrm{ie}}\times\boldsymbol{v}_{\mathrm{ep}} \tag{1-5-31}$$

将式（1-5-30）和式（1-5-31）代入式（1-5-29），得

$$\left.\frac{\mathrm{d}^2\boldsymbol{R}}{\mathrm{d}t^2}\right|_{\mathrm{i}}=\left.\frac{\mathrm{d}^2\boldsymbol{R}_0}{\mathrm{d}t^2}\right|_{\mathrm{i}}+\left.\frac{\mathrm{d}\boldsymbol{v}_{\mathrm{ep}}}{\mathrm{d}t}\right|_{\mathrm{e}}+2\boldsymbol{\omega}_{\mathrm{ie}}\times\boldsymbol{v}_{\mathrm{ep}}+\boldsymbol{\omega}_{\mathrm{ie}}\times(\boldsymbol{\omega}_{\mathrm{ie}}\times\boldsymbol{r}) \tag{1-5-32}$$

式（1-5-32）即载体的绝对加速度表达式，各项所代表的物理意义如下：$\left.\frac{\mathrm{d}^2\boldsymbol{R}}{\mathrm{d}t^2}\right|_{\mathrm{i}}$为载体相对惯性坐标系的加速度，即绝对加速度；$\left.\frac{\mathrm{d}^2\boldsymbol{R}_0}{\mathrm{d}t^2}\right|_{\mathrm{i}}$为地球公转造成的地心相对惯性坐标系的加速度，是牵连运动加速度的一部分；$\boldsymbol{v}_{\mathrm{ep}}$为载体相对地球的运动速度；$\left.\frac{\mathrm{d}\boldsymbol{v}_{\mathrm{ep}}}{\mathrm{d}t}\right|_{\mathrm{e}}$为在地球坐标系中观测到的$\boldsymbol{V}_{\mathrm{ep}}$的变化率，即载体相对地球坐标系的运动加速度；$\boldsymbol{\omega}_{\mathrm{ie}}\times(\boldsymbol{\omega}_{\mathrm{ie}}\times\boldsymbol{r})$为地球自转引起的向心加速度，是载体牵连运动加速度的又一部分；$2\boldsymbol{\omega}_{\mathrm{ie}}\times\boldsymbol{v}_{\mathrm{ep}}$为载体相对地球运动和地球自转角速度相互作用引起的科里奥利加速度；

绝对加速度表达式描述了地球附近运动物体的绝对加速度与相对地球的相对加速度之间的关系。将绝对加速度表达式代入比力的定义公式：

$$\boldsymbol{f}=\boldsymbol{a}_{\mathrm{i}}-\boldsymbol{G}=\left.\frac{\mathrm{d}^2\boldsymbol{R}}{\mathrm{d}t^2}\right|_{\mathrm{i}}-\boldsymbol{G}(\boldsymbol{R})=\left.\frac{\mathrm{d}^2\boldsymbol{R}_0}{\mathrm{d}t^2}\right|_{\mathrm{i}}+\left.\frac{\mathrm{d}\boldsymbol{v}_{\mathrm{ep}}}{\mathrm{d}t}\right|_{\mathrm{e}}+2\boldsymbol{\omega}_{\mathrm{ie}}\times\boldsymbol{v}_{\mathrm{ep}}+\boldsymbol{\omega}_{\mathrm{ie}}\times(\boldsymbol{\omega}_{\mathrm{ie}}\times\boldsymbol{r})-\boldsymbol{G}(\boldsymbol{R}) \tag{1-5-33}$$

对地球表面的物体来说，式（1-5-33）中引力加速度$\boldsymbol{G}$为各种天体的引力加速度的矢量和，包括地球的引力加速度$\boldsymbol{G}_{\mathrm{e}}(\boldsymbol{r})$、太阳的引力加速度$\boldsymbol{G}_{\mathrm{s}}(\boldsymbol{R})$、月球的引力加速度$\boldsymbol{G}_{\mathrm{m}}(\boldsymbol{R})$和太阳系其他行星的引力加速度等。计算可知，月球对地球上的物体的引力加速度$\boldsymbol{G}_{\mathrm{m}}(\boldsymbol{R})$最大值为$4\times10^{-6}g$，太阳系其他行星的引力加速度则更小，在一般的惯性导航问题中都可以忽略。这样，引力加速度主要为地球及太阳的引力加速度：

$$\boldsymbol{G}(\boldsymbol{R})=\boldsymbol{G}_{\mathrm{e}}(\boldsymbol{r})+\boldsymbol{G}_{\mathrm{s}}(\boldsymbol{R}) \tag{1-5-34}$$

由于地球距离太阳较远，地球表面的物体至太阳的距离与地心至太阳的距离可以认为是近似相等的。地心绕太阳运动的加速度$\left.\frac{\mathrm{d}^2\boldsymbol{R}_0}{\mathrm{d}t^2}\right|_{\mathrm{i}}$是由太阳对地球的引力造成的，与太阳对地球表面物体的引力加速度$\boldsymbol{G}_{\mathrm{s}}(\boldsymbol{R})$应该是几乎相等的，于是在式（1-5-33）中，地心绕太阳运动的加速度$\left.\frac{\mathrm{d}^2\boldsymbol{R}_0}{\mathrm{d}t^2}\right|_{\mathrm{i}}$和引力加速度$\boldsymbol{G}(\boldsymbol{R})$中的太阳的引力加速度$\boldsymbol{G}_{\mathrm{s}}(\boldsymbol{R})$可以相互抵消。于是有

$$\boldsymbol{f}=\left.\frac{\mathrm{d}\boldsymbol{v}_{\mathrm{ep}}}{\mathrm{d}t}\right|_{\mathrm{e}}+2\boldsymbol{\omega}_{\mathrm{ie}}\times\boldsymbol{v}_{\mathrm{ep}}+\boldsymbol{\omega}_{\mathrm{ie}}\times(\boldsymbol{\omega}_{\mathrm{ie}}\times\boldsymbol{r})-\boldsymbol{G}_{\mathrm{e}}(\boldsymbol{r}) \tag{1-5-35}$$

地球对其附近物体的引力可分解为重力和跟随地球自转所需的向心力两部分，地球引力加速度同样也可分解为两部分：

$$\boldsymbol{G}_{\mathrm{e}}(\boldsymbol{r})=\boldsymbol{g}(\boldsymbol{r})+\boldsymbol{\omega}_{\mathrm{ie}}\times(\boldsymbol{\omega}_{\mathrm{ie}}\times\boldsymbol{r}) \tag{1-5-36}$$

式中：$\boldsymbol{g}(\boldsymbol{r})$为重力加速度矢量；$\boldsymbol{\omega}_{\mathrm{ie}}\times(\boldsymbol{\omega}_{\mathrm{ie}}\times\boldsymbol{r})$为跟随地球自转的向心加速度。

将式（1-5-36）代入式（1-5-35），有

$$\boldsymbol{f}=\left.\frac{\mathrm{d}\boldsymbol{v}_{\mathrm{ep}}}{\mathrm{d}t}\right|_{\mathrm{e}}+2\boldsymbol{\omega}_{\mathrm{ie}}\times\boldsymbol{v}_{\mathrm{ep}}-\boldsymbol{g}(\boldsymbol{r}) \tag{1-5-37}$$

式中：等号右边第一项是在地球坐标系中观测到的载体速度$\boldsymbol{v}_{\mathrm{ep}}$的变化率。惯性导航系统在导航坐标系中计算载体位置和速度，需要求取载体速度$\boldsymbol{v}_{\mathrm{ep}}$在导航坐标系中的变化率，即在导航坐标系中观测到的加速度。例如，指北方位惯性导航系统中的导航坐标系是当地地理坐标系，获知载体速度$\boldsymbol{v}_{\mathrm{ep}}$在当地地理坐标系中的变化率就可以推算载体速度及位置。平台式惯导都是用陀螺稳定平台来模拟导航坐标系的，平台无误差时平台坐标系就是导航坐标系，加速度计测量的是沿平台坐标系轴向的比力分量。

记在平台坐标系中观测到的速度矢量$\boldsymbol{v}_{\mathrm{ep}}$的变化率为$\left.\frac{\mathrm{d}\boldsymbol{v}_{\mathrm{ep}}}{\mathrm{d}t}\right|_{\mathrm{p}}$，即在平台坐标系中观测到的载体相对地球加速度，平台坐标系 p 相对地球坐标系的转动角速度为$\boldsymbol{\omega}_{\mathrm{ep}}$，根据科里奥利定理有

$$\left.\frac{\mathrm{d}\boldsymbol{v}_{\mathrm{ep}}}{\mathrm{d}t}\right|_{\mathrm{e}}=\left.\frac{\mathrm{d}\boldsymbol{v}_{\mathrm{ep}}}{\mathrm{d}t}\right|_{\mathrm{p}}+\boldsymbol{\omega}_{\mathrm{ep}}\times\boldsymbol{v}_{\mathrm{ep}} \tag{1-5-38}$$

记$\left.\frac{\mathrm{d}\boldsymbol{v}_{\mathrm{ep}}}{\mathrm{d}t}\right|_{\mathrm{p}}=\dot{\boldsymbol{v}}_{\mathrm{ep}}$，则有

$$\boldsymbol{f}=\dot{\boldsymbol{v}}_{\mathrm{ep}}+(2\boldsymbol{\omega}_{\mathrm{ie}}+\boldsymbol{\omega}_{\mathrm{ep}})\times\boldsymbol{v}_{\mathrm{ep}}-\boldsymbol{g}(\boldsymbol{r}) \tag{1-5-39}$$

或

$$\dot{\boldsymbol{v}}_{\mathrm{ep}}=\boldsymbol{f}-(2\boldsymbol{\omega}_{\mathrm{ie}}+\boldsymbol{\omega}_{\mathrm{ep}})\times\boldsymbol{v}_{\mathrm{ep}}+\boldsymbol{g}(\boldsymbol{r}) \tag{1-5-40}$$

式（1-5-39）反映了比力与载体相对加速度之间的关系，称为比力方程。

如果令

$$\boldsymbol{a}_{\mathrm{b}}=(2\boldsymbol{\omega}_{\mathrm{ie}}+\boldsymbol{\omega}_{\mathrm{ep}})\times\boldsymbol{v}_{\mathrm{ep}}-\boldsymbol{g}(\boldsymbol{r}) \tag{1-5-41}$$

则有

$$\dot{\boldsymbol{v}}_{\text{ep}} = \boldsymbol{f} - \boldsymbol{a}_{\text{b}} \tag{1-5-42}$$

从测量加速度的角度看，$\boldsymbol{a}_{\text{b}}$是比力中不希望有的成分，惯性导航中称之为有害加速度。导航计算中需要的是载体相对加速度$\dot{\boldsymbol{v}}_{\text{ep}}$，但加速度计本身不能分辨载体相对加速度和有害加速度。因此，必须从加速度计所测得的比力中补偿掉有害加速度，才能得到$\dot{\boldsymbol{v}}_{\text{ep}}$，进而获得载体相对地球的速度和位置等导航参数。

1.5.3　经纬度变化率的计算

加速度计输出的比力符合比力方程式（1-5-39）。将式（1-5-39）投影到当地地理系中，各矢量分解到地理系的三个轴向上，表示为分量形式：比力$\boldsymbol{f}$为$(f_x^{\text{t}} \quad f_y^{\text{t}} \quad f_z^{\text{t}})$；载体相对地球的运动加速度$\dot{\boldsymbol{v}}_{\text{ep}}$为$(\dot{v}_x^{\text{t}} \quad \dot{v}_y^{\text{t}} \quad \dot{v}_z^{\text{t}})$；地球自转角速度$\boldsymbol{\omega}_{\text{ie}}$为

$$(\omega_{\text{ie}x}^{\text{t}} \quad \omega_{\text{ie}y}^{\text{t}} \quad \omega_{\text{ie}z}^{\text{t}}) = (0 \quad \omega_{\text{ie}}\cos\varphi \quad \omega_{\text{ie}}\sin\varphi)$$

平台坐标系相对地球坐标系的角速度，即地理坐标系相对地球的角速度$\boldsymbol{\omega}_{\text{ep}}$为

$$(\omega_{\text{et}x}^{\text{t}} \quad \omega_{\text{et}y}^{\text{t}} \quad \omega_{\text{et}z}^{\text{t}}) = \left(-\frac{v_y^{\text{t}}}{R_{\text{M}}} \quad \frac{v_x^{\text{t}}}{R_{\text{N}}} \quad \frac{v_x^{\text{t}}}{R_{\text{N}}}\tan\varphi\right)$$

载体相对地球的运动速度$\boldsymbol{v}_{\text{ep}}$为$(\dot{v}_x^{\text{t}} \quad \dot{v}_y^{\text{t}} \quad \dot{v}_z^{\text{t}})$；重力加速度$\boldsymbol{g}$为$(g_x^{\text{t}} \quad g_y^{\text{t}} \quad g_z^{\text{t}}) = (0 \quad 0 \quad -g)$。

再将上述分量式代入式（1-5-39），运用矢量叉乘公式（1-5-23），展开后可以得到以下标量形式的方程组：

$$\begin{cases} f_x^{\text{t}} = \dot{v}_x^{\text{t}} - \left(2\omega_{\text{ie}}\sin\varphi + \dfrac{v_x^{\text{t}}}{R_{\text{N}}}\tan\varphi\right)v_y^{\text{t}} + \left(2\omega_{\text{ie}}\cos\varphi + \dfrac{v_x^{\text{t}}}{R_{\text{N}}}\right)v_z^{\text{t}} \\ f_y^{\text{t}} = \dot{v}_y^{\text{t}} + \left(2\omega_{\text{ie}}\sin\varphi + \dfrac{v_x^{\text{t}}}{R_{\text{N}}}\tan\varphi\right)v_x^{\text{t}} + \dfrac{v_y^{\text{t}}}{R_{\text{M}}}v_z^{\text{t}} \\ f_z^{\text{t}} = \dot{v}_z^{\text{t}} - \left(2\omega_{\text{ie}}\cos\varphi + \dfrac{v_x^{\text{t}}}{R_{\text{N}}}\right)v_x^{\text{t}} - \dfrac{v_y^{\text{t}}}{R_{\text{M}}}v_y^{\text{t}} + g \end{cases} \tag{1-5-43}$$

对舰船等载体来说，垂直速度$v_z^{\text{t}} = 0$，垂直方向的加速度远远小于重力加速度g，这样，式（1-5-43）可简化为

$$\begin{cases} f_x^{\text{t}} = \dot{v}_x^{\text{t}} \quad \left(2\omega_{\text{ie}}\sin\varphi + \dfrac{v_x^{\text{t}}}{R_{\text{N}}}\tan\varphi\right)v_y^{\text{t}} \\ f_y^{\text{t}} = \dot{v}_y^{\text{t}} + \left(2\omega_{\text{ie}}\sin\varphi + \dfrac{v_x^{\text{t}}}{R_{\text{N}}}\tan\varphi\right)v_x^{\text{t}} \\ f_z^{\text{t}} = g \end{cases} \tag{1-5-44}$$

由此可得

$$\begin{cases} \dot{v}_x^{\text{t}} = f_x^{\text{t}} + (2\omega_{\text{ie}}\sin\varphi + \dfrac{v_x^{\text{t}}}{R_{\text{N}}}\tan\varphi)v_y^{\text{t}} \\ \dot{v}_y^{\text{t}} = f_y^{\text{t}} - (2\omega_{\text{ie}}\sin\varphi + \dfrac{v_x^{\text{t}}}{R_{\text{N}}}\tan\varphi)v_x^{\text{t}} \end{cases} \tag{1-5-45}$$

也可表示为

$$\begin{cases}\dot{v}_x^{\mathrm{t}} = f_x^{\mathrm{t}} - a_{\mathrm{b}x} \\ \dot{v}_y^{\mathrm{t}} = f_y^{\mathrm{t}} - a_{\mathrm{b}y}\end{cases} \tag{1-5-46}$$

式中：$a_{\mathrm{b}x}$、$a_{\mathrm{b}y}$ 为有害加速度，可表示为

$$\begin{cases}a_{\mathrm{b}x} = -\left(2\omega_{\mathrm{ie}}\sin\varphi + \dfrac{v_x^{\mathrm{t}}}{R_{\mathrm{N}}}\tan\varphi\right)v_y^{\mathrm{t}} \\ a_{\mathrm{b}y} = \left(2\omega_{\mathrm{ie}}\sin\varphi + \dfrac{v_x^{\mathrm{t}}}{R_{\mathrm{N}}}\tan\varphi\right)v_x^{\mathrm{t}}\end{cases} \tag{1-5-47}$$

获取相对加速度分量 $\dot{v}_x^{\mathrm{t}}$、$\dot{v}_y^{\mathrm{t}}$ 后，积分一次便可得到相对速度的东向分量和北向分量：

$$\begin{cases}v_x^{\mathrm{t}} = \int_0^{\mathrm{t}} \dot{v}_x^{\mathrm{t}}\mathrm{d}t + v_x^{\mathrm{t}}(0) \\ v_y^{\mathrm{t}} = \int_0^{\mathrm{t}} \dot{v}_y^{\mathrm{t}}\mathrm{d}t + v_y^{\mathrm{t}}(0)\end{cases} \tag{1-5-48}$$

式中：$v_x^{\mathrm{t}}(0)$、$v_y^{\mathrm{t}}(0)$ 为初始速度。载体在当地水平面内的速度，即地速 v 为

$$v = \sqrt{(v_x^{\mathrm{t}})^2 + (v_y^{\mathrm{t}})^2} \tag{1-5-49}$$

纬度变化率 $\dot{\varphi}$ 和经度变化率 $\dot{\lambda}$ 与相应的地速分量有如下关系：

$$\begin{cases}\dot{\varphi} = \dfrac{v_y^{\mathrm{t}}}{R_{\mathrm{M}}} \\ \dot{\lambda} = \dfrac{v_x^{\mathrm{t}}}{R_{\mathrm{N}}\cos\varphi}\end{cases} \tag{1-5-50}$$

由此，由 v_x^{t}、v_y^{t} 可以求出纬度和经度：

$$\begin{cases}\varphi = \int_0^t \dfrac{V_y^{\mathrm{t}}}{R_{\mathrm{M}}}\mathrm{d}t + \varphi_0 \\ \lambda = \int_0^t \dfrac{V_y^{\mathrm{t}}}{R_{\mathrm{N}}\cos\varphi}\mathrm{d}t + \lambda_0\end{cases} \tag{1-5-51}$$

式中：φ_0 和 λ_0 为初始纬度和经度。

根据式（1-5-46）、式（1-5-48）、式（1-5-50）和式（1-5-51）便可计算出载体的速度与位置。

1.6 惯导位置信息程序设计与仿真

1.6.1 程序设计

在惯性导航系统中，位置信息由加速度计计算得到。结合 1.5 节内容，进行以下实验。

假设载体平稳放置，所处环境为静止（仅受地球重力场的影响），所处位置经度为 114.5°，纬度为 30.5°，试求其位置变化轨迹。实验步骤如下。

（1）在 MATLAB 环境下，打开 1.6 节“main.mdl”文件。

（2）初始化，设置初始参数。加速度计和陀螺仪的初始化模块如图 1-6-1 所示。设置载体静止，其关键参数设置如下：$f_{ibx}=0$；$f_{iby}=0$；$f_{ibz}=9.8$；$\omega_{ibx}=0$；$\omega_{iby}=0$；$\omega_{ibz}=0$；$v_{x0}=0$； $v_{y0}=0$； $v_{z0}=0$； $\text{longitude}=114.500\,000\,00$； $\text{latitude}=30.500\,000\,00$。

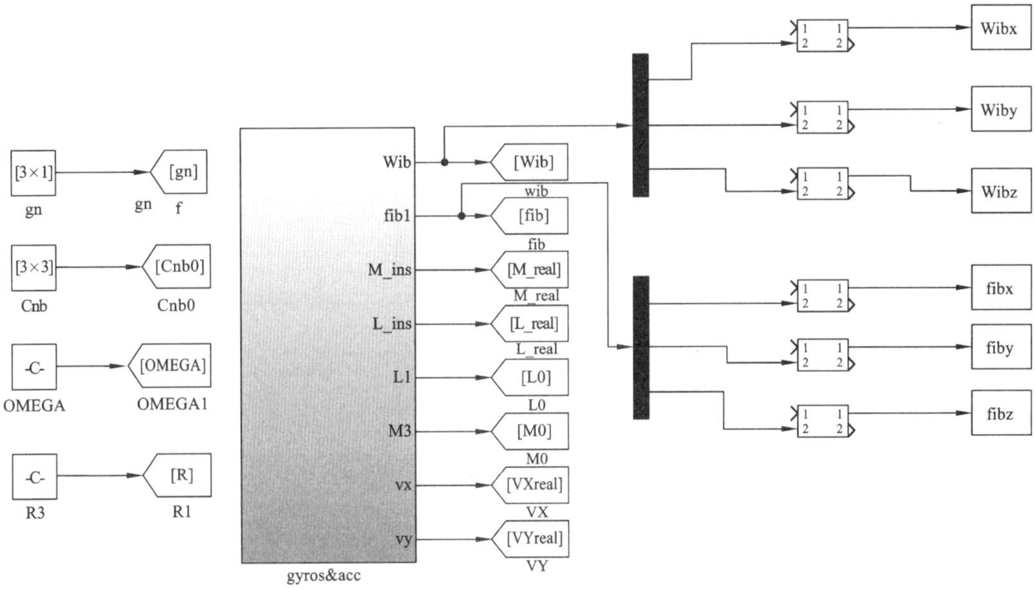

图 1-6-1　初始化模块

（3）运行初始化模块，进行速度解算。速度解算模块如图 1-6-2 所示。速度解算模块从初始化模块获取初始速度、加速度等参数，根据式（1-5-46）和式（1-5-48）积分计算得出载体速度。

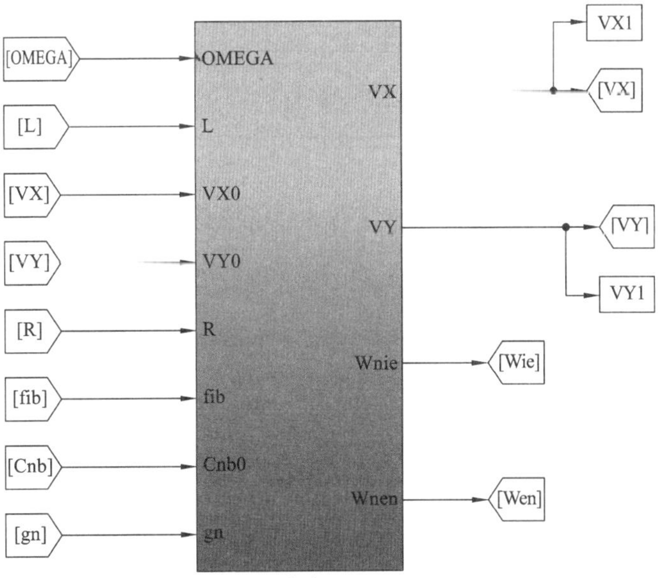

图 1-6-2　速度解算模块

（4）位置解算。位置解算模块如图 1-6-3 所示。位置解算模块从速度解算模块获取载体速度等参数，结合载体初始位置，根据式（1-5-50）和式（1-5-51）计算得到载体的位置变化率和位置。

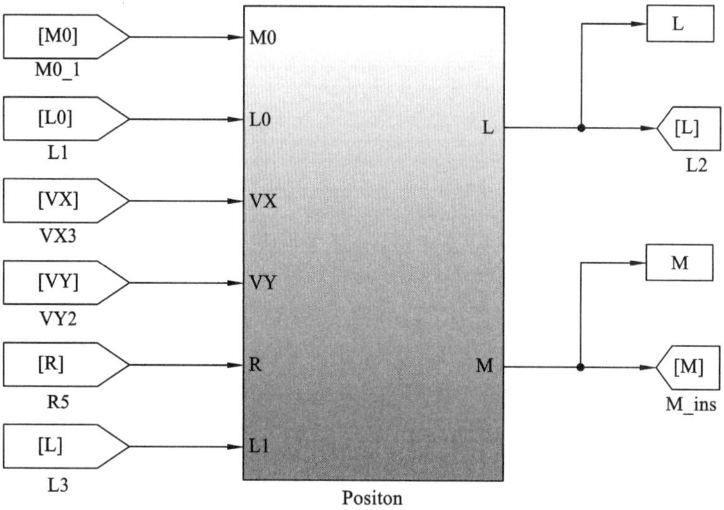

（a）位置解算模块外程序框图

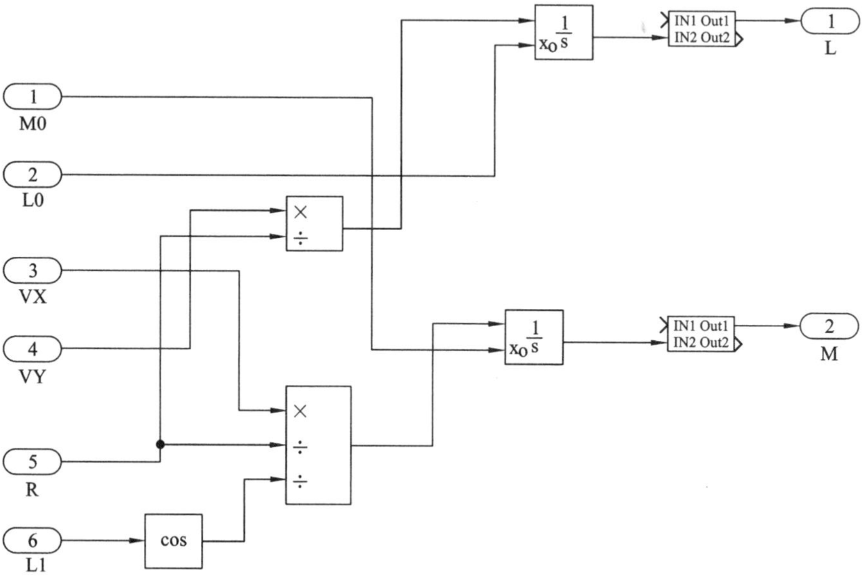

（b）位置解算模块内程序框图

图 1-6-3　位置解算模块

1.6.2　仿真结果

根据 1.6.1 小节程序即可计算出载体位置，仿真时长为 86 400 s。载体纬度变化曲线如图 1-6-4 所示，载体经度变化曲线如图 1-6-5 所示，惯性导航系统的位置、速度信息由积分得到，其具有随时间积累的误差，此类误差不可避免。

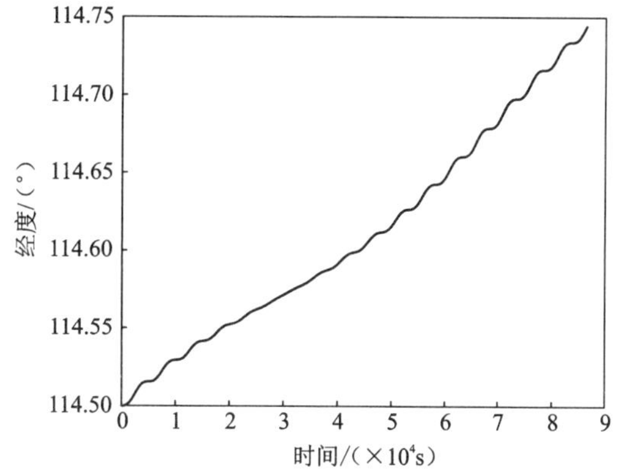

图 1-6-4　经度变化曲线

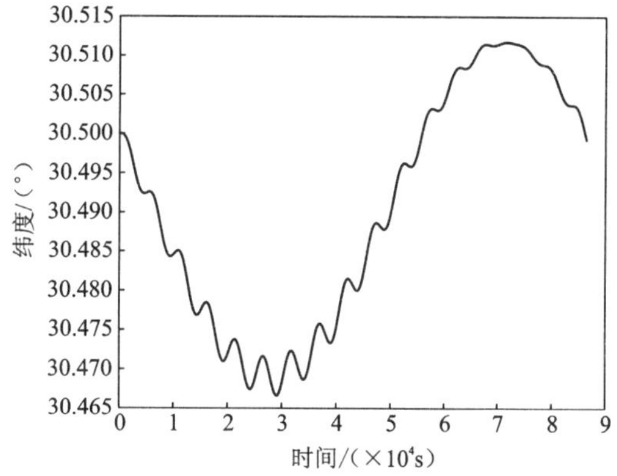

图 1-6-5　纬度变化曲线

第 2 章 捷联惯导系统

2.1　捷联惯导基本原理

与平台式惯导系统相比，捷联惯导系统（strapdown inertial navigation system，SINS）的惯性传感器未安装在机械框架平台上，而是直接与载体固连，因此具有小而轻、易于维护的特点，可消除稳定平台稳定过程中的各种误差，已成为 21 世纪惯性技术发展的一种大趋势。本节介绍捷联惯导系统的工作原理。

2.1.1　捷联惯导惯性系机械编排

在捷联惯导系统中，并不存在实际的物理惯性平台，陀螺仪和加速度计直接安装在载体上，如图 2-1-1 所示。陀螺仪送出沿载体系角速度信息，经计算机姿态矩阵解算可得到航向和姿态角参数。加速度计送出的沿载体系的加速度信息经坐标转换成沿导航系的加速度信息，经计算机两次积分可得到载体位置参数。因为所有导航参数均由计算机解算得到，所以捷联惯导系统又称解析式惯导系统。

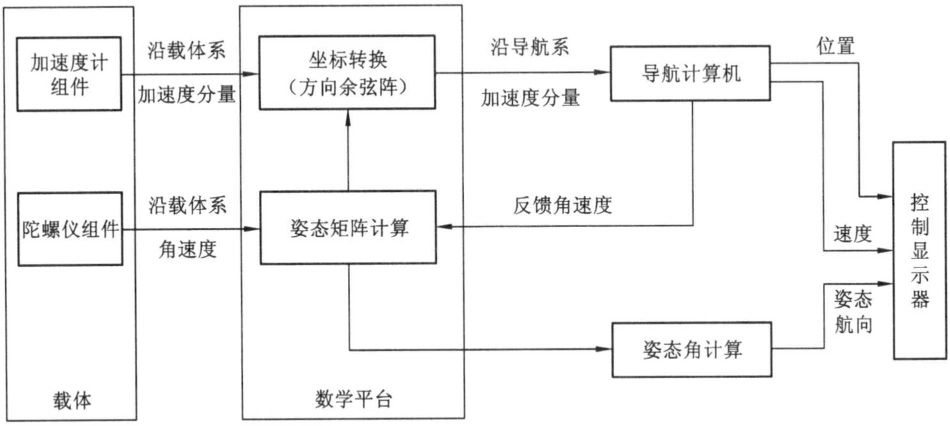

图 2-1-1　捷联惯导系统原理框图

捷联惯导系统取消了物理惯性平台，因此具有体积小、成本低、启动时间快等优点。同时由于陀螺仪和加速度计工作环境较恶劣，系统精度受到限制，此外，计算机的解算量也较大。

根据捷联计算方法的不同，捷联导航系统可以由不同形式的机械编排，进而可以得到导航方程的进一步表达式。

由科里奥利定理可得惯性速度的地速表达式为

$$\left.\frac{\mathrm{d}}{\mathrm{d}t}\boldsymbol{r}\right|_{\mathrm{i}}=\left.\frac{\mathrm{d}}{\mathrm{d}t}\boldsymbol{r}\right|_{\mathrm{e}}+\boldsymbol{\omega}_{\mathrm{ie}}\times\boldsymbol{r} \tag{2-1-1}$$

对式（2-1-1）求导，且$\left.\frac{\mathrm{d}}{\mathrm{d}t}\boldsymbol{r}\right|_{\mathrm{e}}=\boldsymbol{v}_{\mathrm{e}}$，可得

$$\left.\frac{\mathrm{d}^2}{\mathrm{d}t^2}\boldsymbol{r}\right|_{\mathrm{i}}=\left.\frac{\mathrm{d}}{\mathrm{d}t}\boldsymbol{r}\right|_{\mathrm{e}}+\left.\frac{\mathrm{d}}{\mathrm{d}t}[\boldsymbol{\omega}_{\mathrm{ie}}\times\boldsymbol{r}]\right|_{\mathrm{i}} \tag{2-1-2}$$

将式（2-1-1）所列的科里奥利方程用于式（2-1-2）的第二项，则有

$$\left.\frac{\mathrm{d}^2}{\mathrm{d}t^2}\boldsymbol{r}\right|_{\mathrm{i}}=\left.\frac{\mathrm{d}}{\mathrm{d}t}\boldsymbol{v}_{\mathrm{e}}\right|_{\mathrm{i}}+\boldsymbol{\omega}_{\mathrm{ie}}\times\boldsymbol{v}_{\mathrm{e}}+\boldsymbol{\omega}_{\mathrm{ie}}\times[\boldsymbol{\omega}_{\mathrm{ie}}\times\boldsymbol{r}] \tag{2-1-3}$$

在式（2-1-3）中，假定地球的转速为常值，因此$(\mathrm{d}/\mathrm{d}t)\omega_{\mathrm{ie}}=0$。结合式（2-1-3），并重新整理后得

$$\left.\frac{\mathrm{d}}{\mathrm{d}t}\boldsymbol{v}_{\mathrm{e}}\right|_{\mathrm{i}}=\boldsymbol{f}-\boldsymbol{\omega}_{\mathrm{ie}}\times\boldsymbol{v}_{\mathrm{e}}-\boldsymbol{\omega}_{\mathrm{ie}}\times[\boldsymbol{\omega}_{\mathrm{ie}}\times\boldsymbol{r}]+\boldsymbol{g} \tag{2-1-4}$$

式中：$\boldsymbol{f}$为导航系统所受到的比力加速度；$\boldsymbol{\omega}_{\mathrm{ie}}\times\boldsymbol{v}_{\mathrm{e}}$为由在旋转地球表面上的速度引起的加速度，称为科里奥利加速度；$\boldsymbol{\omega}_{\mathrm{ie}}\times[\boldsymbol{\omega}_{\mathrm{ie}}\times\boldsymbol{r}]$为由地球转动而产生的向心加速度，并且是没有从引力加速度$\boldsymbol{g}$中分离出来的。由万有引力和向心力引起的加速度的总和构成了当地重力矢量，当保持在地球之上时，这个沿铅垂方向上下运动的矢量将指向它自己，这里由符号$\boldsymbol{g}_{\mathrm{l}}$表示，即

$$\boldsymbol{g}_{\mathrm{l}}=\boldsymbol{g}-\boldsymbol{\omega}_{\mathrm{ie}}\times[\boldsymbol{\omega}_{\mathrm{ie}}\times\boldsymbol{r}] \tag{2-1-5}$$

合并式（2 1 4）和式（2-1-5），得到下列形式的导航方程：

$$\left.\frac{\mathrm{d}}{\mathrm{d}t}\boldsymbol{v}_{\mathrm{e}}\right|_{\mathrm{i}}=\boldsymbol{f}-\boldsymbol{\omega}_{\mathrm{ie}}\times\boldsymbol{v}_{\mathrm{e}}+\boldsymbol{g}_{\mathrm{l}} \tag{2-1-6}$$

式（2-1-6）可以表示为在惯性轴系的形式：

$$\boldsymbol{v}_{\mathrm{e}}^{\mathrm{i}}=\boldsymbol{f}^{\mathrm{i}}\quad\boldsymbol{\omega}_{\mathrm{ie}}^{\mathrm{i}}\times\boldsymbol{v}_{\mathrm{e}}^{\mathrm{i}}+\boldsymbol{g}_{\mathrm{l}}^{\mathrm{i}} \tag{2-1-7}$$

由加速度计提供的比力测量值是在运载体轴系中的值，用矢量$\boldsymbol{f}^{\mathrm{b}}$表示。为了建立导航方程式（2-1-7），加速度计的输出必须分解到惯性轴系中，以得到$\boldsymbol{f}^{\mathrm{i}}$。这可以将测量矢量$\boldsymbol{f}^{\mathrm{b}}$乘方向余弦阵$\boldsymbol{C}_{\mathrm{b}}^{\mathrm{i}}$，由此可得如下导航方程：

$$\boldsymbol{v}_{\mathrm{e}}^{\mathrm{i}}=\boldsymbol{C}_{\mathrm{b}}^{\mathrm{i}}\boldsymbol{f}^{\mathrm{b}}-\boldsymbol{\omega}_{\mathrm{ie}}^{\mathrm{i}}\times\boldsymbol{v}_{\mathrm{e}}^{\mathrm{i}}+\boldsymbol{g}_{\mathrm{l}}^{\mathrm{i}} \tag{2-1-8}$$

式中：等号右边最后一项表示在惯性系中表示的当地重力矢量。

惯性系机械编排框图如图 2-1-2 所示。其中，b 系表示载体坐标系，i 系表示惯性坐标系。

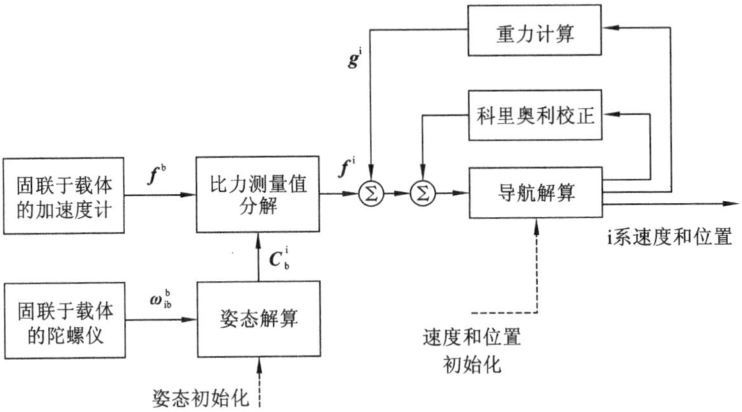

图 2-1-2 惯性系机械编排框图

Σ 表示累加求和

2.1.2 捷联惯导导航系机械编排

为了实现绕地球的长距离导航，经常需要的导航信息是在当地的地理轴系或导航轴系内的信息。地球上的位置用纬度（基准面的南北向角度）和经度（基准面东西向角度）来指示。导航信息主要指北向速度分量和东向速度分量，经度、纬度和在地球之上的高度。因此，当在绕地球导航时，常需要使用导航系机械编排。

在这样的机械编排中，地速表示成导航坐标系内的 $\boldsymbol{v}_e^n$。相对于导航轴系的速度 $\boldsymbol{v}_e^n$ 的变化率可表示为按其在惯性轴系内的变化率的形式：

$$\left.\frac{d}{dt}\boldsymbol{v}_e\right|_n = \left.\frac{d}{dt}\boldsymbol{v}_e\right|_i - (\boldsymbol{\omega}_{ie} + \boldsymbol{\omega}_{en}) \times \boldsymbol{v}_e \tag{2-1-9}$$

用式（2-1-6）替代可得

$$\left.\frac{d}{dt}\boldsymbol{v}_e\right|_n = \boldsymbol{f} - (2\boldsymbol{\omega}_{ie} + \boldsymbol{\omega}_{en}) \times \boldsymbol{v}_e + \boldsymbol{g}_l \tag{2-1-10}$$

若表达在导航轴系中，则有

$$\dot{\boldsymbol{v}}_e^n = \boldsymbol{C}_b^n \boldsymbol{f}^b - (2\boldsymbol{\omega}_{ie}^n + \boldsymbol{\omega}_{en}^n) \times \boldsymbol{v}_e^n + \boldsymbol{g}_l^n \tag{2-1-11}$$

式中：$\boldsymbol{C}_b^n$ 为一个方向余弦矩阵，用于将测得的比力矢量转换到导航轴系中，该矩阵根据式（2-1-12）传递：

$$\dot{\boldsymbol{C}}_b^n = \boldsymbol{C}_b^n \boldsymbol{\Omega}_{nb}^n \tag{2-1-12}$$

式中：$\boldsymbol{\Omega}_{nb}^n$ 为 $\boldsymbol{\omega}_{nb}^b$ 的斜对称形式，即相对于导航系的运载体速率：

$$\boldsymbol{\Omega}_{nb}^n = \begin{bmatrix} 0 & -\omega_{nbz}^b & \omega_{nby}^b \\ \omega_{nbz}^b & 0 & -\omega_{nbx}^b \\ -\omega_{nby}^b & \omega_{nbx}^b & 0 \end{bmatrix} \tag{2-1-13}$$

通过对测得的运载体速率 $\boldsymbol{\omega}_{ib}^b$ 和导航系速率分量的估计值 $\boldsymbol{\omega}_{in}$ 求差即可得到 $\boldsymbol{\omega}_{nb}^b$。$\boldsymbol{\omega}_{in}$ 是通过地球相对于惯性系的速率和导航系相对于地球的旋转速率之和得到的，即 $\boldsymbol{\omega}_{in} = \boldsymbol{\omega}_{ie} + \boldsymbol{\omega}_{en}$。因此有

$$\boldsymbol{\omega}_{nb}^b = \boldsymbol{\omega}_{ib}^b - \boldsymbol{C}_b^n(\boldsymbol{\omega}_{ie}^n + \boldsymbol{\omega}_{en}^n) \tag{2-1-14}$$

当地地理水平导航系统机械编排的框图如图 2-1-3 所示。其中，b 表示载体坐标系，i 表示惯性坐标系，e 表示地球坐标系，n 表示当地地理水平导航坐标系。

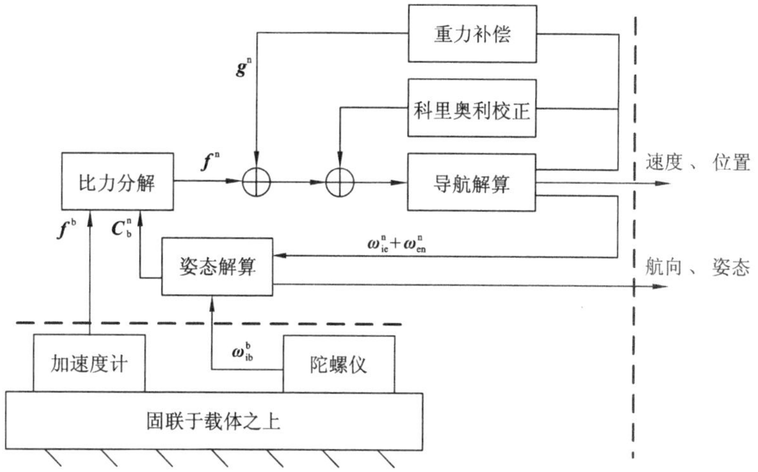

图 2-1-3　当地地理水平导航系统机械编排框图

设东向水平速度和北向水平速度分别为 v_E、v_N，地球相对于惯性系的自转速度为 ω_{ie}，当地地理纬度为 L，则图 2-1-3 中参与姿态解算的角速度 $\boldsymbol{\omega}_{ie}^n+\boldsymbol{\omega}_{en}^n$ 可表示为

$$
\begin{aligned}
\boldsymbol{\omega}_{ie}^n+\boldsymbol{\omega}_{en}^n &= \boldsymbol{\omega}_{in}^n \\
&= [0 \quad \omega_{ie}\cos L \quad \omega_{ie}\sin L] + \begin{bmatrix} -\dfrac{v_N}{R} & \dfrac{v_E}{R} & \dfrac{v_E}{R}\tan L \end{bmatrix} \\
&= \begin{bmatrix} -\dfrac{v_N}{R_e} & \omega_{ie}\cos L + \dfrac{v_E}{R_e} & \omega_{ie}\sin L + \dfrac{v_E}{R_e}\tan L \end{bmatrix}
\end{aligned}
\tag{2-1-15}
$$

式（2-1-15）中角速度 $\boldsymbol{\omega}_{ie}^n+\boldsymbol{\omega}_{en}^n=\boldsymbol{\omega}_{in}^n$ 表示当地地理水平坐标系 n 相对于惯性坐标系 i 的角速度在 n 系中的投影，通常情况下该角速度数值较小。

从式（2-1-11）中可以看出，相对于地球表面的速度变化率由下列各项构成：①作用于运载体的比力，通过安装在其上的二个　组的加速度计测量；②校正在旋转地球表面的运载体速度引起的加速度，通常称为科里奥利加速度；③校正运载体在地球表面运动引起的向心加速度；④补偿作用于运载体的重力，包括由地球万有引力引起的重力和由地球旋转引起的运载体向心加速度。

由式（2-1-11）、式（2-1-12）可以分别求出运载体在当地地理坐标系中的速度和姿态角信息，进而由此确定运载体的位置，实现导航和定位功能。

2.2　捷联惯导程序设计与仿真

2.2.1　程序设计

2.1 节对捷联惯导系统的基本原理进行了介绍，本节结合 2.1 节内容，搭建捷联惯性导航系统，分别进行姿态解算、速度解算和位置解算。

仿真条件设置：设置载体为静态，重力加速度为 9.8 m/s^2，初始经度设置为 114.5°，纬度设置为 30.5°，初始速度为 0 m/s，初始失准角为 0。仿真总时长设置为 86 400 s(24 h)。

实验步骤如下。

（1）于 MATLAB 中打开“exmaple.mdl”文件，打开后可见捷联惯导系统仿真模块，该模块从上至下分为 4 个模块，分别为陀螺仪和加速度计仿真模块、姿态角仿真模块、速度仿真模块和位置仿真模块。

（2）双击“gyros&acc”模块，进行初始化参数设置，如图 2-2-1 所示。

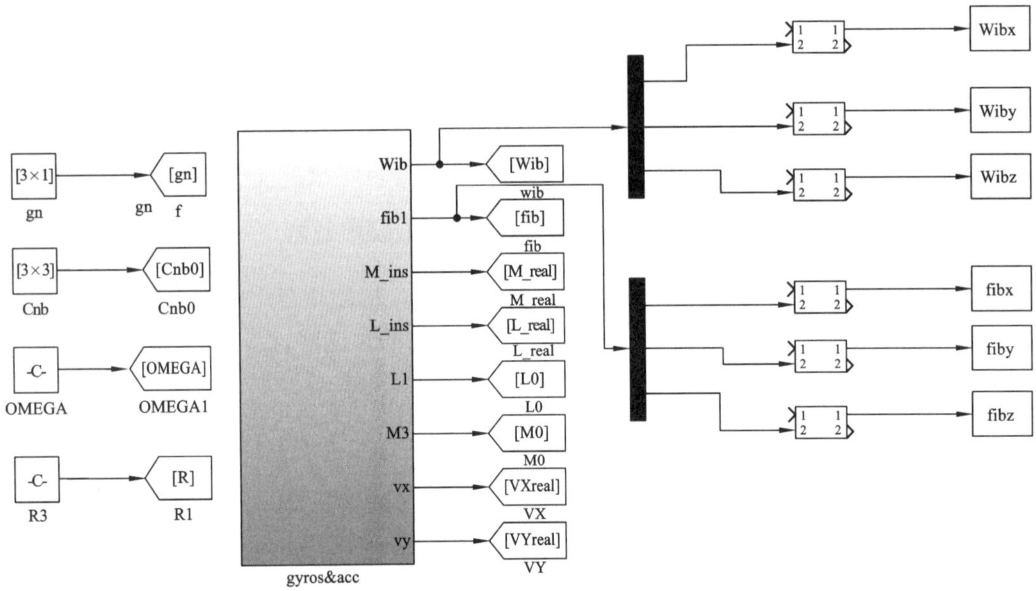

图 2-2-1　陀螺仪和加速度计仿真模块

（3）双击“Atittude”模块，进行姿态程序设计，如图 2-2-2 所示。

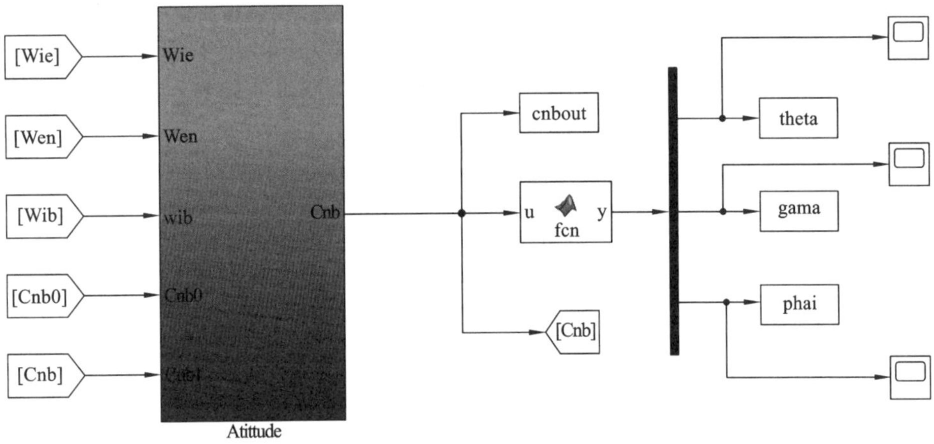

图 2-2-2　姿态角仿真模块

（4）双击“Velocity”模块，进行速度程序设计，如图 2-2-3 所示。

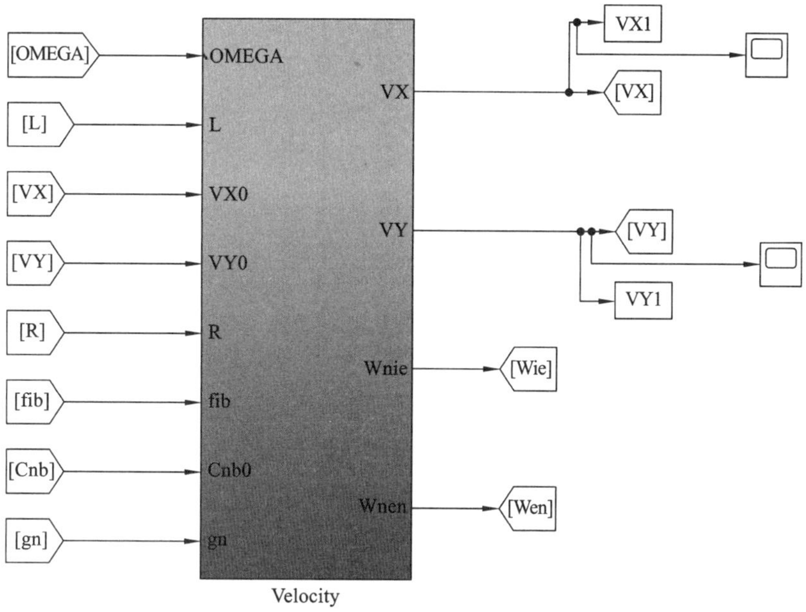

图 2-2-3　速度仿真模块

（5）双击“Position”模块，进行位置程序设计，如图 2-2-4 所示。

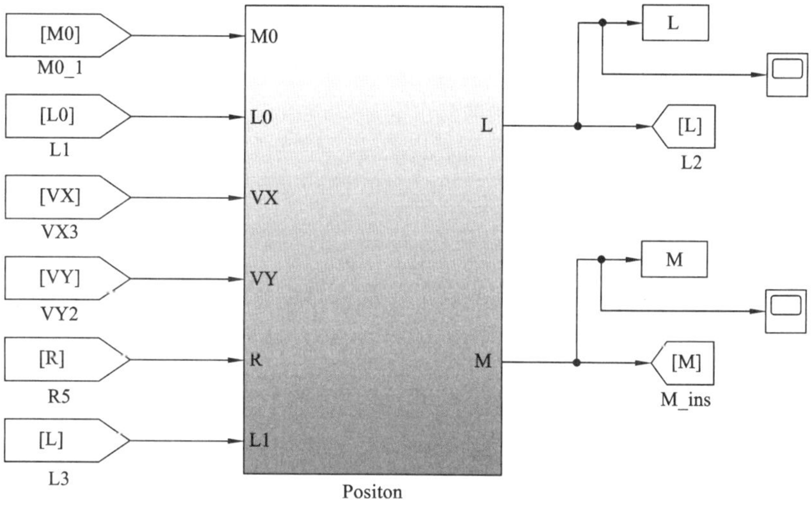

图 2-2-4　位置仿真模块

2.2.2　仿真结果

根据搭建的捷联惯导 SIMULINK 仿真模块，进行 86 400 s（24 h）的仿真实验，其失准角、速度和位置分别如图 2-2-5～图 2-2-7 所示。

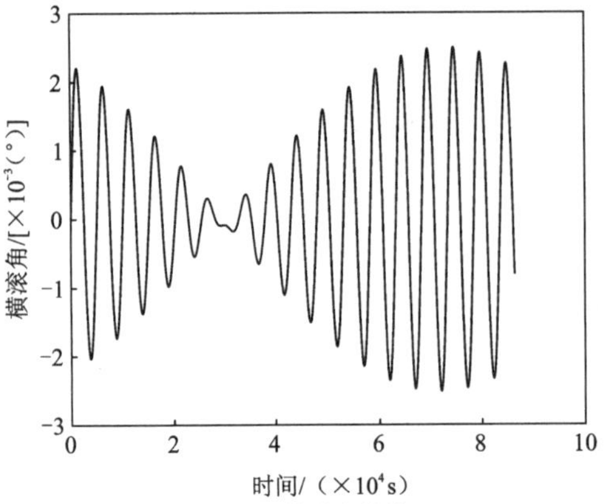

（a）横滚角估计

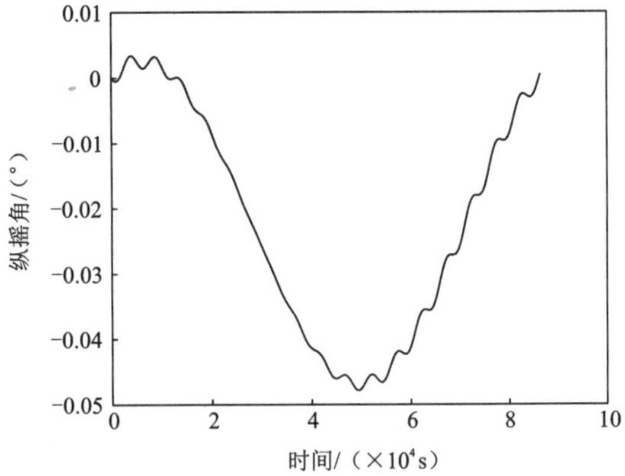

（b）纵摇角估计

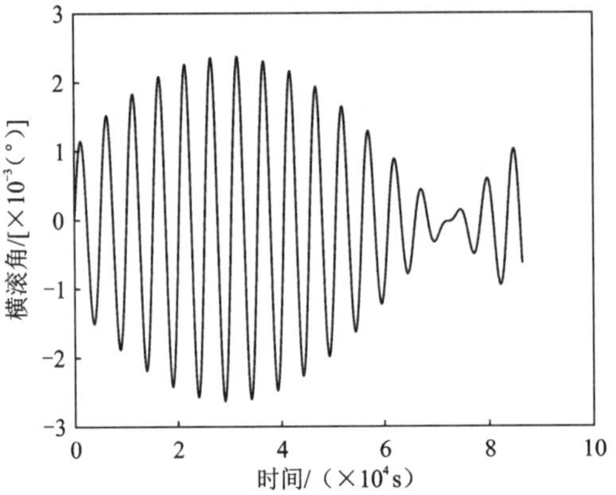

（c）航向角估计

图 2-2-5　捷联惯性导航系统输出失准角

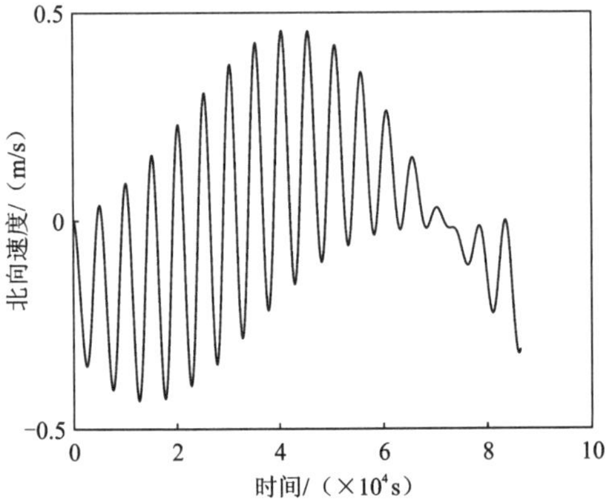

（a）北向速度估计

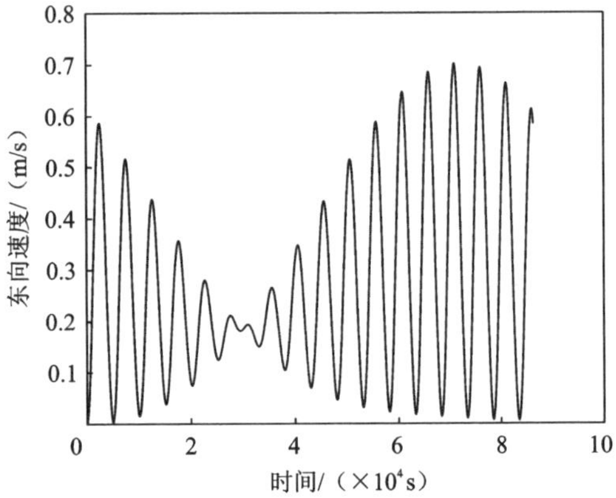

（b）东向速度估计

图 2-2-6　捷联惯性导航系统输出速度

由实验结果可知，捷联惯导系统输出的导航信息中存在振荡误差，且由于积分计算，也存在随时间累积的误差，这一点在经度信息上尤为明显。因此，对其进行误差分析和误差修正显得尤为重要。

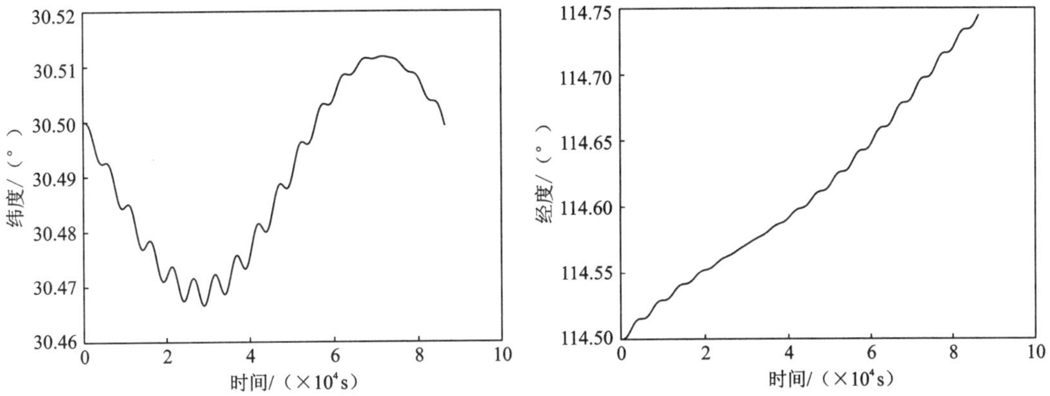

（a）纬度估计　　（b）经度估计

图 2-2-7　捷联惯导系统输出位置

2.3　捷联惯导误差分析

捷联惯导系统与平台惯导系统的主要区别在于对平台的构造方式上，前者采用数学方式，后者采用物理方式，但在本质上两类系统是相同的。对于工作在非极区的捷联惯导系统，为了简化运算，导航坐标系一般选取当地地理坐标系，这样，捷联惯导系统完全等效于指北方位系统。在捷联惯导系统中，陀螺漂移引起的数学平台漂移与陀螺漂移的方向相反，刻度系数误差引起对运载体角速度的测量误差，经姿态更新计算引入系统。本节进行捷联惯导系统的误差分析，并建立其误差方程。

2.3.1　四元数姿态更新方法

前文提到的捷联惯导解算方程中，均采用了方向余弦矩阵。实际应用中，较多采用四元数作为姿态解算的数学工具，四元数已在 1.1.2 小节介绍，本小节仅对如何采用四元数进行姿态更新进行分析。采用四元数进行姿态解算时，需将方向余弦矩阵姿态微分方程式（2-1-12）改写为四元数姿态微分方程：

$$\dot{\boldsymbol{q}} = 0.5\boldsymbol{q}\cdot[0 \quad \boldsymbol{\omega}_{\mathrm{ab}}^{\mathrm{b}}]^{\mathrm{T}} \tag{2-3-1}$$

设 $\boldsymbol{q}=[q_0 \quad q_1 \quad q_2 \quad q_3]^{\mathrm{T}}$，$\boldsymbol{\omega}_{\mathrm{nb}}^{\mathrm{b}}=[\omega_x \quad \omega_y \quad \omega_z]^{\mathrm{T}}$，将式（2-3-1）写成矩阵形式：

$$\begin{bmatrix}\dot{q}_0\\ \dot{q}_1\\ \dot{q}_2\\ \dot{q}_3\end{bmatrix}=\frac{1}{2}\begin{bmatrix}0 & -\omega_x & -\omega_y & -\omega_z\\ \omega_x & 0 & \omega_z & -\omega_y\\ \omega_y & -\omega_z & 0 & \omega_x\\ \omega_z & \omega_y & -\omega_x & 0\end{bmatrix}\begin{bmatrix}q_0\\ q_1\\ q_2\\ q_3\end{bmatrix} \tag{2-3-2}$$

对式（2-3-1）和式（2-3-2）中的四元数的微分方程求解，类似矩阵微分方程，可用毕卡逼近法求解，其解为

$$\boldsymbol{q}(t)=\mathrm{e}^{\frac{1}{2}[\Delta\theta]}\boldsymbol{q}(0) \tag{2-3-3}$$

式中

$$[\Delta\boldsymbol{\theta}]=\int_{t_1}^{t_2}\boldsymbol{M}^*(\omega_b)\mathrm{d}t=\begin{bmatrix}0 & -\Delta\theta_x & -\Delta\theta_y & -\Delta\theta_z\\ \Delta\theta_x & 0 & \Delta\theta_z & -\Delta\theta_y\\ \Delta\theta_y & -\Delta\theta_z & 0 & \Delta\theta_x\\ \Delta\theta_z & \Delta\theta_y & -\Delta\theta_x & 0\end{bmatrix} \tag{2-3-4}$$

写成三角函数形式为

$$\boldsymbol{q}(t)=\left\{\cos\frac{\Delta\theta_0}{2}I+\frac{\sin\frac{\Delta\theta_0}{2}}{\Delta\theta_0}[\Delta\boldsymbol{\theta}]\right\}\boldsymbol{q}(0) \tag{2-3-5}$$

式中：$\Delta\theta_0$ 的计算方法与方向余弦法中的计算方法一样。

一阶算法：

$$\boldsymbol{q}(n+1)=\left\{I+\frac{1}{2}[\Delta\boldsymbol{\theta}]\right\}\boldsymbol{q}(n) \tag{2-3-6}$$

二阶算法：

$$\boldsymbol{q}(n+1)=\left\{\left(1-\frac{(\Delta\theta_0)^2}{8}\right)I+\frac{1}{2}[\Delta\boldsymbol{\theta}]\right\}\boldsymbol{q}(n) \tag{2-3-7}$$

三阶算法：

$$\boldsymbol{q}(n+1)=\left\{\left(1-\frac{(\Delta\theta_0)^2}{8}\right)I+\left(\frac{1}{2}-\frac{(\Delta\theta_0)^2}{48}\right)[\Delta\boldsymbol{\theta}]\right\}\boldsymbol{q}(n) \tag{2-3-8}$$

四阶算法：

$$\boldsymbol{q}(n+1)=\left\{\left(1-\frac{(\Delta\theta_0)^2}{8}+\frac{(\Delta\theta_0)^4}{384}\right)I+\left(\frac{1}{2}-\frac{(\Delta\theta_0)^2}{48}\right)[\Delta\boldsymbol{\theta}]\right\}\boldsymbol{q}(n) \tag{2-3-9}$$

与方向余弦法类似，在实际应用中可把四元数的校正分为载体坐标系的转动校正和导航坐标系的转动校正。前者用较高的迭代频率且用高阶算法，而后者用较低的迭代频率且用低阶算法。四元数法是捷联姿态计算中常用的方法。

与方向余弦矩阵的情况类似，由于存在误差，计算的变换四元数的范数不再等于 1，即计算的四元数失去规范性，所以对计算的四元数必须周期性地进行规范化处理。

对更新后的四元数进行归一化，即

$$\boldsymbol{q}=\frac{\hat{q}_0+\hat{q}_1 i+\hat{q}_2 j+\hat{q}_3 k}{\sqrt{\hat{q}_0^2+\hat{q}_1^2+\hat{q}_2^2+\hat{q}_3^2}} \tag{2-3-10}$$

2.3.2 姿态角误差方程

系统姿态角误差是指运载体相对于系统解算出的当地地理坐标系的姿态角对运载体相对于实际地理坐标系姿态角的差值。姿态角误差方程可由姿态更新的四元数算法得出。

捷联惯导系统的姿态角误差方程如下：

$$\dot{\boldsymbol{\phi}}^{\mathrm{n}} = -\boldsymbol{\omega}_{\mathrm{in}}^{\mathrm{n}} \times \boldsymbol{\phi}^{\mathrm{n}} + \boldsymbol{\delta\omega}_{\mathrm{in}}^{\mathrm{n}} - \boldsymbol{C}_{\mathrm{b}}^{\mathrm{n}} \boldsymbol{\delta\omega}_{\mathrm{ib}}^{\mathrm{b}} \tag{2-3-11}$$

$$\delta\boldsymbol{\omega}_{\mathrm{ib}}^{\mathrm{b}} = ([\delta\boldsymbol{K}_G] + [\delta\boldsymbol{G}])\boldsymbol{\omega}_{\mathrm{ib}}^{\mathrm{b}} + \boldsymbol{\varepsilon} + \boldsymbol{n}_{\mathrm{g}} \tag{2-3-12}$$

式中：$\boldsymbol{\delta}$ 为误差；$\boldsymbol{\phi}^{\mathrm{n}}$ 为计算导航坐标系与真实导航坐标系之间的姿态失准角；$\boldsymbol{C}_{\mathrm{b}}^{\mathrm{n}}$ 为捷联矩阵；$\boldsymbol{\omega}_{\mathrm{ib}}^{\mathrm{b}}$ 为陀螺仪的实际角速度输出；$\boldsymbol{\omega}_{\mathrm{in}}^{\mathrm{n}}$ 为导航坐标系相对于惯性空间的角速度在导航系中的分量，可表示为

$$\boldsymbol{\omega}_{\mathrm{in}}^{\mathrm{n}} = \begin{bmatrix} -\dfrac{v_{\mathrm{N}}}{R} \\ \omega_{\mathrm{ie}} \cos L + \dfrac{v_{\mathrm{E}}}{R} \\ \omega_{\mathrm{ie}} \sin L + \dfrac{v_{\mathrm{E}}}{R} \tan L \end{bmatrix} \tag{2-3-13}$$

$$\delta\boldsymbol{\omega}_{\mathrm{in}}^{\mathrm{n}} = \begin{bmatrix} -\dfrac{\delta v_{\mathrm{N}}}{R} \\ -\omega_{\mathrm{ie}} \sin L \delta L + \dfrac{\delta v_{\mathrm{E}}}{R} \\ \omega_{\mathrm{ie}} \cos L \delta L + \dfrac{\delta v_{\mathrm{E}}}{R} \tan L + \dfrac{v_{\mathrm{E}}}{R} \sec^2 L \delta L \end{bmatrix} \tag{2-3-14}$$

式中：$\boldsymbol{\omega}_{\mathrm{ie}}$ 为地球自转角速度；v_{N}、v_{E} 为运载体北向、东向速度；L 为当地地理纬度。$\delta\boldsymbol{K}_{\mathrm{G}i}(i=x,y,z)$ 陀螺的刻度系数误差，可表示为

$$\delta\boldsymbol{K}_{\mathrm{G}} = \mathrm{diag}[\delta K_{\mathrm{G}x}, \delta K_{\mathrm{G}y}, \delta K_{\mathrm{G}z}] \tag{2-3-15}$$

$\delta\boldsymbol{G}_i(i=x,y,z)$ 为三个陀螺仪的安装误差角，可表示为

$$\delta\boldsymbol{G} = \begin{bmatrix} 0 & \delta G_z & -\delta G_y \\ -\delta G_z & 0 & \delta G_x \\ \delta G_y & -\delta G_x & 0 \end{bmatrix} \tag{2-3-16}$$

式中：$\boldsymbol{\varepsilon}$、$\boldsymbol{n}_{\mathrm{g}}$ 分别为陀螺仪的常值漂移和随机漂移误差。

2.3.3 速度误差方程

当不考虑任何误差时，速度的理想值由式（2-3-17）给出：

$$\dot{\boldsymbol{v}}_{\mathrm{e}}^{\mathrm{n}} = \boldsymbol{C}_{\mathrm{b}}^{\mathrm{n}} \boldsymbol{f}^{\mathrm{b}} - [2\boldsymbol{\omega}_{\mathrm{ie}}^{\mathrm{n}} + \boldsymbol{\omega}_{\mathrm{en}}^{\mathrm{n}}] \times \boldsymbol{v}_{\mathrm{e}}^{\mathrm{n}} + \boldsymbol{g}_{\mathrm{l}}^{\mathrm{n}} \tag{2-3-17}$$

实际系统中总存在各种误差，因此实际的速度计算值应可表示为

$$\dot{\boldsymbol{v}}_{\mathrm{e}}^{\mathrm{c}} = \boldsymbol{C}_{\mathrm{b}}^{\mathrm{n}} \boldsymbol{f}^{\mathrm{b}} - [2\boldsymbol{\omega}_{\mathrm{ie}}^{\mathrm{c}} + \boldsymbol{\omega}_{\mathrm{en}}^{\mathrm{c}}] \times \boldsymbol{v}_{\mathrm{e}}^{\mathrm{c}} + \boldsymbol{g}_{\mathrm{l}}^{\mathrm{c}} \tag{2-3-18}$$

式中

$$\boldsymbol{v}_{\mathrm{e}}^{\mathrm{c}} = \boldsymbol{v}_{\mathrm{e}}^{\mathrm{n}} + \delta\boldsymbol{v}_{\mathrm{e}}^{\mathrm{n}} \tag{2-3-19}$$

$$\boldsymbol{\omega}_{\mathrm{ie}}^{\mathrm{c}} = \boldsymbol{\omega}_{\mathrm{ie}}^{\mathrm{n}} + \delta\boldsymbol{\omega}_{\mathrm{ie}}^{\mathrm{n}} \tag{2-3-20}$$

$$\boldsymbol{\omega}_{\mathrm{en}}^{\mathrm{c}} = \boldsymbol{\omega}_{\mathrm{en}}^{\mathrm{n}} + \delta\boldsymbol{\omega}_{\mathrm{en}}^{\mathrm{n}} \tag{2-3-21}$$

$$\boldsymbol{g}_{\mathrm{l}}^{\mathrm{c}} = \boldsymbol{g}_{\mathrm{l}}^{\mathrm{n}} + \delta\boldsymbol{g}_{\mathrm{l}}^{\mathrm{n}} \tag{2-3-22}$$

$$\tilde{\boldsymbol{C}}_{\mathrm{b}}^{\mathrm{n}} = \boldsymbol{C}_{\mathrm{b}}^{\mathrm{n}'} \boldsymbol{C}_{\mathrm{b}}^{\mathrm{n}} = (\boldsymbol{I} - \boldsymbol{\phi}^{\mathrm{n}} \times) \boldsymbol{C}_{\mathrm{b}}^{\mathrm{n}} \tag{2-3-23}$$

$$\boldsymbol{\phi}^n \times = \begin{bmatrix} 0 & -\varphi_z & \varphi_y \\ \varphi_z & 0 & -\varphi_x \\ -\varphi_y & \varphi_x & 0 \end{bmatrix} \tag{2-3-24}$$

忽略 $\delta \boldsymbol{g}_1^{\mathrm{n}}$ 的影响，并略去二阶小量，得

$$\delta \dot{\boldsymbol{v}}^{\mathrm{n}} = \boldsymbol{f}^{\mathrm{n}} \times \boldsymbol{\phi}^{\mathrm{n}} + \boldsymbol{C}_{\mathrm{b}}^{\mathrm{n}} \delta \boldsymbol{f}^{\mathrm{b}} - (2\boldsymbol{\omega}_{\mathrm{ie}}^{\mathrm{n}} + \boldsymbol{\omega}_{\mathrm{en}}^{\mathrm{n}}) \times \delta \boldsymbol{v}^{n} - (2\delta \boldsymbol{\omega}_{\mathrm{ie}}^{\mathrm{n}} + \delta \boldsymbol{\omega}_{\mathrm{en}}^{\mathrm{n}}) \times \boldsymbol{v}^{\mathrm{n}} \tag{2-3-25}$$

$$\delta \boldsymbol{f}^{\mathrm{b}} = (\delta \boldsymbol{K}_{\mathrm{A}} + \delta \boldsymbol{A}) \boldsymbol{f}^{\mathrm{b}} + \Delta \boldsymbol{A} + \boldsymbol{n}_{\mathrm{a}} \tag{2-3-26}$$

式中：各项的值为

$$[\delta \boldsymbol{K}_{\mathrm{A}}] = \mathrm{diag}[\delta K_{\mathrm{A}x} \quad \delta K_{\mathrm{A}y} \quad \delta K_{\mathrm{A}z}] \tag{2-3-27}$$

$$[\delta \boldsymbol{A}] = \begin{bmatrix} 0 & \delta A_z & -\delta A_y \\ -\delta A_z & 0 & \delta A_x \\ \delta A_y & -\delta A_x & 0 \end{bmatrix} \tag{2-3-28}$$

$$\begin{cases} \boldsymbol{\omega}_{\mathrm{ie}}^{\mathrm{n}} = \begin{bmatrix} 0 \\ \boldsymbol{\omega}_{\mathrm{ie}} \cos L \\ \boldsymbol{\omega}_{\mathrm{ie}} \sin L \end{bmatrix} \\ \delta \boldsymbol{\omega}_{\mathrm{ie}}^{\mathrm{n}} = \begin{bmatrix} 0 \\ -\boldsymbol{\omega}_{\mathrm{ie}} \sin L \delta L \\ \boldsymbol{\omega}_{\mathrm{ie}} \cos L \delta L \end{bmatrix} \end{cases} \tag{2-3-29}$$

$$\begin{cases} \boldsymbol{\omega}_{\mathrm{en}}^{\mathrm{n}} = \begin{bmatrix} -\dfrac{v_{\mathrm{N}}}{R} \\ \dfrac{v_{\mathrm{E}}}{R} \\ \dfrac{v_{\mathrm{E}}}{R} \tan L \end{bmatrix} \\ \delta \boldsymbol{\omega}_{\mathrm{en}}^{\mathrm{n}} = \begin{bmatrix} -\dfrac{\delta v_{\mathrm{N}}}{R} \\ \dfrac{\delta v_{\mathrm{E}}}{R} \\ \dfrac{v_{\mathrm{E}}}{R} \sec^2 L \delta L + \dfrac{\delta v_{\mathrm{E}}}{R} \tan L \end{bmatrix} \end{cases} \tag{2-3-30}$$

式中：φ_x、φ_y、φ_z 为姿态角误差；$\delta \boldsymbol{K}_{\mathrm{A}i}$ 和 $\delta \boldsymbol{A}_i\ (i = x, y, z)$ 分别为加速度计的刻度系数误差和安装误差角；$\Delta \boldsymbol{A}$ 和 $\boldsymbol{n}_{\mathrm{a}}$ 分别为加速度计的常值零位偏置和随机偏置。

2.3.4 位置误差方程

经纬度的变化率如下：

$$\begin{cases} \dot{L} = \dfrac{\boldsymbol{v}_{\mathrm{N}}}{R} \\ \dot{\boldsymbol{\lambda}} = \dfrac{\boldsymbol{v}_{\mathrm{E}}}{R \cos L} \end{cases} \tag{2-3-31}$$

对式（2-3-31）求微分可得捷联惯导系统的定位误差方程：

$$\begin{cases}\delta\dot{L}=\dfrac{\delta\boldsymbol{v}_{\mathrm{N}}}{R}\\[2ex]\delta\dot{\boldsymbol{\lambda}}=\dfrac{\delta\boldsymbol{v}_{\mathrm{E}}}{R\cos L}+\dfrac{\boldsymbol{v}_{\mathrm{E}}}{R}\sec L\tan L\delta L\end{cases}\tag{2-3-32}$$

2.3.5　静基座误差方程

综上所述，得到静基座误差方程为

$$\begin{cases}\delta\dot{\lambda}=\delta v_x\sec L/R\\ \delta\dot{v}_x=2\boldsymbol{\omega}_{\mathrm{ie}}\sin L\delta\boldsymbol{v}_y-\phi_y\boldsymbol{g}+\nabla_x\\ \delta\dot{v}_y=-2\boldsymbol{\omega}_{\mathrm{ie}}\sin L\delta v_x+\phi_x\boldsymbol{g}+\nabla_y\\ \delta\dot{L}=\delta v_y/R\\ \dot{\phi}_x=-\delta v_y/R+\phi_y\boldsymbol{\omega}_{\mathrm{ie}}\sin L-\phi_z\boldsymbol{\omega}_{\mathrm{ie}}\cos L+\varepsilon_x\\ \dot{\phi}_y=\delta v_x/R-\boldsymbol{\omega}_{\mathrm{ie}}\sin L\delta L-\phi_x\boldsymbol{\omega}_{\mathrm{ie}}\sin L+\varepsilon_y\\ \dot{\phi}_z=\delta v_x\tan L/R+\boldsymbol{\omega}_{\mathrm{ie}}\cos L\delta L+\phi_x\boldsymbol{\omega}_{\mathrm{ie}}\cos L+\varepsilon_z\end{cases}\tag{2-3-33}$$

写成状态方程矩阵形式为

$$\begin{bmatrix}\delta\dot{v}_x\\ \delta\dot{v}_y\\ \delta\dot{L}\\ \dot{\phi}_x\\ \dot{\phi}_y\\ \dot{\phi}_z\end{bmatrix}=\begin{bmatrix}0 & 2\boldsymbol{\omega}_{\mathrm{ie}}\sin L & 0 & 0 & -\boldsymbol{g} & 0\\ -2\boldsymbol{\omega}_{\mathrm{ie}}\sin L & 0 & 0 & \boldsymbol{g} & 0 & 0\\ 0 & 1/R & 0 & 0 & 0 & 0\\ 0 & -1/R & 0 & 0 & \boldsymbol{\omega}_{\mathrm{ie}}\sin L & -\boldsymbol{\omega}_{\mathrm{ie}}\cos L\\ 1/R & 0 & -\boldsymbol{\omega}_{\mathrm{ie}}\sin L & -\boldsymbol{\omega}_{\mathrm{ie}}\sin L & 0 & 0\\ \tan L/R & 0 & \boldsymbol{\omega}_{\mathrm{ie}}\cos L & \boldsymbol{\omega}_{\mathrm{ie}}\cos L & 0 & 0\end{bmatrix}\cdot\begin{bmatrix}\delta v_x\\ \delta v_y\\ \delta L\\ \phi_x\\ \phi_y\\ \phi_z\end{bmatrix}+\begin{bmatrix}\nabla_x\\ \nabla_y\\ 0\\ \varepsilon_x\\ \varepsilon_y\\ \varepsilon_z\end{bmatrix}\tag{2-3-34}$$

进行拉普拉斯变换得

$$s\delta\lambda(s)-\frac{\sec L}{R}\delta v_x(s)+\delta\lambda_0\tag{2-3-35}$$

$$\begin{bmatrix}s\delta v_x(s)\\ s\delta v_y(s)\\ s\delta L(s)\\ s\phi_x(s)\\ s\phi_y(s)\\ s\phi_z(s)\end{bmatrix}=\begin{bmatrix}0 & 2\boldsymbol{\omega}_{\mathrm{ie}}\sin L & 0 & 0 & -\boldsymbol{g} & 0\\ -2\boldsymbol{\omega}_{\mathrm{ie}}\sin L & 0 & 0 & \boldsymbol{g} & 0 & 0\\ 0 & 1/R & 0 & 0 & 0 & 0\\ 0 & -1/R & 0 & 0 & \boldsymbol{\omega}_{\mathrm{ie}}\sin L & -\boldsymbol{\omega}_{\mathrm{ie}}\cos L\\ 1/R & 0 & -\boldsymbol{\omega}_{\mathrm{ie}}\sin L & -\boldsymbol{\omega}_{\mathrm{ie}}\sin L & 0 & 0\\ \tan L/R & 0 & \boldsymbol{\omega}_{\mathrm{ie}}\cos L & \boldsymbol{\omega}_{\mathrm{ie}}\cos L & 0 & 0\end{bmatrix}$$

$$\cdot\begin{bmatrix}\delta v_x(s)\\ \delta v_y(s)\\ \delta L(s)\\ \phi_x(s)\\ \phi_y(s)\\ \phi_z(s)\end{bmatrix}+\begin{bmatrix}\delta v_{x0}\\ \delta v_{y0}\\ \delta L_0\\ \phi_{x0}\\ \phi_{y0}\\ \phi_{z0}\end{bmatrix}+\begin{bmatrix}\nabla_x(s)\\ \nabla_y(s)\\ 0\\ \varepsilon_x(s)\\ \varepsilon_y(s)\\ \varepsilon_z(s)\end{bmatrix}\tag{2-3-36}$$

2.3.6 系统误差的周期特性分析

用列矩阵 $\boldsymbol{X}(t)$ 表示误差列向量，用 $\boldsymbol{F}$ 表示系数阵，用 $\boldsymbol{W}(t)$ 表示误差因素列向量，于是静基座误差方程可写为如下形式。

相应的拉普拉斯变换方程：

$$\dot{\boldsymbol{X}}(t)=\boldsymbol{F}\boldsymbol{X}(t)+\boldsymbol{W}(t) \tag{2-3-37}$$

拉普拉斯变换的解：

$$s\boldsymbol{X}(s)=\boldsymbol{F}\boldsymbol{X}(s)+\boldsymbol{X}_0(s)+\boldsymbol{W}(s) \tag{2-3-38}$$

略去导致傅科振荡的两个交叉耦合项，可使求解简单，又不妨碍对解的主要特性的了解，因此有

$$\boldsymbol{X}(s)=(s\boldsymbol{I}-\boldsymbol{F})^{-1}[\boldsymbol{X}_0(s)+\boldsymbol{W}(s)] \tag{2-3-39}$$

进而系统特征方程为

$$(s^2+\omega_{\text{ie}}^2)[(s^2+\omega_{\text{iS}}^2)^2+4s^2\omega_{\text{ie}}^2\sin^2 L]=0 \tag{2-3-40}$$

考察特征方程的根，可了解系统是否具有周期性，并可找到相应的振荡频率。其中，$\omega_{\text{S}}^2=\dfrac{\boldsymbol{g}}{R}$ 为舒勒角频率的平方，下标 S 表示舒勒角频率。

由 $s^2+\omega_{\text{ie}}^2=0$ 得到一组特征根：

$$s_{1,2}=\pm \text{j}\omega_{\text{ie}} \tag{2-3-41}$$

式中：ω_{ie} 为地球自转角频率，相应的振荡周期 $T_{\text{e}}=2\pi/\omega_{\text{ie}}=24\ \text{h}$，称为地转周期。再由式

$$(s^2+\omega_{\text{S}}^2)^2+4s^2\omega_{\text{ie}}^2\sin^2 L=0 \tag{2-3-42}$$

展开得

$$s^4+2s^2(\omega_{\text{S}}^2+2\omega_{\text{ie}}^2\sin^2 L)+\omega_{\text{S}}^4=0 \tag{2-3-43}$$

式（2-3-43）不能求精确解析解，但考虑 $\omega_{\text{S}}^2\gg\omega_{\text{ie}}^2$，因而可近似写为

$$[s^2+(\omega_{\text{S}}+\omega_{\text{ie}}\sin L)^2][s^2+(\omega_{\text{S}}-\omega_{\text{ie}}\sin L)^2]=0 \tag{2-3-44}$$

由此得出另两组近似解：

$$\begin{aligned} s_{3,4}&=\pm\text{j}(\omega_{\text{S}}+\omega_{\text{ie}}\sin L)\\ s_{5,6}&=\pm\text{j}(\omega_{\text{S}}-\omega_{\text{ie}}\sin L)\end{aligned} \tag{2-3-45}$$

系统的特征根全为虚根，说明系统为无阻尼振荡系统，振荡角频率共有三个：

$$\begin{cases}\omega_1=\omega_{\text{ie}}\\ \omega_2=\omega_{\text{S}}+\omega_{\text{F}}\\ \omega_3=\omega_{\text{S}}-\omega_{\text{F}}\end{cases} \tag{2-3-46}$$

式中：ω_{S} 和 ω_{F} 分别为舒勒角频率和傅科角频率，相应的周期为

$$T_{\text{S}}=2\pi/\omega_{\text{S}}=84.8\ \text{min} \tag{2-3-47}$$

$$T_F = \frac{2\pi}{\omega_F} = \frac{2\pi}{\omega_{ie}\sin L} = 34\,\text{h}(L = 45^\circ) \tag{2-3-48}$$

由于 $\omega_S \gg \omega_F$，ω_2 和 ω_3 数值上相差不大。因此，在误差量的解析表达式中将会出现两个相近频率的线性组合，即

$$x(t) = x_0 \sin(\omega_S + \omega_{ie}\sin L)t + x_0 \sin(\omega_S - \omega_{ie}\sin L)t \tag{2-3-49}$$

对式（2-3-49）进行和差化积运算，得

$$x(t) = 2x_0 \cos(\omega_{ie}\sin L)t \cdot \sin(\omega_S t) \tag{2-3-50}$$

由式（2-3-50）可知，舒勒振荡的幅值受到傅科频率的调制。总之，在惯性导航的误差传播特性中包含地转周期 T_e、舒勒周期 T_S 和傅科周期 T_F 三种可能的周期变化成分。

2.4　捷联惯导误差分析程序设计与仿真

2.4.1　程序设计

2.3 节根据捷联惯导原理对姿态、速度和位置误差方程进行了列写。本小节结合其内容，进行以下实验。

根据捷联惯导系统的姿态、速度、位置误差方程及静基座误差方框图（图 2-3-5），在 MATLAB 中搭建捷联惯导误差仿真模型。实验步骤如下。

（1）陀螺仪、加速度计模块仿真，如图 2-4-1 所示。

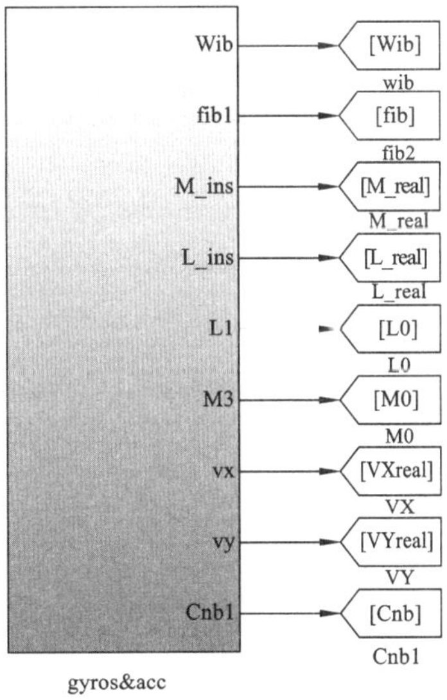

图 2-4-1　捷联惯导陀螺仪、加速度计 SIMULINK 模块

（2）捷联惯导参数计算模块仿真，如图 2-4-2 所示。其中，图 2-4-2（a）为式（2-3-13）中 $\boldsymbol{\omega}_{in}^{n}$ 的计算模块，图 2-4-2（b）为式（2-3-29）中 $\delta\boldsymbol{\omega}_{ie}^{n}$ 的计算模块，图 2-4-2（c）为式（2-3-30）中 $\delta\boldsymbol{\omega}_{en}^{n}$ 的计算模块，图 2-4-2（d）为式（2-3-29）中 $\boldsymbol{\omega}_{ie}^{n}$ 的计算模块，其余参数计算模块具体见附件程序。

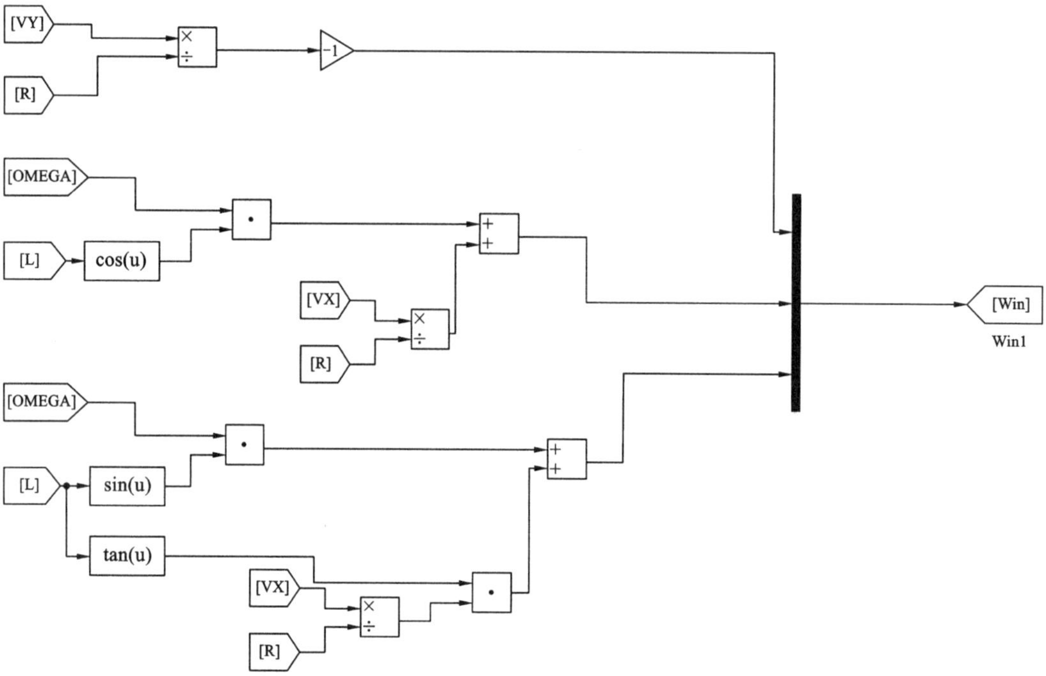

（a）$\boldsymbol{\omega}_{in}^{n}$的计算模块

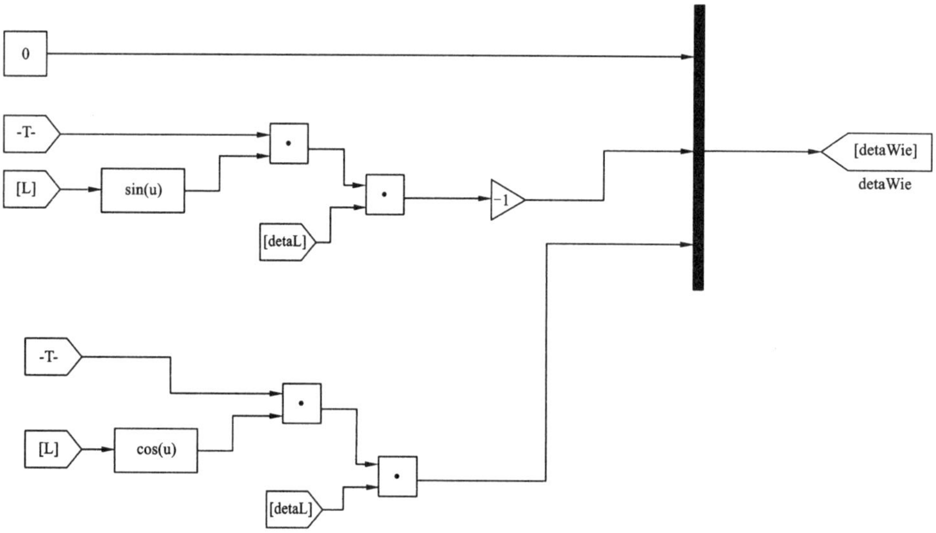

（b）$\delta\boldsymbol{\omega}_{ie}^{n}$的计算模块

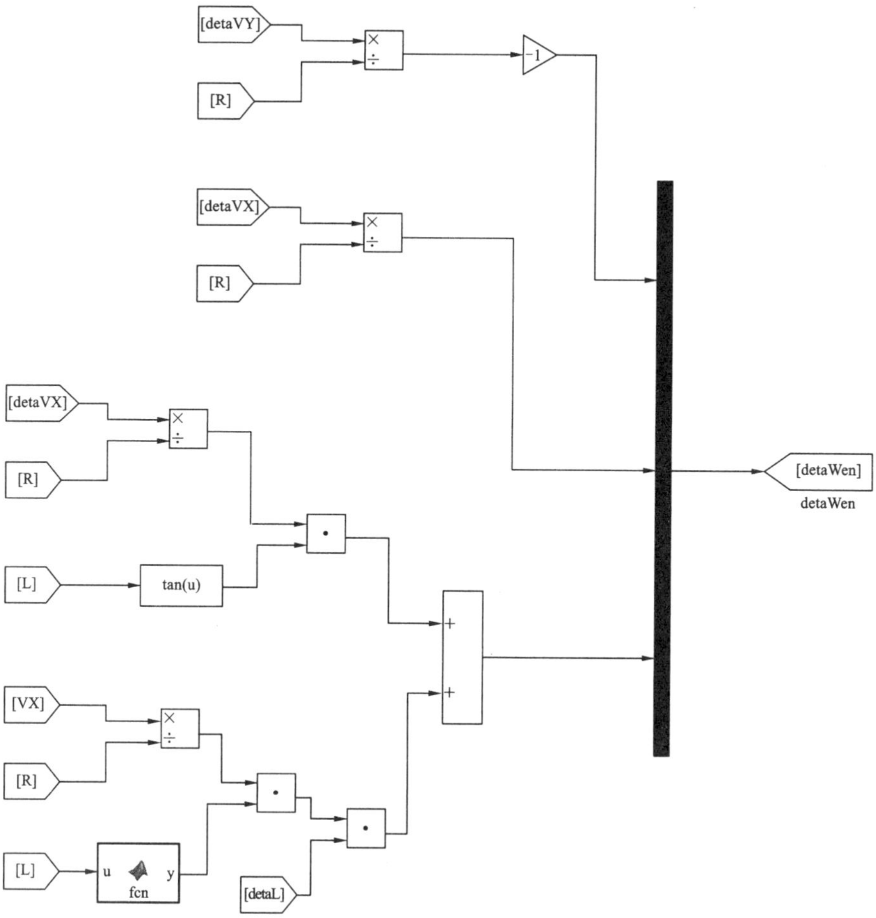

（c）$\delta\omega_{en}^{n}$的计算模块

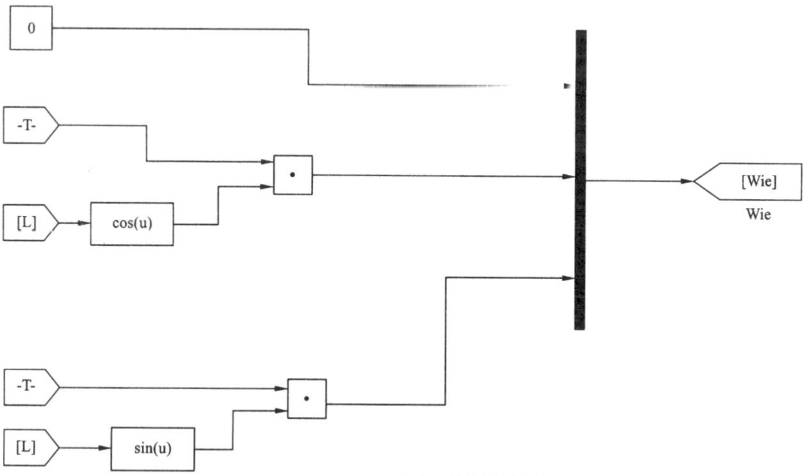

（d）ω_{ie}^{n}的计算模块

图 2-4-2　捷联惯导部分参数计算 SIMULINK 模块

（3）捷联惯导姿态模块仿真，如图 2-4-3 所示。

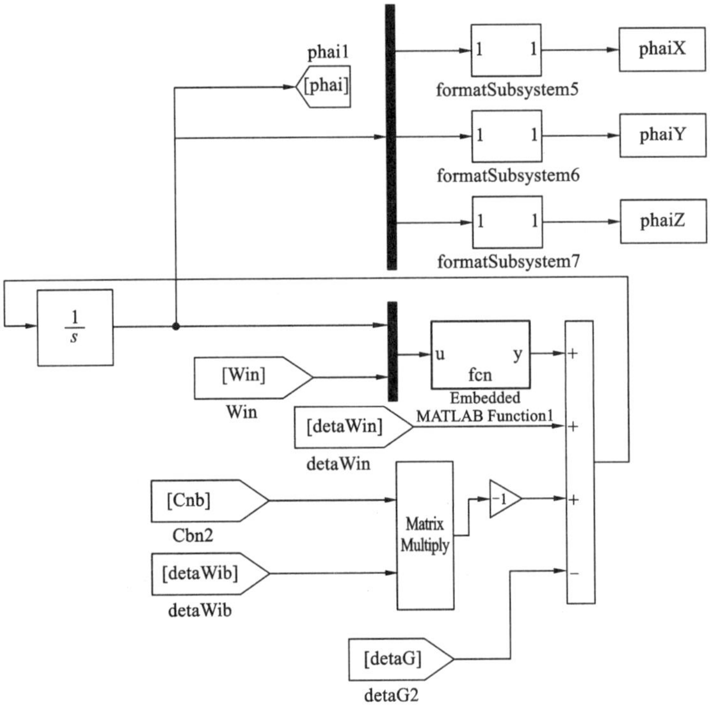

图 2-4-3　捷联惯导姿态误差 SIMULINK 模块

（4）捷联惯导速度模块仿真，如图 2-4-4 所示。

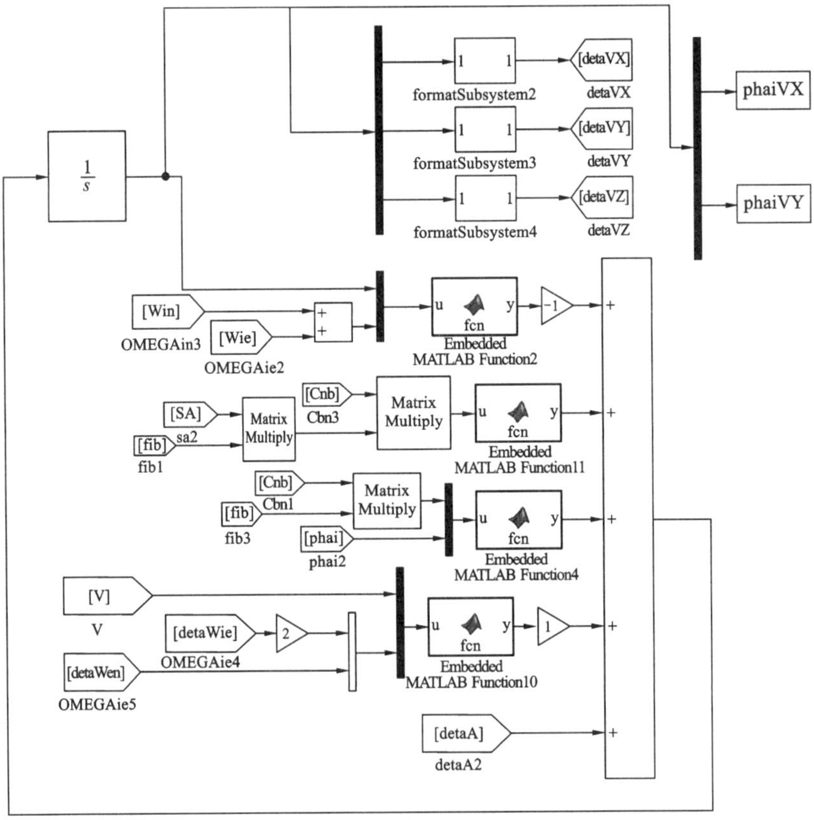

图 2-4-4　捷联惯导速度误差 SIMULINK 模块

（5）捷联惯导位置模块仿真，如图 2-4-5 所示。

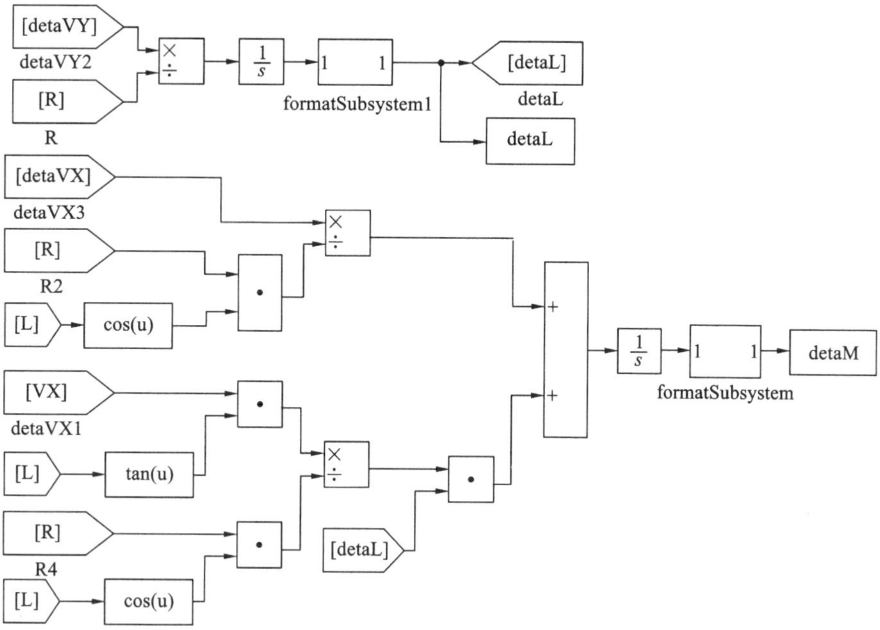

图 2-4-5　捷联惯导位置误差 SIMULINK 模块

2.4.2　仿真结果

根据搭建的捷联惯导 SIMULINK 仿真模块，进行 86 400 s（24 h）的仿真实验，其姿态角误差、速度误差和位置误差分别如图 2-4-6～图 2-4-8 所示。

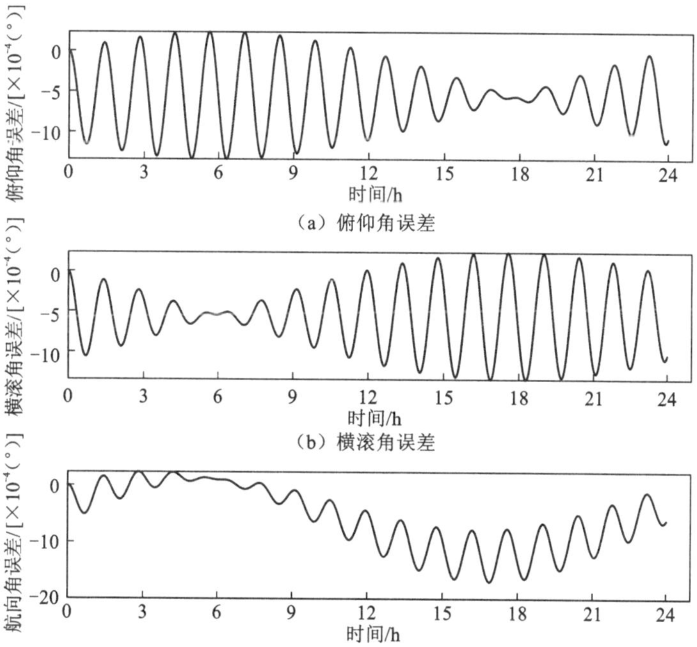

（a）俯仰角误差

（b）横滚角误差

（c）航向角误差

图 2-4-6　捷联惯导姿态角误差

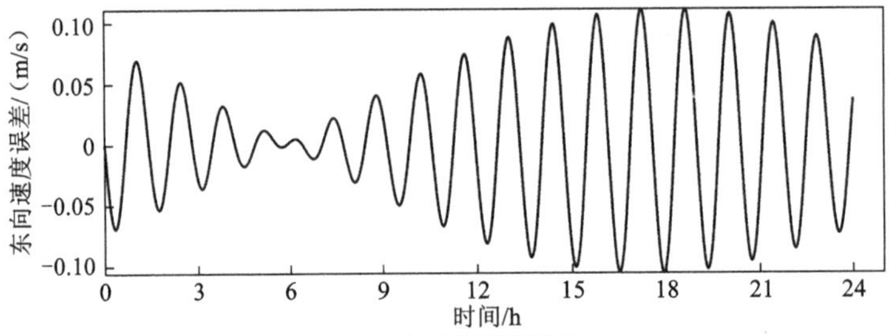

（a）东向速度误差

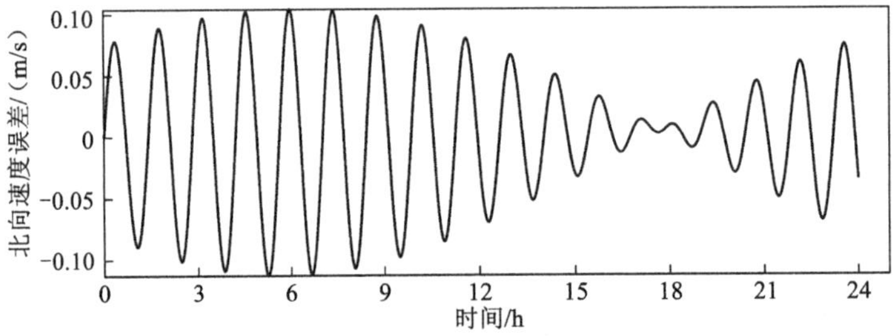

（b）北向速度误差

图 2-4-7　捷联惯导速度误差

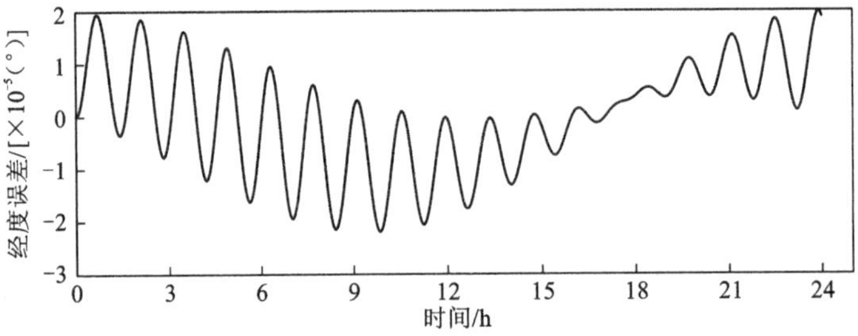

（a）经度误差

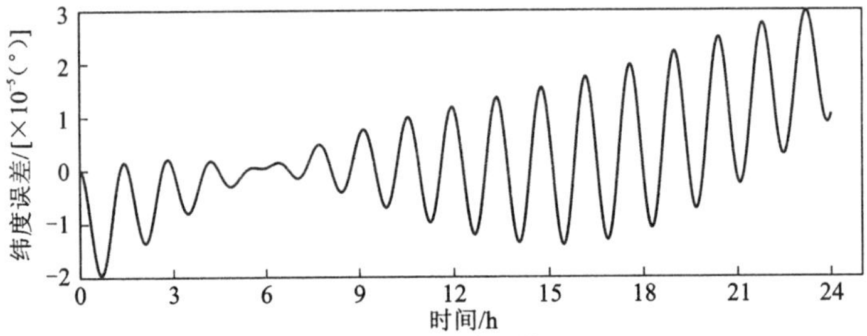

（b）纬度误差

图 2-4-8　捷联惯导位置误差

由实验结果可知，捷联惯导误差中存在周期振荡性误差，与 2.3.6 小节中误差周期特性一致，也与平台式惯导系统的误差具有一定的相似性。

2.5　水平阻尼原理

无阻尼指北方位惯导系统是一个临界稳定系统，系统的误差是周期振荡性的，而且振幅是不衰减的。有了阻尼，系统误差振荡的振幅会随时间增长而衰减。本节先介绍单通道和三通道指北方位惯导水平阻尼的目的和方法，之后分析加入外速度补偿的水平阻尼惯导，以实现对惯导系统的进一步补偿。

2.5.1 单通道惯导的水平阻尼

对于常值误差源，如果能够预先测定的话，是有办法补偿的。如常值陀螺漂移，可以通过向陀螺仪力矩器施矩的方法加以补偿，加速度计的零位偏置误差则可以在惯导计算机的程序编排中进行补偿。但是在实际惯导系统中，影响系统的许多因素是随机性的，如随机性陀螺漂移等。在这些随机性误差源的作用下，系统会产生缓慢的发散过程，误差随着时间增长，振荡的幅度会越来越大，误差的均方根值也越来越大。

对于工作时间较长的惯导系统，如舰船上的惯导系统，要求系统的工作时间长达几天甚至几个月，经过这样长的时间，误差的发散会使系统失去定位能力，因此必须想办法抑制误差的发散。比较有效的办法是在系统回路中加入校正网络，使系统的特征根具有负的实部，从而使临界稳定的惯导系统变成一个渐进稳定的系统。从自动控制理论的观点看，加入校正网络就是给系统加入阻尼。有了阻尼，系统误差振荡的振幅会随时间增长而衰减。当然，阻尼只能抑制振荡性误差，不能抑制常值和随时间增长的误差分量，如由北向（或方位）陀螺漂移引起的经度误差随时间增长的成分是不能通过阻尼去掉的。加入阻尼的惯导系统称为阻尼惯导系统。无阻尼指北方位惯导系统加入阻尼后，就是阻尼指北方位惯导系统。

水平阻尼的目的是使惯导水平修正回路成为具有阻尼的回路，使系统误差中的舒勒周期振荡衰减。水平阻尼的实现方法就是在水平修正回路中加一个校正网络。

以下以单通道惯导东向轴修正回路为例，说明实现水平阻尼的校正网络的引入方法。在图 2-5-1 所示的单通道惯导水平修正回路（即舒勒回路）中，在两个积分环节之间加上校正网络 $H_y(s)$，此时水平阻尼方块图如图 2-5-2 所示。

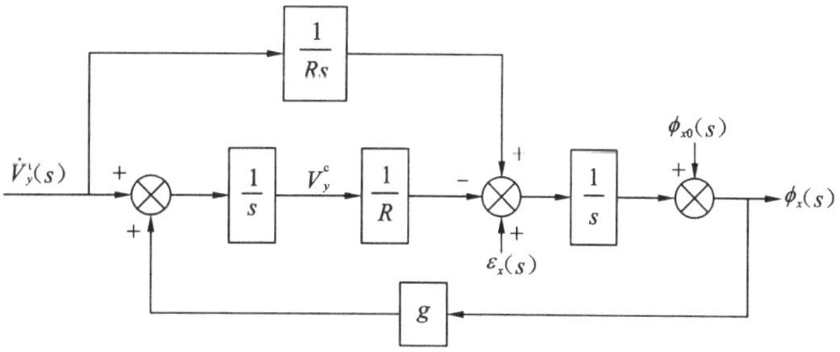

图 2-5-1 指北方位惯导东向轴修正回路

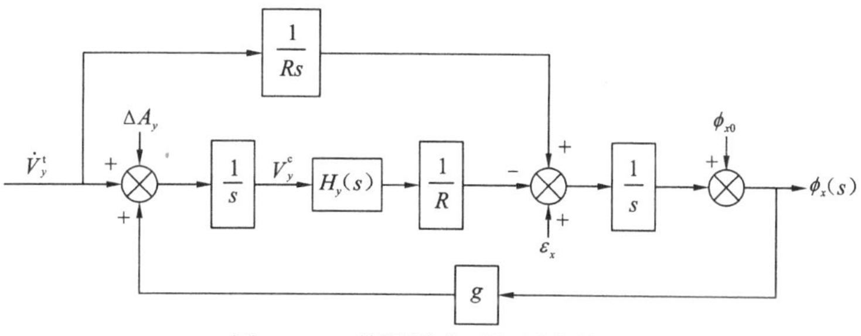

图 2-5-2 单通道水平阻尼方块图

当 $H_y(s)=1$ 时，方块图就是无阻尼的情况，此时回路完全满足舒勒调谐条件，载体的加速度对平台的水平误差角 ϕ_x 没有影响。选取适当的校正网络，可以使单通道系统具有阻尼，此时可以使由加速度计误差 ΔA_y 、等效东向陀螺漂移 ε_x 及初始误差角 ϕ_{x0} 引起的周期振荡性水平误差角衰减，但此时由于 $H_y(s)\neq 1$，系统的无干扰条件（即舒勒调谐条件）就不能满足了，载体的机动会使系统产生水平误差。因此，加入的水平阻尼 $H_y(s)$ 网络选取的原则是，既要使系统具有阻尼性质，又要使 $H_y(s)$ 尽可能接近 1，以尽量减小阻尼带来的不利影响。闭环系统的阻尼系数 ξ 越大，阻尼效果越好。但从水平回路满足舒勒调谐条件方面考虑，阻尼系数越小越好，综合考虑，一般选取 $\xi=0.5$ 。

在无阻尼系统中引入校正网络，使系统具有阻尼特性，从而变成稳定的系统，从自动控制的角度看，就是对系统进行校正。

最简单的校正网络可采用下面的形式：

$$H_y(s)=1+\frac{2\xi}{\omega_S}s \tag{2-5-1}$$

无阻尼时，系统的环路增益（即开环传递函数）为

$$G(s)=\frac{g}{Rs^2}=\frac{\omega_S^2}{s^2} \tag{2-5-2}$$

系统的特征方程为

$$\Delta=1+G(s)=1+\frac{\omega_S^2}{s^2}=0 \tag{2-5-3}$$

即

$$s^2+\omega_S^2=0 \tag{2-5-4}$$

引入校正网络后，闭环系统的特征方程可以根据梅森公式直接列写：

$$\Delta=1+G(s)H_y(s)=0 \tag{2-5-5}$$

即

$$s^2+\omega_S^2H_y(s)=0 \tag{2-5-6}$$

代入式（2-5-6），有

$$s^2+2\xi\omega_S s+\omega_S^2=0 \tag{2-5-7}$$

可见，闭环系统仍为二阶系统，式（2-5-1）中的 ξ 就是校正后闭环系统的阻尼比。选择 $\xi=0.5$ 即可，但这是一个纯微分网络，对噪声比较敏感，工程上不宜采用。

一般情况下，$H_y(s)$ 具有比较复杂的形式，式（2-5-7）不一定是二阶的，可以是高阶的。但可以将高阶系统等效成二阶系统，使等效系统的阻尼比为 0.5 左右。此时要用解析的方法获取 $H_y(s)$ 的形式和参数是非常困难的。比较适用的方法是利用自控原理中的频率特性法来设计校正网络。

单通道无阻尼水平回路是一个临界稳定的二阶系统，其开环传递函数 $G(s)$ 的对数频率特性 $G(j\omega)$ 如图 2-5-3 所示。对数幅频特性为一条斜率为−40 dB/(°)的直线，与零分贝线交于 ω_S 点。相频特性也是一条直线，具有−180° 的相移，系统的相位裕度为 0。这表明系统是处于临界稳定状态。

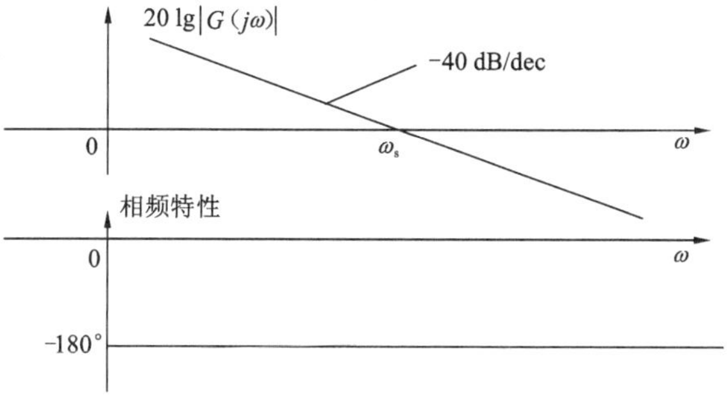

图 2-5-3　无阻尼水平回路的开环对数频率特性

加入校正网络后，系统的开环传递函数为

$$G(s)H_y(s)=\frac{\omega_s^2}{s^2}H_y(s) \tag{2-5-8}$$

开环频率特性为 $G(j\omega)H_y(j\omega)$。为使系统稳定，必须在 $\omega=\omega_s$ 附近，由 $H_y(j\omega)$ 提供正相移。对于二阶系统，闭环增益的相对谐振峰 M_r 与阻尼系数 ξ 具有下列关系：

$$\begin{cases} M_r=\dfrac{1}{2\xi\sqrt{1-\xi^2}} & (\xi\leqslant 0.7) \\ \xi=\sqrt{\dfrac{1-\sqrt{1-\dfrac{1}{M_r^2}}}{2}} & (M_r\geqslant 1) \end{cases} \tag{2-5-9}$$

对于电压等信号，存在放大公式：$y=20\cdot\lg(x)$，1 dB 表示电压放大 1.12 倍。若电压数值为 1，则经放大后，数值为 1.12。

当 M_r 为 1 dB 时，$\xi=0.5$。对于高阶系统可以等效成二阶系统，上述关系也近似成立。这样就可以在初步确定校正网络后，用对数幅相特性图作出闭环增益和相位曲线。如果加入校正网络后，闭环增益的相对谐振峰为 1 dB，表明系统的等效阻尼系数约为 0.5。若不合适，则要重新选择网络参数，反复尝试，直至网络参数满足要求为止。为使校正网络的不利影响尽量小，在保证等效阻尼比 $\xi=0.5$ 的前提下，在高频和低频处应使 $H_y(j\omega)$ 的增益为 0 dB（这里高频和低频均是相对舒勒角频率而言）。

需要注意的是，上述闭环增益可以是从陀螺漂移到水平误差角的闭环增益，也可以是从加速度计零位误差到水平误差角的闭环增益等。在同一回路中，从不同的输入点到输出点的闭环增益可能不同，但各闭环增益的相对谐振峰是一样的。

用反复试探的方法，可以得到多种能满足要求的网络 $H_y(s)$，例如：

$$H_1(s)=\frac{(s+8.80\times10^{-4})(s+1.97\times10^{-2})^2}{(s+4.41\times10^{-3})(s+8.80\times10^{-3})^2} \tag{2-5-10}$$

$$H_2(s)=\frac{(s+8.5\times10^{-4})(s+9.412\times10^{-2})}{(s+8.0\times10^{3})(s+1.0\times10^{-2})} \tag{2-5-11}$$

对校正网络引入系统后的效果，应该从两个方面去考察：一是考察其阻尼效果，即在同样的随机干扰源作用下系统稳态误差的幅度越小越好；二是考察其对系统的不利影响，即系统对载体加速度的敏感程度越小越好。

引入阻尼后，系统对载体加速度的敏感性可以用计算机模拟的方法来考察：给系统加上一节阶跃速度激励（相当于加初始速度），看水平误差角在过渡过程中的变化幅度情况。图 2-5-4 为东向轴水平回路加载阶跃速度的函数方块图。

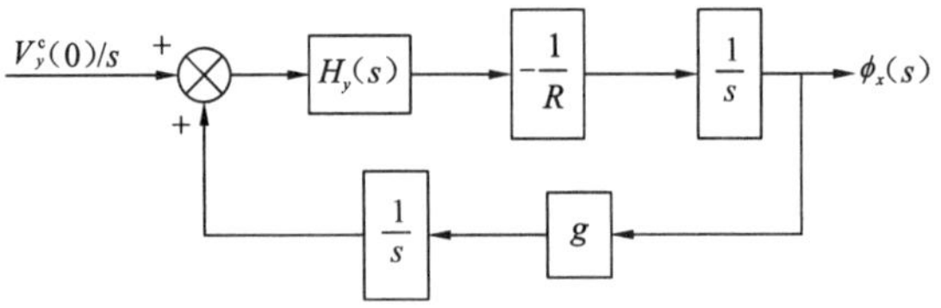

图 2-5-4 东向轴水平回路加载阶跃速度的函数方块图

2.5.2 三通道惯导的水平阻尼

2.5.1 小节介绍了单通道惯导的水平阻尼。实际的惯导系统有两条水平回路和一条方位回路，且彼此之间存在耦合，因此为三通道惯导系统。在三通道指北方位惯导系统中对两条水平修正回路进行水平阻尼时，两条回路中都要引入校正网络。具体方法是，在计算出北向速度 V_y^c 后，加入用于东向轴修正回路阻尼的校正网络 $H_y(s)$；在计算出东向速度 V_x^c 后，加入用于北向轴水平修正回路阻尼的校正网络 $H_x(s)$。阻尼的实现，实际上体现在惯导计算机的程序编排中，因为校正网络的传递函数模型实际上就是描述网络输入量与输出量之间的微分方程，在计算机中用解微分方程的方法，就可以实现校正网络的作用。根据这种思路，参照无阻尼指北方位惯导的控制方块图，容易画出有水平阻尼时惯导的控制方块图，如图 2-5-5 所示。

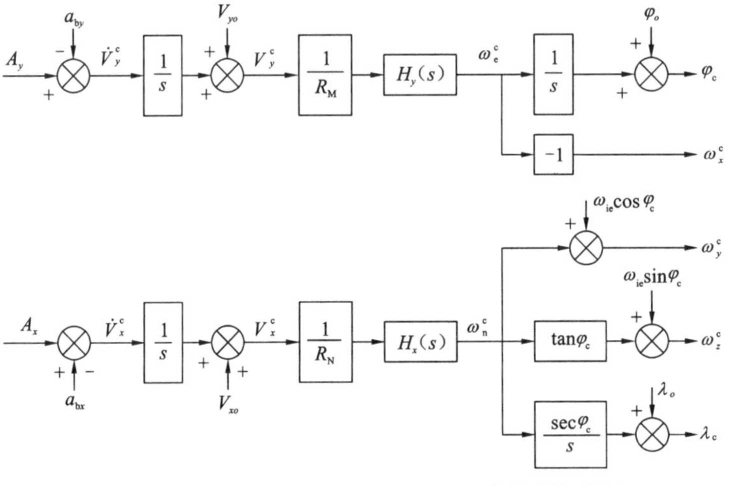

图 2-5-5 有水平阻尼时指北方位惯导的控制方块图

与无阻尼惯导一样，有水平阻尼时的惯导也可用控制方程、基本方程和误差方程从不同的侧面来描述。

控制方程是惯导计算机实际进行计算的方程，计算机的输入量是平台上加速度计的输出 A_x、A_y，计算机的输出量是载体运动参数（计算的速度 V_x^c、V_y^c、经度 φ_c 和纬度 λ_c）

及对平台的指令角速度 ω_x^c、ω_y^c、ω_z^c。有水平阻尼时，计算机还要进行实现所需校正网络的有关计算。

为突出校正网络的作用，引入中间变量 ω_{e0}^c、ω_{n0}^c 和 ω_e^c、ω_n^c，分别表示在无阻尼和有水平阻尼两种情况下，计算出的由载体相对地球运动引起的平台系绕东向轴负向和北向轴的转动角速度：

$$\begin{cases} \omega_{e0}^c(t) = \dfrac{V_y^c(t)}{R_M} \\ \omega_{n0}^c(t) = \dfrac{V_x^c(t)}{R_N} \end{cases} \tag{2-5-12}$$

$$\begin{cases} \omega_e^c(s) = \omega_{e0}^c(s)H_y(s) \\ \omega_n^c(s) = \omega_{n0}^c(s)H_x(s) \end{cases} \tag{2-5-13}$$

在无阻尼惯导的控制方程的基础上，考虑校正网络后，可以写出有水平阻尼时指北方位惯导的控制方程：

$$\begin{cases} \dot{V}_x^c = A_x + \left(2\omega_{ie}\sin\varphi_c + \dfrac{V_x^c}{R_N}\tan\varphi_c\right)V_y^c \\ \dot{V}_y^c = A_y - \left(2\omega_{ie}\sin\varphi_c + \dfrac{V_x^c}{R_N}\tan\varphi_c\right)V_x^c \end{cases} \tag{2-5-14a}$$

$$\begin{cases} \omega_{e0}^c = \dfrac{V_y^c}{R_M} \\ \omega_{n0}^c = \dfrac{V_x^c}{R_N} \\ \omega_e^c(s) = \omega_{e0}^c(s)H_y(s) \\ \omega_n^c(s) = \omega_{n0}^c(s)H_x(s) \end{cases} \tag{2-5-14b}$$

$$\begin{cases} \omega_x^c = -\omega_e^c \\ \omega_y^c = \omega_{ie}\cos\varphi_c + \omega_n^c \\ \omega_z^c = \omega_{ie}\sin\varphi_c + \omega_n^c\tan\varphi_c \end{cases} \tag{2-5-14c}$$

$$\begin{cases} \dot{\varphi}_c = \omega_e^c \\ \dot{\lambda}_c = \omega_n^c\sec\lambda_c \end{cases} \tag{2-5-14d}$$

需要注意的是，上面的方程组中含有以拉普拉斯变换形式出现的式（2-5-14b），此式实际上代表了一组由校正网络决定的微分方程。选用的校正网络不同时，微分方程也是不同的。例如，当 $H_y(s)$ 采用式（2-5-1）形式时，有

$$H_y(s) = 1 + \frac{2\xi}{\omega_s}s \tag{2-5-15}$$

$$\omega_e^c(s) = \omega_{e0}^c(s)\left(1 + \frac{2\xi}{\omega_s}s\right) \tag{2-5-16}$$

对应的微分方程为

$$\omega_{\mathrm{e}}^{\mathrm{c}}(t)=\omega_{\mathrm{e0}}^{\mathrm{c}}(t)+\frac{2\xi}{\omega_{\mathrm{s}}}\dot{\omega}_{\mathrm{e0}}^{\mathrm{c}}(t) \tag{2-5-17}$$

在实际惯导中总存在误差源（如加速度计误差 ΔA_x 、 ΔA_y 及等效陀螺漂移 ε_x 、 ε_y 、 ε_z ），平台也存在误差角 ϕ_x 、 ϕ_y 、 ϕ_z 。与无阻尼惯导一样，也可以用基本方程来描述有水平阻尼时的平台误差角和惯导输出的载体运动参数。在无阻尼系统的基本方程的基础上，改变指令角速度和载体位置的计算方程，就可以得到有水平阻尼时的惯导基本方程：

$$\begin{cases}\dot{\phi}_x=\omega_x^{\mathrm{c}}-\omega_{\mathrm{it}x}^{\mathrm{t}}+\phi_y\omega_{\mathrm{it}z}^{\mathrm{t}}-\phi_z\omega_{\mathrm{it}y}^{\mathrm{t}}+\varepsilon_x\\ \dot{\phi}_y=\omega_y^{\mathrm{c}}-\omega_{\mathrm{it}y}^{\mathrm{t}}-\phi_x\omega_{\mathrm{it}z}^{\mathrm{t}}+\phi_z\omega_{\mathrm{it}x}^{\mathrm{t}}+\varepsilon_y\\ \dot{\phi}_z=\omega_z^{\mathrm{c}}-\omega_{\mathrm{it}z}^{\mathrm{t}}+\phi_x\omega_{\mathrm{it}y}^{\mathrm{t}}-\phi_y\omega_{\mathrm{it}x}^{\mathrm{t}}+\varepsilon_z\end{cases} \tag{2-5-18a}$$

$$\begin{cases}\dot{V}_x^{\mathrm{c}}=f_x^{\mathrm{t}}+\left(2\omega_{\mathrm{ie}}\sin\varphi_{\mathrm{c}}+\dfrac{V_{\mathrm{c}x}}{R_{\mathrm{N}}}\tan\varphi_{\mathrm{c}}\right)V_{\mathrm{c}y}-\phi_y g+\Delta A_x\\ \dot{V}_y^{\mathrm{c}}=f_y^{\mathrm{t}}+\left(2\omega_{\mathrm{ie}}\sin\varphi_{\mathrm{c}}+\dfrac{V_{\mathrm{c}x}}{R_{\mathrm{N}}}\tan\varphi_{\mathrm{c}}\right)V_{\mathrm{c}x}-\phi_y g+\Delta A_y\end{cases} \tag{2-5-18b}$$

$$\begin{cases}\omega_{\mathrm{e0}}^{\mathrm{c}}=\dfrac{V_y^{\mathrm{c}}}{R_{\mathrm{M}}}\\ \omega_{\mathrm{n0}}^{\mathrm{c}}=\dfrac{V_x^{\mathrm{c}}}{R_{\mathrm{N}}}\\ \omega_{\mathrm{e}}^{\mathrm{c}}(s)=\omega_{\mathrm{e0}}^{\mathrm{c}}(s)H_y(s)\\ \omega_{\mathrm{n}}^{\mathrm{c}}(s)=\omega_{\mathrm{n0}}^{\mathrm{c}}(s)H_x(s)\end{cases} \tag{2-5-18c}$$

$$\begin{cases}\omega_x^{\mathrm{c}}=-\omega_{\mathrm{e}}^{\mathrm{c}}\\ \omega_y^{\mathrm{c}}=\omega_{\mathrm{ie}}\cos\varphi_{\mathrm{c}}+\omega_{\mathrm{n}}^{\mathrm{c}}\\ \omega_z^{\mathrm{c}}=\omega_{\mathrm{ie}}\sin\varphi_{\mathrm{c}}+\omega_{\mathrm{n}}^{\mathrm{c}}\tan\varphi_{\mathrm{c}}\end{cases} \tag{2-5-18d}$$

$$\begin{cases}\dot{\varphi}_{\mathrm{c}}=\omega_{\mathrm{e}}^{\mathrm{c}}\\ \dot{\lambda}_{\mathrm{c}}=\omega_{\mathrm{n}}^{\mathrm{c}}\sec\varphi_{\mathrm{c}}\end{cases} \tag{2-5-18e}$$

初始条件为

$$\begin{cases}\phi_x(0)=\phi_{x0}\\ \phi_y(0)=\phi_{y0}\\ \phi_z(0)=\phi_{z0}\\ V_x^{\mathrm{c}}(0)=V_{x0}^{\mathrm{c}}\\ V_y^{\mathrm{c}}(0)=V_{y0}^{\mathrm{c}}\\ \varphi_{\mathrm{c}}(0)=\varphi_{\mathrm{c0}}\\ \lambda_{\mathrm{c}}(0)=\lambda_{\mathrm{c0}}\end{cases} \tag{2-5-19}$$

当载体运动时，比力分量 f_x^{t} 、 f_y^{t} 和地理系的转动角速度 $\boldsymbol{\omega}_{\mathrm{it}}^{\mathrm{t}}=\{\omega_{\mathrm{it}x}^{\mathrm{t}},\ \omega_{\mathrm{it}y}^{\mathrm{t}},\ \omega_{\mathrm{it}z}^{\mathrm{t}}\}$ 都会发生变化，若已知误差源，则利用上述有水平阻尼的惯导基本方程，可以计算出平台误差角（ ϕ_x 、 ϕ_y 、 ϕ_z ）、和惯导实际输出的速度（ V_x^{c} 、 V_y^{c} ）和位置（ λ_{c} 、 φ_{c} ）的瞬时值。

有阻尼情况下的惯导误差同样可以用误差方程描述。下面推导在静基座条件下的误差方程（近似认为地球为圆球体， $R_{\mathrm{N}}=R_{\mathrm{M}}=R$ ）。

定义新的误差量 $\delta\omega_{\mathrm{e}}$ 、 $\delta\omega_{\mathrm{n}}$ ：

$$\begin{cases}\delta\omega_{\mathrm{e}}=\omega_{\mathrm{e}}^{\mathrm{c}}-\dfrac{V_y^{\mathrm{t}}}{R}\\ \delta\omega_{\mathrm{n}}=\omega_{\mathrm{n}}^{\mathrm{c}}-\dfrac{V_x^{\mathrm{t}}}{R}\end{cases}\tag{2-5-20}$$

取拉普拉斯变换有

$$\begin{cases}\delta\omega_{\mathrm{e}}(s)=\omega_{\mathrm{e}}^{\mathrm{c}}(s)-\dfrac{V_y^{\mathrm{t}}(s)}{R}=\dfrac{V_y^{\mathrm{c}}(s)}{R}H_y(s)-\dfrac{V_y^{\mathrm{t}}(s)}{R}\\ \delta\omega_{\mathrm{n}}(s)=\omega_{\mathrm{n}}^{\mathrm{c}}(s)-\dfrac{V_x^{\mathrm{t}}(s)}{R}=\dfrac{V_x^{\mathrm{c}}(s)}{R}H_x(s)-\dfrac{V_x^{\mathrm{t}}(s)}{R}\end{cases}\tag{2-5-21}$$

在静基座条件下：$V_y^{\mathrm{t}}=0$，$V_x^{\mathrm{t}}=0$，$V_y^{\mathrm{c}}=\delta V_y$，$V_x^{\mathrm{c}}=\delta V_x$，故有

$$\begin{cases}\delta\omega_{\mathrm{e}}(s)=\dfrac{\delta V_y(s)}{R}H_y(s)\\ \delta\omega_{\mathrm{n}}(s)=\dfrac{\delta V_x(s)}{R}H_x(s)\end{cases}\tag{2-5-22}$$

有阻尼时，速度的计算值不变，故速度误差方程与无阻尼时相同，因此有

$$\begin{cases}\delta\dot{V}_x=2\omega_{\mathrm{ie}}\sin\varphi\cdot\delta V_y-\phi_y g+\Delta A_x\\ \delta\dot{V}_y=-2\omega_{\mathrm{ie}}\sin\varphi\cdot\delta V_x+\phi_x g+\Delta A_y\end{cases}\tag{2-5-23}$$

静基座时位置误差为

$$\begin{cases}\delta\dot{\varphi}=\dot{\varphi}_{\mathrm{c}}-\dot{\varphi}_{\mathrm{t}}=\omega_{\mathrm{e}}^{\mathrm{c}}-\dfrac{V_y^{\mathrm{t}}}{R}=\delta\omega_{\mathrm{e}}\\ \delta\dot{\lambda}=\dot{\lambda}_{\mathrm{c}}-\dot{\lambda}_{\mathrm{t}}=\omega_{\mathrm{n}}^{\mathrm{c}}\sec\varphi_{\mathrm{c}}-\dfrac{V_x^{\mathrm{t}}}{R}\sec\varphi=\delta\omega_{\mathrm{n}}\sec\varphi_{\mathrm{c}}\end{cases}\tag{2-5-24}$$

利用基本方程还可推导出静基座时平台误差角方程为

$$\begin{cases}\dot{\phi}_x=-\delta\omega_{\mathrm{e}}+\omega_{\mathrm{ie}}\sin\varphi\cdot\phi_y-\omega_{\mathrm{ie}}\cos\varphi\cdot\phi_z+\varepsilon_x\\ \dot{\phi}_y=\delta\omega_{\mathrm{n}}-\omega_{\mathrm{ie}}\sin\varphi\cdot\delta\varphi-\omega_{\mathrm{ie}}\sin\varphi\cdot\phi_x+\varepsilon_y\\ \dot{\phi}_z=\delta\omega_{\mathrm{n}}\tan\varphi+\omega_{\mathrm{ie}}\cos\varphi\cdot\delta\varphi+\omega_{\mathrm{ie}}\cos\varphi\cdot\phi_x+\varepsilon_z\end{cases}\tag{2-5-25}$$

综合式（2-5-22）～式（2-5-25）可得到有水平阻尼时，静基座条件下的惯导误差方程为

$$\begin{cases}\delta\dot{V}_x=2\omega_{\mathrm{ie}}\sin\varphi\cdot\delta V_y-\phi_y g+\Delta A_x\\ \delta\dot{V}_y=-2\omega_{\mathrm{ie}}\sin\varphi\cdot\delta V_x+\phi_x g+\Delta A_y\end{cases}\tag{2-5-26a}$$

$$\begin{cases}\delta\omega_{\mathrm{e}}(s)=\dfrac{\delta V_y(s)}{R}H_y(s)\\ \delta\omega_{\mathrm{n}}(s)=\dfrac{\delta V_x(s)}{R}H_x(s)\end{cases}\tag{2-5-26b}$$

$$\begin{cases}\delta\dot{\varphi}=\delta\omega_{\mathrm{e}}\\ \delta\dot{\lambda}=\delta\omega_{\mathrm{n}}\sec\varphi_{\mathrm{c}}\end{cases}\tag{2-5-26c}$$

$$\begin{cases}\dot{\phi}_x=-\delta\omega_{\mathrm{e}}+\omega_{\mathrm{ie}}\sin\varphi\cdot\phi_y-\omega_{\mathrm{ie}}\cos\varphi\cdot\phi_z+\varepsilon_x\\ \dot{\phi}_y=\delta\omega_{\mathrm{n}}-\omega_{\mathrm{ie}}\sin\varphi\cdot\delta\varphi-\omega_{\mathrm{ie}}\sin\varphi\cdot\phi_x+\varepsilon_y\\ \dot{\phi}_z=\delta\omega_{\mathrm{n}}\tan\varphi+\omega_{\mathrm{ie}}\cos\varphi\cdot\delta\varphi+\omega_{\mathrm{ie}}\cos\varphi\cdot\phi_x+\varepsilon_z\end{cases}\tag{2-5-26d}$$

初始条件为

$$
\begin{cases}
\delta V_x(0)=V_x^{\mathrm{c}}(0)-V_x^{\mathrm{t}}(0)=\delta V_{x0}\\
\delta V_y(0)=V_y^{\mathrm{c}}(0)-V_y^{\mathrm{t}}(0)=\delta V_{y0}\\
\delta\varphi(0)=\varphi_{\mathrm{c}}(0)-\varphi(0)=\delta\varphi_0\\
\delta\lambda(0)=\lambda_{\mathrm{c}}(0)-\lambda(0)=\delta\lambda_0\\
\phi_x(0)=\phi_{x0}\\
\phi_y(0)=\phi_{y0}\\
\phi_z(0)=\phi_{z0}
\end{cases}
\tag{2-5-27}
$$

式（2-5-26）和式（2-5-27）也可以表示成拉普拉斯变换形式：

$$
\begin{cases}
s\delta V_x(s)-\delta V_{x0}=2\omega_{\mathrm{ie}}\sin\varphi\cdot\delta V_y(s)-\phi_y(s)g+\Delta A_x(s)\\
s\delta V_y(s)-\delta V_{y0}=-2\omega_{\mathrm{ie}}\sin\varphi\cdot\delta V_x(s)+\phi_x(s)g+\Delta A_y(s)
\end{cases}
\tag{2-5-28a}
$$

$$
\begin{cases}
\delta\omega_{\mathrm{e}}(s)=\dfrac{\delta V_y(s)}{R}H_y(s)\\
\delta\omega_{\mathrm{n}}(s)=\dfrac{\delta V_x(s)}{R}H_x(s)
\end{cases}
\tag{2-5-28b}
$$

$$
\begin{cases}
s\delta\varphi(s)-\delta\varphi_0=\delta\omega_{\mathrm{e}}(s)\\
s\delta\lambda(s)-\delta\varphi_0=\delta\omega_{\mathrm{n}}(s)\sec\varphi_{\mathrm{c}}
\end{cases}
\tag{2-5-28c}
$$

$$
\begin{cases}
s\phi_x(s)-\phi_{x0}=-\delta\omega_{\mathrm{e}}(s)+\omega_{\mathrm{ie}}\sin\varphi\cdot\phi_y(s)-\omega_{\mathrm{ie}}\cos\varphi\cdot\phi_z(s)+\varepsilon_x(s)\\
s\phi_y(s)-\phi_{y0}=\delta\omega_{\mathrm{n}}(s)-\omega_{\mathrm{ie}}\sin\varphi\cdot\delta\varphi(s)-\omega_{\mathrm{ie}}\sin\varphi\cdot\phi_x(s)+\varepsilon_y(s)\\
s\phi_z(s)-\phi_{z0}=\delta\omega_{\mathrm{n}}(s)\tan\varphi+\omega_{\mathrm{ie}}\cos\varphi\cdot\delta\varphi(s)+\omega_{\mathrm{ie}}\cos\varphi\cdot\phi_x(s)+\varepsilon_z(s)
\end{cases}
\tag{2-5-28d}
$$

根据式（2-5-28）可画出有水平阻尼时的静基座惯导误差方块图，如图 2-5-6 所示。与无阻尼情况一样，7 个误差量中，除经度误差外的 6 个误差量构成一个闭环系统，经度误差是开环的。

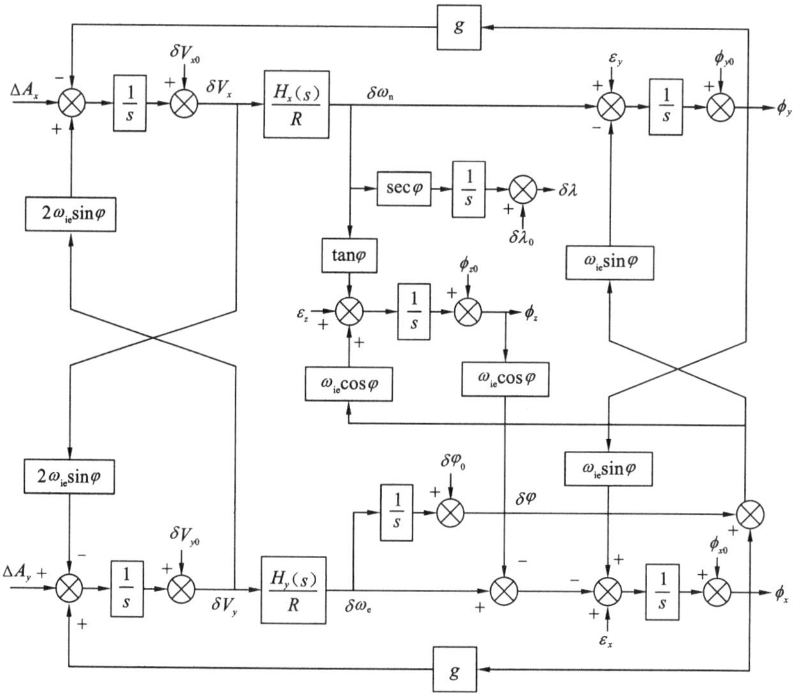

图 2-5-6　有水平阻尼时的静基座惯导误差方块图

2.5.3 外速度补偿的水平阻尼惯导

水平阻尼可以使惯导误差中的舒勒周期振荡分量衰减，但同时又破坏了水平修正回路的加速度无干扰条件，即舒勒调谐条件，当载体有相对运动加速度时，会引起系统的其他误差。为克服这种误差，一种办法是及时地进行惯导工作状态的切换。当载体（如舰船）以恒定速度、航向航行时，惯导系统工作在阻尼状态；而当载体机动航行时，应及时将惯导切换到无阻尼的工作状态。另一种更有效的方法是，在进行水平阻尼的同时引入外部速度信息，对载体加速度引起的系统误差进行补偿。这种方法称为外速度补偿，进行外速度补偿的水平阻尼惯导称为外水平阻尼惯导。相应地，没有进行外速度补偿的水平阻尼惯导称为内水平阻尼惯导。下面分析外速度补偿的机理。

水平阻尼的单通道惯导（东向轴修正回路）的等效原理方块图如图 2-5-7 所示。由于只考虑载体加速度的作用，图中没有画出加速度计误差 ΔA_x、等效陀螺漂移 ε_x、初始误差角 ϕ_{x0} 等误差源，可认为这些误差源为零，并且假定在起始时刻，载体北向速度为零。

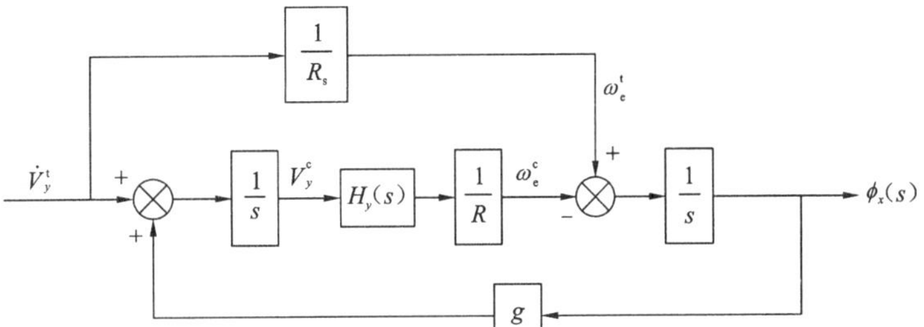

图 2-5-7　单通道水平阻尼惯导的等效原理方块图

由图 2-5-7 可知，平台的水平误差角 ϕ_x 的变化率为

$$\dot{\phi}_x(s)=-\omega_e^c(s)+\omega_e^t(s) \tag{2-5-29}$$

在零初始条件下，有

$$s\phi_x(s)=-\omega_e^c(s)+\omega_e^t(s) \tag{2-5-30}$$

式中

$$\omega_e^t(s)=\frac{1}{Rs}\dot{V}_y^t(s) \tag{2-5-31}$$

$$\omega_e^c(s)=\frac{1}{Rs}H_y(s)[\dot{V}_y^t(s)+g\phi(s)] \tag{2-5-32}$$

将式（2-5-31）和式（2-5-32）代入式（2-5-2），整理可得

$$\phi_x(s)=\frac{[1-H_y(s)]}{R[s^2+H_y(s)\omega_s^2]}\dot{V}_y^t(s) \tag{2-5-33}$$

式（2-5-33）描述了载体加速度 $\dot{V}_y^t(s)$ 与平台水平误差角 $\phi_x(s)$ 之间的关系。可见，无阻尼时（$H_y(s)=1$），水平回路满足加速度无干扰条件，即舒勒调谐条件，此时水平误差角 ϕ_x 与载体加速度 $\dot{V}_y^t(s)$ 无关。而有水平阻尼时（$H_y(s)\neq 1$），会产生与载体加速度

$\dot{V}_y^{\mathrm{t}}(s)$成正比的误差角$\phi_x(s)$。当然这一误差角只出现在动态过程中，由于阻尼的作用，一次加速度干扰产生的误差经过一两个舒勒周期后也会消失，但一个舒勒周期就长达84.4 min，一般载体（如飞机、舰船）这样长时间的机动是经常性的，因此，平台不但经常受到干扰，而且由此产生的误差角还可能积累。

如果载体上有其他测定速度的设备，而且精度较高，如电磁计程仪、多普勒计程仪等，则可将其测出的载体速度输入惯导系统，将这种速度称为外速度，记为$V_{\mathrm{r}y}$。外速度也总会有误差，记外速度误差为$\delta V_{\mathrm{r}y}$，外速度误差变化率为$\delta\dot{V}_{\mathrm{r}y}$，有

$$V_{\mathrm{r}y}=V_y^{\mathrm{t}}+\delta V_{\mathrm{r}y} \tag{2-5-34}$$

如图 2-5-8 所示，外速度$V_{\mathrm{r}y}(s)$经网络$[1-H_y(s)]$加入系统中，就可以实现外速度补偿。图 2-5-8 也可画成图 2-5-9 的形式，两者是等效的。

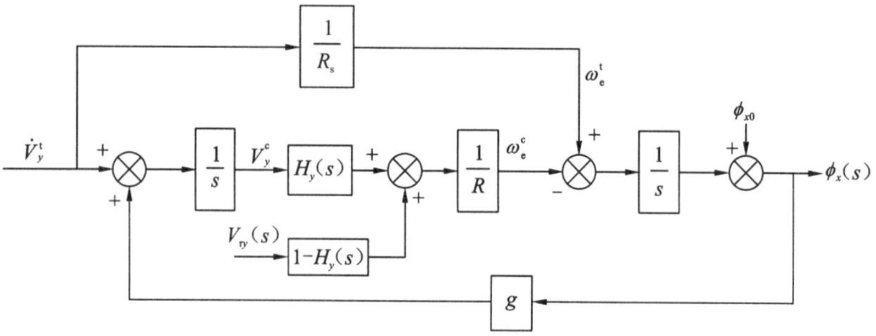

图 2-5-8　有外速度补偿的单通道水平阻尼惯导方块图

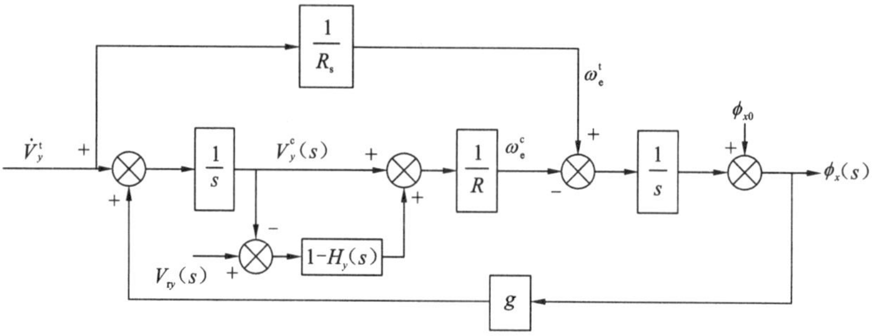

图 2-5-9　有外速度补偿的单通道水平阻尼惯导等效方块图

由图 2-5-9 可知，有

$$s\phi_x(s)=-\omega_{\mathrm{e}}^{\mathrm{c}}(s)+\omega_{\mathrm{e}}^{\mathrm{t}}(s) \tag{2-5-35}$$

式中

$$\omega_{\mathrm{e}}^{\mathrm{c}}(s)=\frac{1}{Rs}\{H_y(s)[\dot{V}_y^{\mathrm{t}}(s)+g\phi(s)]+[1-H_y(s)]sV_{\mathrm{r}y}(s)\} \tag{2-5-36}$$

将式（2-5-35）整理可得

$$\phi_x(s)=\frac{[1-H_y(s)]s}{R[s^2+H_y(s)\omega_{\mathrm{s}}^2]}\cdot\delta V_{\mathrm{r}y}(s) \tag{2-5-37}$$

根据拉普拉斯变换微分定理：

$$\delta\dot{V}_{\mathrm{r}y}(s)=s\cdot\delta V_{\mathrm{r}y}(s)-\delta V_{\mathrm{r}y}(0) \tag{2-5-38}$$

即

$$s \cdot \delta V_{ry}(s) = \delta \dot{V}_{ry}(s) + \delta V_{ry}(0) \tag{2-5-39}$$

将式（2-5-39）代入式（2-5-37），有

$$\phi_x(s) = \frac{[1 - H_y(s)]}{R[s^2 + H_y(s)\omega_s^2]} \cdot \delta \dot{V}_{ry}(s) + \frac{[1 - H_y(s)]}{R[s^2 + H_y(s)\omega_s^2]} \cdot \delta V_{ry}(0) \tag{2-5-40}$$

式（2-5-40）表明，进行外速度补偿后，水平误差角只与外速度（外速度误差变化率及外速度初始误差）有关，而与载体加速度无关。

从物理意义上说，引入外速度到惯导系统中，是给系统增加一条补偿通道，当载体有加速度时，补偿由阻尼网络所造成的平台指令角速度的误差。虽然外速度误差会对系统造成影响，但一般来说要比载体加速度直接造成的影响小，可提高惯导系统的精度。

引入外速度后，影响系统水平误差角的是外速度误差变化率和初始外速度误差。初始外速度误差对系统的影响相当于一次阶跃冲击响应，只出现在引入外速度的时刻，是一次性的，其引起的误差量在阻尼的作用下，经过一两个舒勒周期后就基本消失了。而外速度误差变化率的影响是始终存在的。因此系统对引入外速度精度方面的首要要求是外速度误差的变化率要小（相当于要求外加速度误差小），其次是外速度误差幅度要小。这是因为有时尽管测量设备测速精度很高，即测得的速度误差幅度很小，但误差变化的频率很快。将误差变化率很大的外速度引入惯导系统后，虽然使惯导系统避免了载体加速度的干扰，但会带来更大的外加速度误差，其结果将是得不偿失的。有时虽然外速度中有很大的常值误差，但只要外速度的变化（即外加速度）能反映载体速度的变化（即载体加速度），在经过一两个舒勒周期，较大的常值速度误差的不利影响被衰减后，同样能起到较好的补偿效果。因此确切地说，外速度补偿可以称为外加速度补偿。

惯导系统中引入外速度信号后，由载体加速度之外的其他干扰量引起的惯导误差依然如旧，外速度信号对它们不起作用。

采用外速度补偿的水平阻尼状态时，不一定要求连续提供外部速度信号，可以只在判明载体处于机动状态的情况下接入。而当载体做等速直线航行时，断开外速度信号，这样可以减少外速度误差变化率造成的误差。当然，这样断续地接入外速度信号，除要求外速度误差变化率小以外，还要求外速度的误差幅度小，因为每一次接入外速度信号，都会对系统造成一次由外速度误差引起的阶跃冲击。

对于指北方位惯导来说，外速度补偿需要在两条水平回路中同时采用，即在东向轴修正回路中引入外速度 V_{ry}，在北向轴修正回路中引入外速度 V_{rx}，其控制方块图如图 2-5-10 所示。

将 2.5.2 小节中的水平阻尼惯导的控制方程和基本方程中有关 ω_e^c、ω_n^c 的部分作相应的更改，即可得到有外速度补偿时的惯导控制方程和基本方程：

$$\begin{cases} \dot{\phi}_x = \omega_x^c - \omega_{itx}^t + \phi_y \omega_{itz}^t - \phi_z \omega_{ity}^t + \varepsilon_x \\ \dot{\phi}_y = \omega_y^c - \omega_{ity}^t - \phi_x \omega_{itz}^t + \phi_z \omega_{itx}^t + \varepsilon_y \\ \dot{\phi}_z = \omega_z^c - \omega_{itz}^t + \phi_x \omega_{ity}^t - \phi_y \omega_{itx}^t + \varepsilon_z \end{cases} \tag{2-5-41a}$$

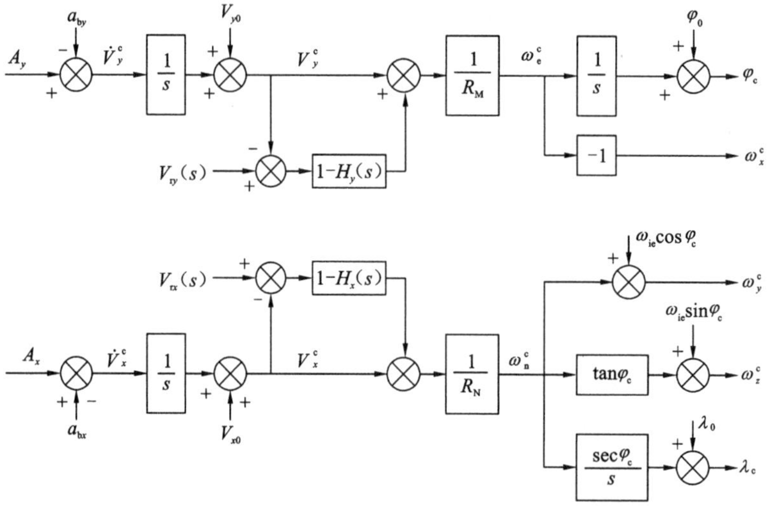

图 2-5-10　外速度补偿指北方位水平阻尼惯导控制方块图

$$\begin{cases}\dot{V}_x^c = f_x^t + \left(2\omega_{ie}\sin\varphi_c + \dfrac{V_{cx}}{R_N}\tan\varphi_c\right)V_{cy} - \phi_y g + \Delta A_x \\ \dot{V}_y^c = f_y^t - \left(2\omega_{ie}\sin\varphi_c + \dfrac{V_{cx}}{R_N}\tan\varphi_c\right)V_{cx} - \phi_x g + \Delta A_y\end{cases} \tag{2-5-41b}$$

$$\begin{cases}\omega_e^c(s) = \dfrac{1}{R_M}\{V_y^c H_y(s) + V_{ry}[1-H_y(s)]\} \\ \omega_n^c(s) = \dfrac{1}{R_M}\{V_x^c H_x(s) + V_{rx}[1-H_x(s)]\}\end{cases} \tag{2-5-41c}$$

$$\begin{cases}\dot{\varphi}_c = \omega_e^c \\ \dot{\lambda}_c = \omega_n^c \sec\varphi_c\end{cases} \tag{2-5-41d}$$

$$\begin{cases}\omega_x^c = -\omega_e^c \\ \omega_y^c = \omega_{ie}\cos\varphi_c + \omega_n^c \\ \omega_z^c = \omega_{ie}\sin\varphi_c + \omega_n^c\tan\varphi_c\end{cases} \tag{2-5-41e}$$

由基本方程同样可以推导出有外速度补偿时的惯导误差方程，以利于误差分析，其具体方法可参照无外速度补偿时的情况。

由 2.4 节实验结果可知，捷联惯导解算的姿态角误差、速度误差和位置误差为振幅不衰减的、周期振荡性的误差（舒勒周期振荡）。因此，可通过加入阻尼的方法，使误差随时间延长而衰减。下面对加入水平阻尼后的捷联惯导系统进行分析。

根据 2.5.2 小节三通道惯导水平阻尼原理，以及式（2-3-33）无水平阻尼时静基座惯导误差方程、式（2-5-26）有水平阻尼时静基座条件下的惯导误差方程和有水平阻尼时静基座惯导系统误差方框图可知，校正网络 $H(s)$ 应于 δv_N 和 δv_E 后加入。加入水平阻尼后的捷联惯导误差方块图如图 2-5-11 所示。

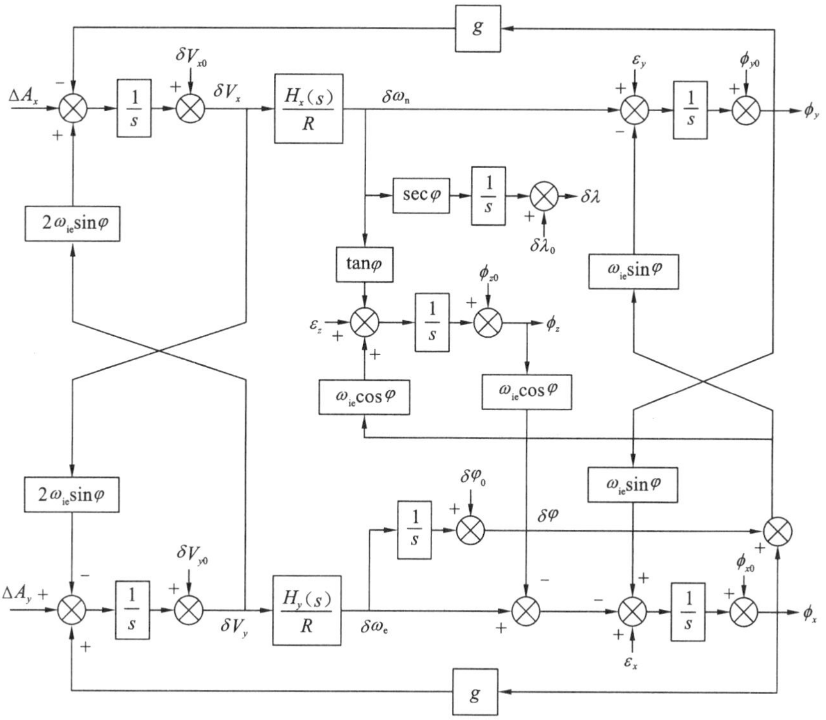

图 2-5-11　有水平阻尼时的捷联惯导误差方块图

即式（2-3-14）和式（2-3-30）在加入 $H(s)$ 后，变换为

$$\delta\boldsymbol{\omega}_{\text{in}}^{\text{n}}=\begin{bmatrix}-\dfrac{H_{\text{N}}(s)\delta v_{\text{N}}}{R}\\ -\boldsymbol{\omega}_{\text{ie}}\sin L\delta L+\dfrac{H_{\text{E}}(s)\delta v_{\text{E}}}{R}\\ \boldsymbol{\omega}_{\text{ie}}\cos L\delta L+\dfrac{H_{\text{E}}(s)\delta v_{\text{E}}}{R}\tan L+\dfrac{v_{\text{E}}}{R}\sec^2 L\delta L\end{bmatrix}\tag{2-5-42}$$

$$\begin{cases}\boldsymbol{\omega}_{\text{en}}^{\text{n}}=\begin{bmatrix}-\dfrac{\boldsymbol{v}_{\text{N}}}{R}\\ \dfrac{\boldsymbol{v}_{\text{E}}}{R}\\ \dfrac{\boldsymbol{v}_{\text{E}}}{R}\tan L\end{bmatrix}\\ \delta\boldsymbol{\omega}_{\text{en}}^{\text{n}}=\begin{bmatrix}-\dfrac{H_{\text{N}}(s)\delta\boldsymbol{v}_{\text{N}}}{R}\\ \dfrac{H_{\text{E}}(s)\delta\boldsymbol{v}_{\text{E}}}{R}\\ \dfrac{\boldsymbol{v}_{\text{E}}}{R}\sec^2 L\delta L+\dfrac{H_{\text{E}}(s)\delta\boldsymbol{v}_{\text{E}}}{R}\tan L\end{bmatrix}\end{cases}\tag{2-5-43}$$

式中：$H_{\text{N}}(s)$ 和 $H_{\text{E}}(s)$ 分别为北向、东向校正网络。

将式（2-3-14）和式（2-3-30）替换为式（2-5-42）和式（2-5-43），再将其对应 2.4 节的 $\delta\boldsymbol{\omega}_{\text{en}}^{\text{n}}$ 和 $\delta\boldsymbol{\omega}_{\text{in}}^{\text{n}}$ 模型，即可得到加入水平阻尼后的捷联惯导 SIMULINK 仿真模型。

2.6 水平阻尼程序设计与仿真

2.6.1 程序设计

2.5 节介绍了如何在静基座捷联惯导系统中加入水平阻尼，根据其内容，本节进行以下实验。

根据式（2-5-42）和式（2-5-43），于 2.4 节的捷联惯导 SIMULINK 仿真系统中加入水平阻尼，仿真参数和条件与 2.4 节相同，进行 86 400 s（24 h）的仿真实验，比较校正网络 $H(s)$ 分别取式（2-5-10）和式（2-5-11）中的 $H_1(s)$ 和 $H_2(s)$ 时的结果。实验步骤如下。

（1）在 $\delta\omega_{in}^{n}$ 模块中引入校正网络，其 SIMULINK 程序框图如图 2-6-1 所示。

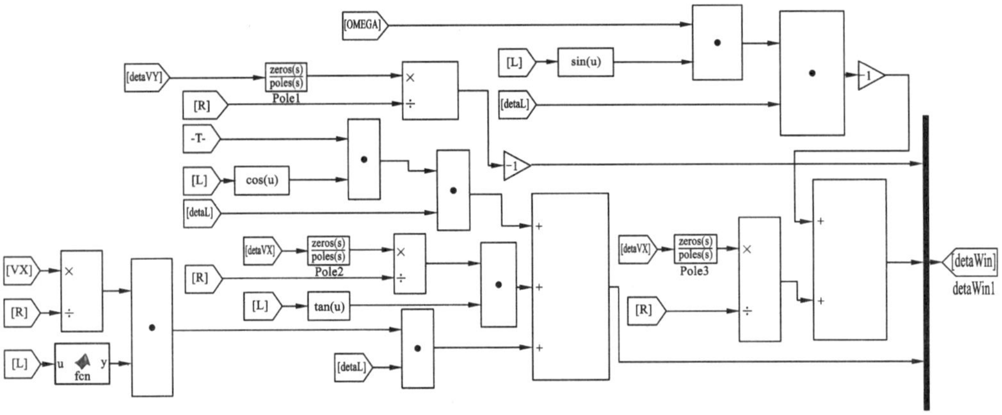

图 2-6-1 有水平阻尼时的 $\delta\omega_{in}^{n}$ 模块

（2）在 $\delta\omega_{en}^{n}$ 模块中引入校正网络，其 SIMULINK 程序框图如图 2-6-2 所示。

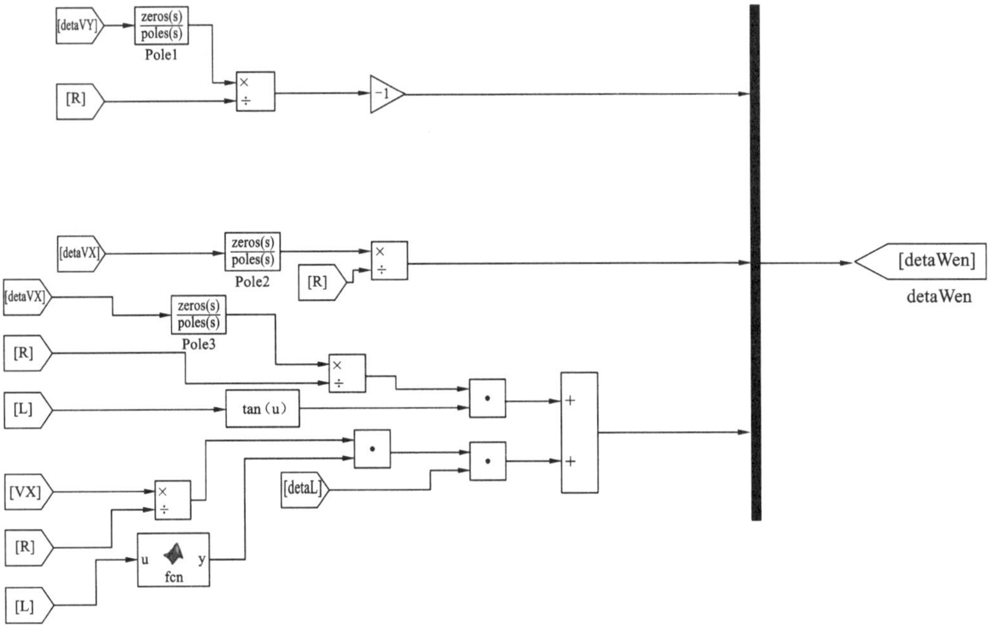

图 2-6-2 有水平阻尼时的 $\delta\omega_{en}^{n}$ 模块

（3）设置校正网络参数，以 $H_1(s)$ 为例，如图 2-6-3 所示。$H_2(s)$ 可参照 $H_1(s)$ 进行设置。

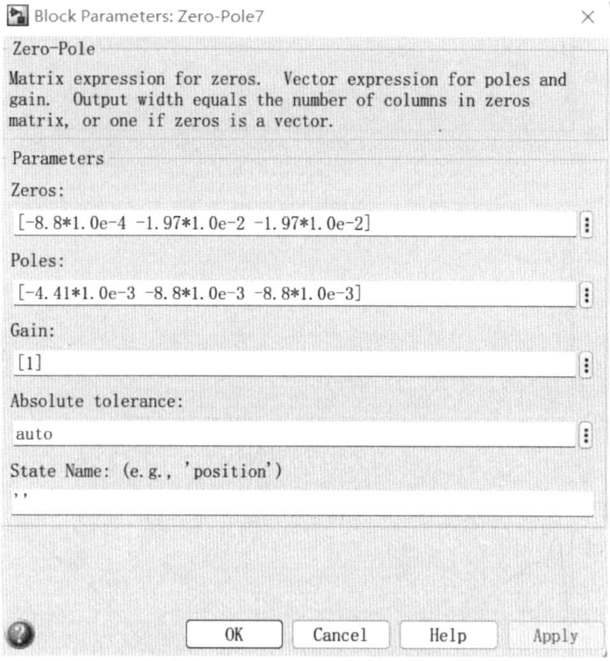

图 2-6-3　$H_1(s)$ 参数设置

2.6.2　仿真结果

根据搭建的有水平阻尼的捷联惯导 SIMULINK 仿真模块，进行 86 400 s（24 h）的仿真实验，其校正网络为 $H_1(s)$ 和 $H_2(s)$ 时的导航信息误差分别如图 2-6-4 和图 2-6-5 所示。

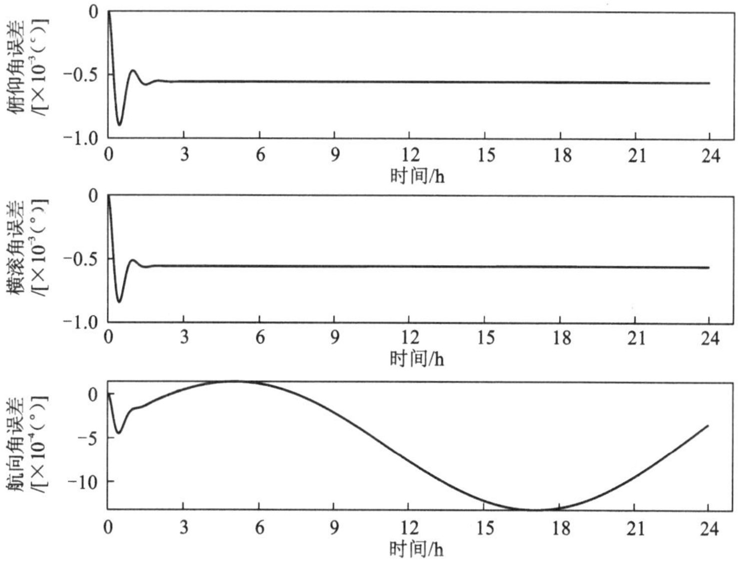

（a）校正网络为 $H_1(s)$ 时的姿态角误差

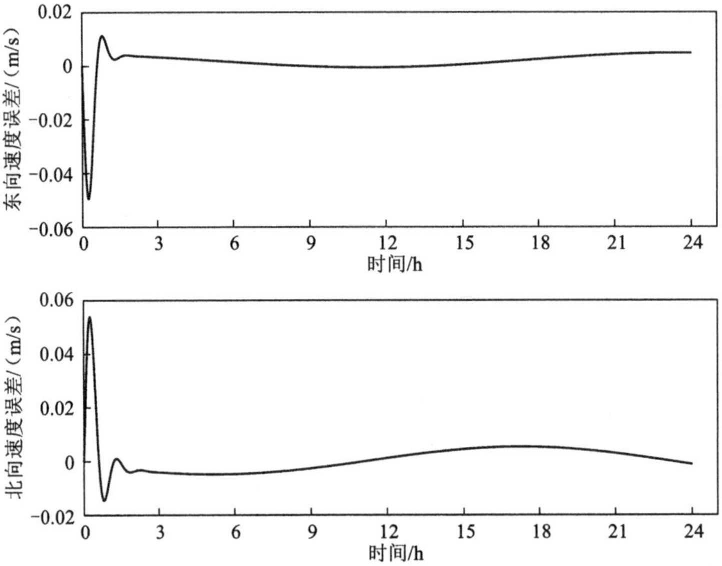

（b）校正网络为$H_1(s)$时的速度误差

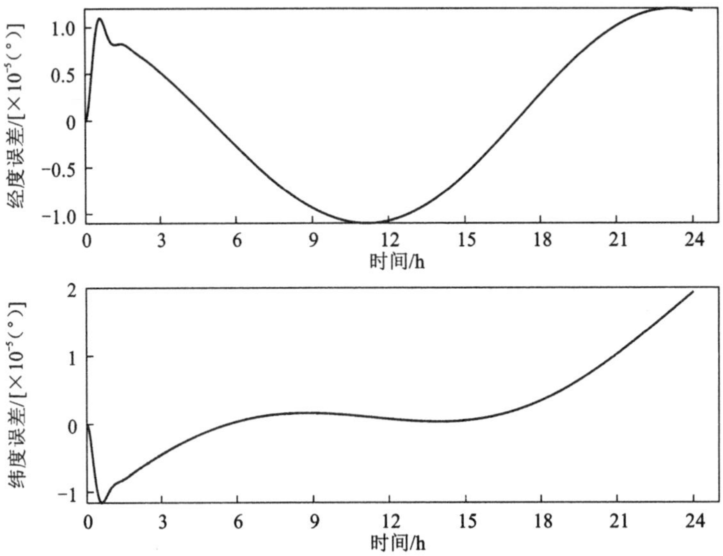

（c）校正网络为$H_1(s)$时的位置误差

图 2-6-4 校正网络为 $H_1(s)$ 时的捷联惯导导航信息误差图

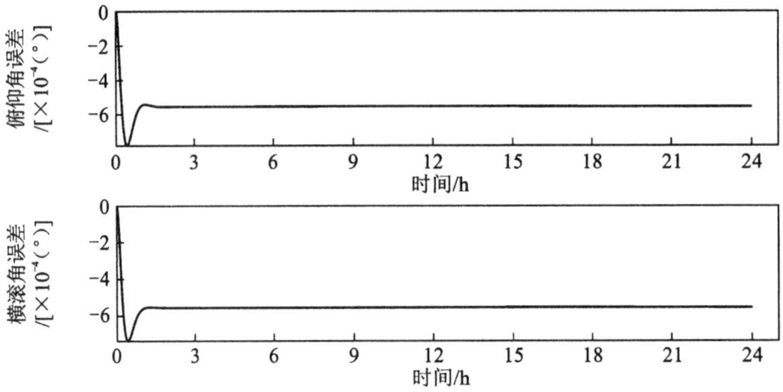

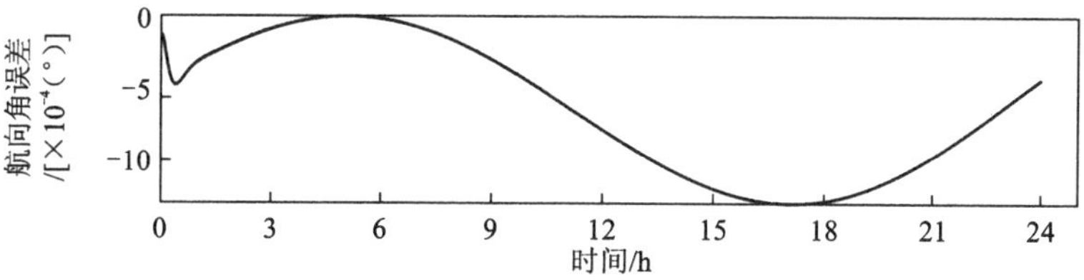

（a）校正网络为$H_2(s)$时的姿态角误差

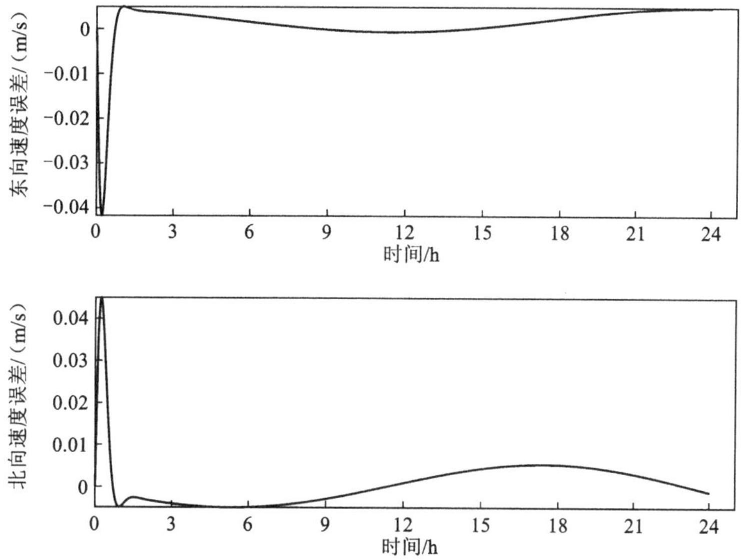

（b）校正网络为$H_2(s)$时的速度误差

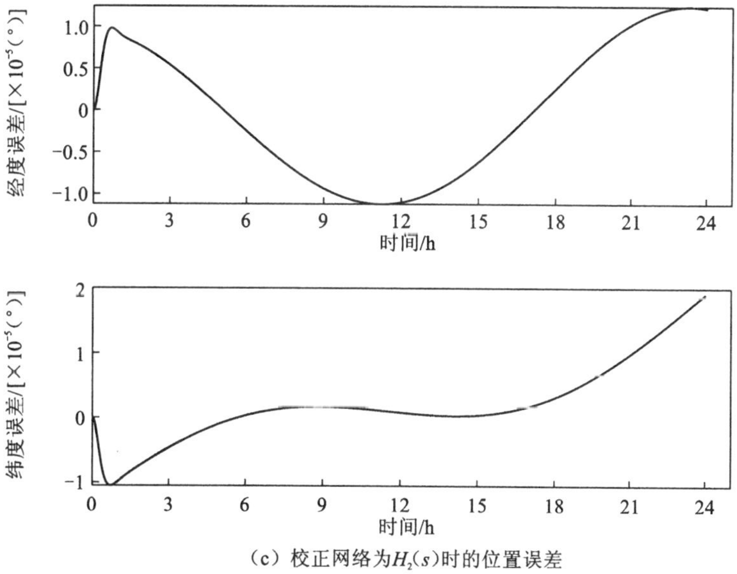

（c）校正网络为$H_2(s)$时的位置误差

图 2-6-5　校正网络为 $H_2(s)$ 时的捷联惯导导航信息误差图

由实验结果可知，加入水平阻尼后，捷联惯导系统的姿态角误差、速度误差和位置误差得到了极大改善，舒勒周期振荡成分衰减。校正网络为 $H_2(s)$ 时的捷联惯导系统导航信息的起始误差振荡幅度略低于校正网络为 $H_1(s)$ 时的振荡幅度。

第 3 章

捷联惯导系统对准与校正

3.1 初始对准原理

初始对准是惯导系统实现高精度导航工作的前提，捷联导航系统与平台式导航系统一样，其初始对准一般分为粗对准和精对准两个阶段。在静基座条件下，捷联惯导系统可利用加速度计和陀螺仪分别对重力加速度和地球自转角速度进行量测，粗略计算捷联惯导的姿态矩阵以完成粗对准；在精对准阶段，假设粗对准获得的粗略姿态矩阵满足基于小角度的线性误差模型的条件，通过卡尔曼滤波完成初始对准。本节对捷联导航系统的初始对准原理进行详细介绍。

3.1.1 粗对准原理

三维空间中有两个直角坐标系 r 系和 b 系，已知两个不共线的参考矢量 $\boldsymbol{A}$ 和 $\boldsymbol{B}$，它们在两个坐标下的投影坐标分别记为 $\boldsymbol{A}^{\mathrm{r}}$、$\boldsymbol{A}^{\mathrm{b}}$ 和 $\boldsymbol{B}^{\mathrm{r}}$、$\boldsymbol{B}^{\mathrm{b}}$，通过已知投影坐标系求解 b 系和 r 系之间的方位关系问题，称为双矢量定姿。

两坐标系间方位关系可用方向余弦矩阵来描述。r 系和 b 系间的方向余弦矩阵记为 $\boldsymbol{C}_{\mathrm{b}}^{\mathrm{r}}$。显然，两矢量坐标在不同坐标系下存在如下转换关系：

$$\boldsymbol{A}^{\mathrm{r}}=\boldsymbol{C}_{\mathrm{b}}^{\mathrm{r}}\boldsymbol{A}^{\mathrm{b}} \tag{3-1-1}$$

$$\boldsymbol{B}^{\mathrm{r}}=\boldsymbol{C}_{\mathrm{b}}^{\mathrm{r}}\boldsymbol{B}^{\mathrm{b}} \tag{3-1-2}$$

上述两式中包括 6 个标量方程，为了方便求解 $\boldsymbol{C}_{\mathrm{b}}^{\mathrm{r}}$，再构造一个矢量等式（含 3 个标量方程），构造方法是将式（3-1-1）叉乘式（3-1-2），得到辅助矢量等式：

$$\boldsymbol{A}^{\mathrm{r}}\times\boldsymbol{B}^{\mathrm{r}}=(\boldsymbol{C}_{\mathrm{b}}^{\mathrm{r}}\boldsymbol{A}^{\mathrm{b}})\times(\boldsymbol{C}_{\mathrm{b}}^{\mathrm{r}}\boldsymbol{B}^{\mathrm{b}})=\boldsymbol{C}_{\mathrm{b}}^{\mathrm{r}}(\boldsymbol{A}^{\mathrm{b}}\times\boldsymbol{B}^{\mathrm{b}}) \tag{3-1-3}$$

将前述三式合并可得

$$[\boldsymbol{A}^{\mathrm{r}}\quad\boldsymbol{B}^{\mathrm{r}}\quad\boldsymbol{A}^{\mathrm{r}}\times\boldsymbol{B}^{\mathrm{r}}]=\boldsymbol{C}_{\mathrm{b}}^{\mathrm{r}}[\boldsymbol{A}^{\mathrm{b}}\quad\boldsymbol{B}^{\mathrm{b}}\quad\boldsymbol{A}^{\mathrm{b}}\times\boldsymbol{B}^{\mathrm{b}}] \tag{3-1-4}$$

由于矢量 $\boldsymbol{A}$ 和 $\boldsymbol{B}$ 不共线，$\boldsymbol{A}^{\mathrm{b}}$、$\boldsymbol{B}^{\mathrm{b}}$ 和 $\boldsymbol{A}^{\mathrm{b}}\times\boldsymbol{B}^{\mathrm{b}}$ 三者必定不共面，即 $[\boldsymbol{A}^{\mathrm{b}}\quad\boldsymbol{B}^{\mathrm{b}}\quad\boldsymbol{A}^{\mathrm{b}}\times\boldsymbol{B}^{\mathrm{b}}]$ 可逆，由式（3-1-4）可直接解得

$$\boldsymbol{C}_{\mathrm{b}}^{\mathrm{r}}=[\boldsymbol{A}^{\mathrm{r}}\quad\boldsymbol{B}^{\mathrm{r}}\quad\boldsymbol{A}^{\mathrm{r}}\times\boldsymbol{B}^{\mathrm{r}}][\boldsymbol{A}^{\mathrm{b}}\quad\boldsymbol{B}^{\mathrm{b}}\quad\boldsymbol{A}^{\mathrm{b}}\times\boldsymbol{B}^{\mathrm{b}}]^{-1} \tag{3-1-5}$$

由于C_b^r是单位正交阵，有$C_b^r=(C_b^r)^{-T}$，式（3-1-5）两边同时转置后再求逆，不难得到

$$C_b^r=\begin{bmatrix}(A^r)^T\\(B^r)^T\\(A^r\times B^r)^T\end{bmatrix}^{-1}\begin{bmatrix}(A^b)^T\\(B^b)^T\\(A^b\times B^b)^T\end{bmatrix} \tag{3-1-6}$$

式（3-1-6）即为求解双矢量定姿问题的算法。

解析粗对准主要利用双矢量定姿的方法，通过三个线性无关的向量求解由载体坐标系（b 系）到导航坐标系（n 系）的方向余弦矩阵C_b^n，如下：

$$g^b=C_n^b g^n \tag{3-1-7}$$

$$\omega_{ie}^b=C_n^b\omega_{ie}^n \tag{3-1-8}$$

为了求解姿态矩阵C_b^n中的 9 个元素，需要构造新的向量来增加方程的数目。下面主要通过理论分析讨论不同的构造辅助方程对解析粗对准精度的影响。

暂不考虑惯性器件测量误差的情况下，惯性器件测量的自转角速度和重力加速度分别为ω^b和f^b，各量在导航系的投影和惯性器件测量分别为

$$\omega_{ie}^n=[0,\omega_{ie}\cos L,\omega_{ie}\sin L]^T \tag{3-1-9}$$

$$g^n=[0,0,-g]^T \tag{3-1-10}$$

$$(g\times\omega_{ie})^n=[g\omega_{ie}\cos L,0,0]^T \tag{3-1-11}$$

$$((g\times\omega_{ie})\times g)^n=[0,g^2\omega_{ie}\cos L,0]^T \tag{3-1-12}$$

$$\omega^b=[\omega_x\quad \omega_y\quad \omega_z] \tag{3-1-13}$$

$$f^b=[f_x\quad f_y\quad f_z] \tag{3-1-14}$$

$$f^b\times\omega^b=[f_y\omega_z-f_z\omega_y\ \ f_z\omega_x-f_x\omega_z\ \ f_x\omega_y-f_y\omega_x] \tag{3-1-15}$$

$$(f^b\times\omega^b)\times f^b=\begin{bmatrix}(f_y^2+f_z^2)\omega_x-(f_y\omega_y+f_z\omega_z)f_x\\(f_x^2+f_z^2)\omega_y-(f_x\omega_x+f_z\omega_z)f_y\\(f_x^2+f_y^2)\omega_z-(f_x\omega_x+f_y\omega_y)f_z\end{bmatrix} \tag{3-1-16}$$

将构造的空间向量A和B分别代入C_b^n的计算表达式。用构造选取的空间向量A代入计算，可得

$$C_b^n=\begin{bmatrix}(g^n)^T\\(\omega_{ie}^n)^T\\(g^n\times\omega_{ie}^n)^T\end{bmatrix}^{-1}\begin{bmatrix}(g^b)^T\\(\omega_{ie}^b)^T\\(g^b\times\omega_{ie}^b)^T\end{bmatrix}
=\begin{bmatrix}\dfrac{f_y\omega_z-f_z\omega_y}{g\omega_{ie}\cos L} & \dfrac{f_z\omega_x-f_x\omega_z}{g\omega_{ie}\cos L} & \dfrac{f_x\omega_y-f_y\omega_x}{g\omega_{ie}\cos L}\\ \dfrac{g\omega_x+f_x\omega_{ie}\sin L}{g\omega_{ie}\cos L} & \dfrac{g\omega_y+f_y\omega_{ie}\sin L}{g\omega_{ie}\cos L} & \dfrac{g\omega_z+f_z\omega_{ie}\sin L}{g\omega_{ie}\cos L}\\ -\dfrac{f_x}{g} & -\dfrac{f_y}{g} & -\dfrac{f_z}{g}\end{bmatrix} \tag{3-1-17}$$

用构造选取的空间向量B代入计算，可得

$$
\boldsymbol{C}_{\rm b}^{\rm n}=\begin{bmatrix}(\boldsymbol{g}^{\rm n})^{\rm T}\\(\boldsymbol{g}^{\rm n}\times\boldsymbol{\omega}_{\rm ie}^{\rm n})^{\rm T}\\((\boldsymbol{g}^{\rm n}\times\boldsymbol{\omega}_{\rm ie}^{\rm n})\times\boldsymbol{g}^{\rm n})^{\rm T}\end{bmatrix}^{-1}\begin{bmatrix}(\boldsymbol{g}^{\rm b})^{\rm T}\\(\boldsymbol{g}^{\rm b}\times\boldsymbol{\omega}_{\rm ie}^{\rm b})^{\rm T}\\((\boldsymbol{g}^{\rm b}\times\boldsymbol{\omega}_{\rm ie}^{\rm b})\times\boldsymbol{g}^{\rm b})^{\rm T}\end{bmatrix}
$$

$$
=\begin{bmatrix}\dfrac{f_y\omega_z-f_z\omega_y}{\boldsymbol{g}\boldsymbol{\omega}_{\rm ie}\cos L} & \dfrac{f_z\omega_x-f_x\omega_z}{\boldsymbol{g}\boldsymbol{\omega}_{\rm ie}\cos L} & \dfrac{f_x\omega_y-f_y\omega_x}{\boldsymbol{g}\boldsymbol{\omega}_{\rm ie}\cos L}\\ \dfrac{(f_x^2+f_y^2+f_z^2)\omega_x-f_x\Delta}{\boldsymbol{g}\boldsymbol{\omega}_{\rm ie}\cos L} & \dfrac{(f_x^2+f_y^2+f_z^2)\omega_y+f_y\Delta}{\boldsymbol{g}\boldsymbol{\omega}_{\rm ie}\cos L} & \dfrac{(f_x^2+f_y^2+f_z^2)\omega_z+f_z\Delta}{\boldsymbol{g}\boldsymbol{\omega}_{\rm ie}\cos L}\\ -\dfrac{f_x}{\boldsymbol{g}} & -\dfrac{f_y}{\boldsymbol{g}} & -\dfrac{f_z}{\boldsymbol{g}}\end{bmatrix} \tag{3-1-18}
$$

式中：$\Delta=f_x\omega_x+f_y\omega_y+f_z\omega_z=f^{\rm b}\cdot\boldsymbol{\omega}^{\rm b}=\boldsymbol{g}^{\rm n}\cdot\boldsymbol{\omega}_{\rm ie}^{\rm n}=-\boldsymbol{g}\boldsymbol{\omega}_{\rm ie}\sin L$； $f_x^2+f_y^2+f_z^2=\boldsymbol{g}^2$。

3.1.2 精对准原理

卡尔曼滤波（Kalman filter）应用在初始对准中，是将所需要的变量看作状态变量，建立系统的状态方程和观测方程，利用卡尔曼滤波得到各个状态的最优估计值，这实际上是一种数字信号处理方法。

在实际应用中，考虑系统惯性测量单元的模型和滤波时间，将陀螺仪的误差模型近似为逐次启动漂移和快变漂移；将加速度计误差模型简化为常值零偏和白噪声。当进行卡尔曼滤波时，由于惯性器件偏置量的重复性误差对系统精度的影响最大，所以将陀螺仪和加速度计零偏的常数部分列为状态。因此，初始对准时所用的误差方程为

$$
\dot{\boldsymbol{x}}=\boldsymbol{A}\boldsymbol{x}+\boldsymbol{w}=\begin{bmatrix}\boldsymbol{F} & \boldsymbol{T}\\ \boldsymbol{0}_{5\times5} & \boldsymbol{0}_{5\times5}\end{bmatrix}\boldsymbol{x}+\boldsymbol{w} \tag{3-1-19}
$$

式中：状态向量 $\boldsymbol{x}=[\delta V_{\rm E},\delta V_{\rm N},\phi_{\rm E},\phi_{\rm N},\phi_{\rm U},\nabla_x,\nabla_y,\varepsilon_x,\varepsilon_y,\varepsilon_z]^{\rm T}$；状态噪声 $\boldsymbol{w}\sim\boldsymbol{N}(0,\boldsymbol{Q})$，且 $\boldsymbol{w}=[w_{\delta V_{\rm E}},w_{\delta V_{\rm N}},w_{\phi_{\rm E}},w_{\phi_{\rm N}},w_{\phi_{\rm U}},0,0,0,0,0]^{\rm T}$；$\boldsymbol{F}$ 和 $\boldsymbol{T}$ 的具体表达式为

$$
\boldsymbol{F}=\left[\begin{array}{cc|ccc}0 & 2\boldsymbol{\omega}_{\rm ie}\sin L & 0 & -\boldsymbol{g} & 0\\ -2\boldsymbol{\omega}_{\rm ie}\sin L & 0 & \boldsymbol{g} & 0 & 0\\ \hline 0 & 0 & 0 & \boldsymbol{\omega}_{\rm ie}\sin L & -\boldsymbol{\omega}_{\rm ie}\cos L\\ 0 & 0 & -\boldsymbol{\omega}_{\rm ie}\sin L & c_{22} & c_{23}\\ 0 & 0 & \boldsymbol{\omega}_{\rm ie}\cos L & c_{32} & c_{33}\end{array}\right] \tag{3-1-20}
$$

$$
\boldsymbol{T}=\left[\begin{array}{cc|ccc}c_{11} & c_{12} & 0 & 0 & 0\\ c_{21} & c_{22} & 0 & 0 & 0\\ \hline 0 & 0 & -c_{11} & -c_{12} & -c_{13}\\ 0 & 0 & -c_{21} & -c_{22} & -c_{23}\\ 0 & 0 & -c_{31} & -c_{32} & -c_{33}\end{array}\right]=\begin{bmatrix}\widetilde{\boldsymbol{C}}_{\rm b}^{\rm n} & \boldsymbol{0}_{2\times3}\\ \boldsymbol{0}_{3\times2} & -\boldsymbol{C}_{\rm b}^{\rm n}\end{bmatrix} \tag{3-1-21}
$$

式中：L 为当地纬度；$\boldsymbol{\omega}_{\rm ie}$ 为地球自转角速率。

将捷联惯导系统速度误差作为观测量，而在静基座条件下，系统速度输出即为速度误差，所以量测方程为

$$z = Hx + v \tag{3-1-22}$$

式中：$v \sim N(0,R)$，为观测噪声矢量；$z = [\delta V_E, \delta V_N]^T$；$H = [I_{2\times2} \quad 0_{2\times8}]$。

3.1.3 精对准中失准角对准精度分析

记陀螺仪和加速度计在导航坐标系内的等效漂移分别为 ε^n 和 ∇^n，则有

$$\begin{cases} \nabla_E^n = C_{11}\nabla_x + C_{12}\nabla_y \\ \nabla_N^n = C_{21}\nabla_x + C_{22}\nabla_y \\ \varepsilon_E^n = C_{11}\varepsilon_x + C_{12}\varepsilon_y + C_{13}\varepsilon_z \\ \varepsilon_N^n = C_{21}\varepsilon_x + C_{22}\varepsilon_y + C_{23}\varepsilon_z \\ \varepsilon_U^n = C_{31}\varepsilon_x + C_{32}\varepsilon_y + C_{33}\varepsilon_z \end{cases} \tag{3-1-23}$$

式中：ε_x、ε_y、ε_z 为陀螺仪三个轴向的常值漂移；∇_x、∇_y 为两水平加速度计常值漂移。

由式（3-1-19）可得

$$\phi_E = \frac{1}{g}(\delta\dot{V}_N + 2\omega_{ie}\sin L\delta V_E - \nabla_N^n) \tag{3-1-24}$$

$$\phi_N = \frac{1}{g}(-\delta\dot{V}_N + 2\omega_{ie}\sin L\delta V_N + \nabla_N^n) \tag{3-1-25}$$

$$\phi_U = \frac{-1}{\omega_{ie}\cos Lg}(\delta\ddot{V}_N + 3\omega_{ie}\sin L\delta\dot{V}_E + 2\omega_{ie}^2\sin^2 L\delta V_N - \omega_{ie}\sin L\nabla_E^n) + \frac{\varepsilon_E^n}{\omega_{ie}\cos L} \tag{3-1-26}$$

选择 ∇_E、∇_N、ε_E 为不可观测变量，将其置零，则可得上述三状态变量估计的极限精度为

$$\hat{\phi}_E = \frac{1}{g}(\delta\dot{V}_N + 2\omega_{ie}\sin L\delta V_E) \tag{3-1-27}$$

$$\hat{\phi}_N = \frac{1}{g}(-\delta\dot{V}_N + 2\omega_{ie}\sin L\delta V_N) \tag{3-1-28}$$

$$\hat{\phi}_U = \frac{-1}{\omega_{ie}g\cos L}(\delta\ddot{V}_N + 3\omega_{ie}\sin L\delta\dot{V}_E + 2\omega_{ie}^2\sin^2 L\delta V_N) \tag{3-1-29}$$

同时，可得三失准角估计误差为

$$\begin{bmatrix} \delta\phi_E \\ \delta\phi_N \\ \delta\phi_U \end{bmatrix} = \begin{bmatrix} \hat{\phi}_E - \phi_E \\ \hat{\phi}_N - \phi_N \\ \hat{\phi}_U - \phi_U \end{bmatrix} = \begin{bmatrix} \dfrac{-\nabla_N^n}{g} \\ \dfrac{\nabla_E^n}{g} \\ -\dfrac{\varepsilon_E^n}{\omega_{ie}\cos L} + \dfrac{\nabla_E^n}{g}\tan L \end{bmatrix} \tag{3-1-30}$$

此外，由于比力 $f_E^{n'}$ 和 $f_N^{n'}$ 都是可以直接测量的，所以可得两陀螺仪常值漂移的估计精度及其估计误差：

$$\hat{\varepsilon}_N^n = \frac{1}{g}(\dot{f}_E^{n'} - \omega_{ie}\sin Lf_N^{n'}) \tag{3-1-31}$$

$$\hat{\varepsilon}_U^n = \frac{1}{g\omega_{ie}\cos L}(\ddot{f}_N^{n'} + \omega_{ie}\sin L\dot{f}_E^{n'} + \omega_{ie}^2\cos^2 Lf_N^{n'}) \tag{3-1-32}$$

$$\begin{bmatrix} \delta\varepsilon_{\mathrm{N}}^{\mathrm{n}} \\ \delta\varepsilon_{\mathrm{U}}^{\mathrm{n}} \end{bmatrix} = \begin{bmatrix} \hat{\varepsilon}_{\mathrm{N}}^{\mathrm{n}} - \varepsilon_{\mathrm{N}}^{\mathrm{n}} \\ \hat{\varepsilon}_{\mathrm{U}}^{\mathrm{n}} - \varepsilon_{\mathrm{U}}^{\mathrm{n}} \end{bmatrix} = \begin{bmatrix} \dfrac{-\nabla_{\mathrm{N}}^{\mathrm{n}}}{\boldsymbol{g}} \boldsymbol{\omega}_{\mathrm{ie}} \sin L \\ \dfrac{\nabla_{\mathrm{N}}^{\mathrm{n}}}{\boldsymbol{g}} \boldsymbol{\omega}_{\mathrm{ie}} \cos L \end{bmatrix} \tag{3-1-33}$$

式中：撇号表示由加速度计测量得到的带有误差的参数；$f_{\mathrm{E}}^{\mathrm{n}'}$ 和 $f_{\mathrm{N}}^{\mathrm{n}'}$ 分别为由加速度计测量得到的带有误差的东向比力和北向比力。

由式（3-1-30）和式（3-1-33）可以看出，两水平失准角的估计误差主要由两个水平加速度计的误差引起，而方位失准角估计误差则由东向陀螺仪和东向加速度计误差引起。两陀螺仪估计精度除了与加速度计的精度有关，还与所处地理位置密切相关。

3.1.4 初始对准原理框图

由 3.1.1 小节和 3.1.2 小节可以得到捷联惯导初始对准的原理框图，如图 3-1-1 所示。

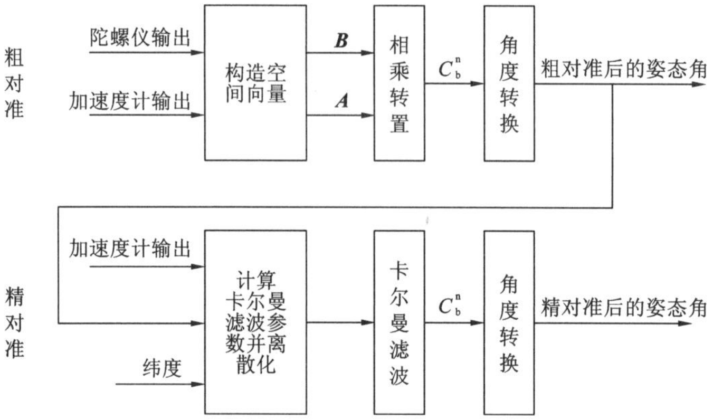

图 3-1-1 捷联惯导初始对准原理图

3.2 捷联惯导初始对准程序设计与仿真

3.2.1 程序设计

3.1 节分别对捷联惯导系统初始对准中粗对准和精对准方法进行了介绍与分析。本小节根据 3.1 节内容，于 MATLAB 环境中，分别进行捷联惯导粗对准、精对准实验。实验步骤如下。

仿真条件设置：载体为静态，重力加速度为 9.780 326 771 4 m/s^2，初始纬度为 40°，仿真总时长设置为 100 s。

利用真实测得的捷联惯导六轴数据（三轴陀螺仪+三轴加速度计），于 MATLAB 中进行初始对准实验。

（1）运行“example_main.m”程序，加载测得的六轴数据，使其载入“example1.mdl”

粗对准仿真模块中。

（2）运行粗对准模块，其主要的程序结构如图 3-2-1 所示。

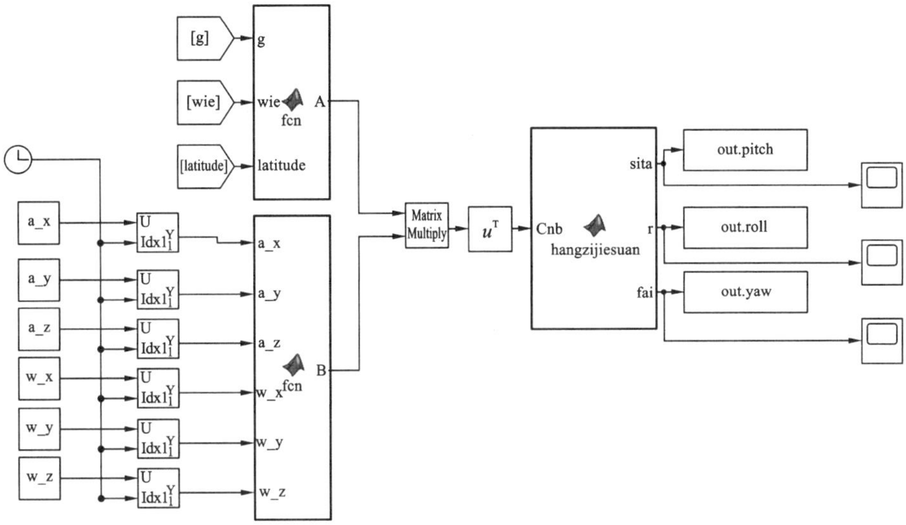

图 3-2-1　粗对准 SIMULINK 程序实现

（3）运行完粗对准模块后，保存粗对准后的姿态角。在粗对准基础上，运行卡尔曼滤波精对准模块“example2.mdl”，其主要的程序结构如图 3-2-2 所示。

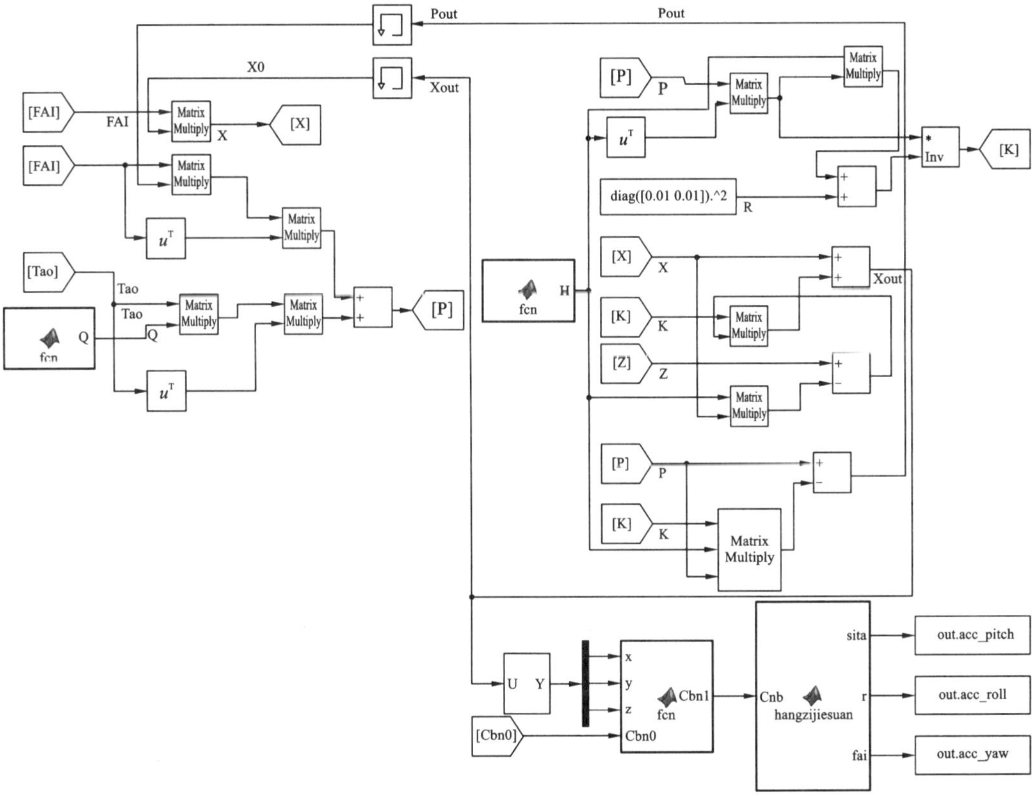

图 3-2-2　卡尔曼滤波精对准 SIMULINK 程序实现

3.2.2 仿真结果

根据实际测得的六轴数据及搭建的捷联惯导初始对准 SIMULINK 仿真模块，进行 100 s 仿真实验，其粗对准姿态角和精对准姿态角分别如图 3-2-3 和图 3-2-4 所示。

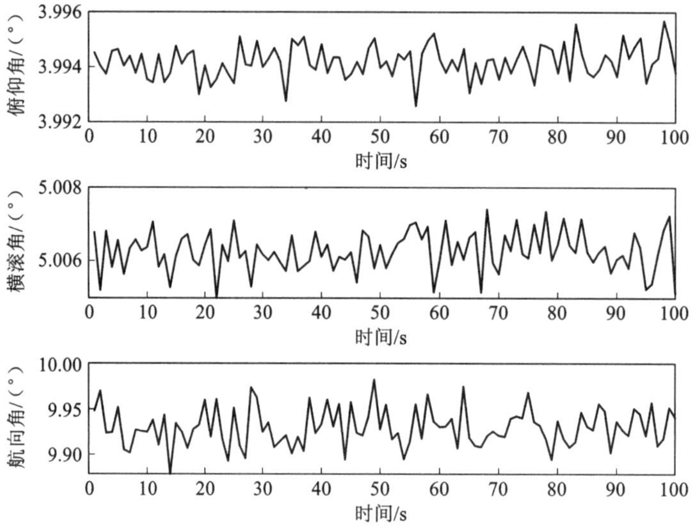

图 3-2-3 粗对准姿态角

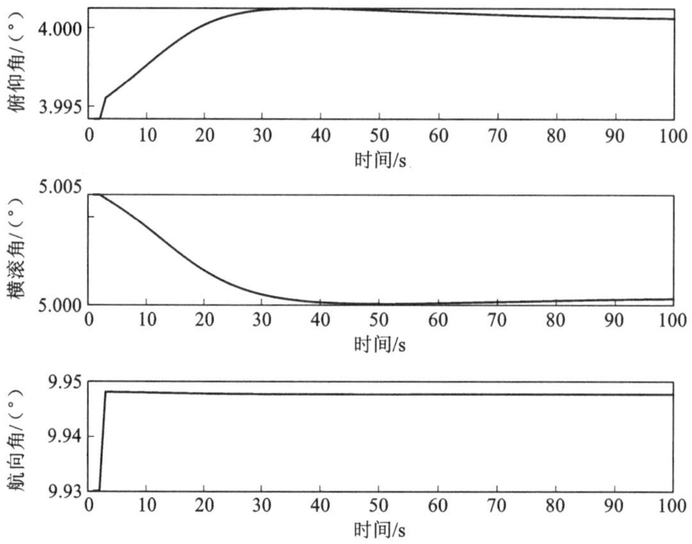

图 3-2-4 卡尔曼滤波精对准姿态角

由实验结果可知，捷联惯导精对准采用卡尔曼滤波进行降噪，比粗对准更为平滑，精度更高。对捷联惯导初始对准同时采用粗对准、精对准处理，能在极大程度上起到降低误差的作用。

3.3 综合校正原理

惯导系统具有自主性强的优点，但其导航定位误差随时间增长，难以长时间独立工作，常将其与全球导航卫星系统（global navigation satellite system，GNSS）进行组合，构成组合导航系统，以实现对惯导系统的综合校正。组合系统取各系统之长，能够将多个不同的导航系统以特定的方式组合在一起测量同一个源，通过修正子系统的误差提高系统的性能。根据不同的应用要求，可以有不同水平的综合校正，即综合校正的深度不同，一类称为松散综合校正或称简易综合校正，另一类称为紧密综合校正。在组合系统中，综合滤波是影响系统性能的关键因素之一，其中卡尔曼滤波最为常用。本节首先介绍松散综合校正模式，进而对组合导航系统进行分析。

3.3.1 松散综合校正模式

松散综合校正是一种低水平的综合校正，其主要特点是多普勒测速仪（Doppler velocity log，DVL）和惯导系统独立工作，综合作用仅表现在用 DVL 辅助惯导，属于这类综合校正的有两种工作方式。

1. 用 DVL 重调惯导

用 DVL 重调惯导是一种最简单的综合方式，可以有以下两种工作方式。

（1）用 DVL 给出的速度信息直接重调惯导系统的输出。实际上，就是在 DVL 工作期间，惯导系统显示的是 DVL 的速度，DVL 停止工作时，惯导系统在原显示的基础上变化，即 DVL 停止工作瞬时的速度作为惯导系统的初值。

（2）把惯导系统和 DVL 输出的位置和速度信息进行加权平均，其原理框图如图 3-3-1 所示。在短时间工作的情况下，此类工作方式精度较高。当长时间工作时，由于惯导误差随时间增长，因此惯导系统输出的加权随工作时间增长而减小，因而长时间工作时，性能和第一种工作方式基本相同。

2. 用速度信息综合

用速度信息综合是采用综合卡尔曼滤波器的一种综合校正模式，其原理框图如图 3-3-2 所示。将 DVL 和惯导系统输出的位置和速度信息的差值作为测量值，经综合卡尔曼滤波，估计惯导系统的误差，然后对惯导系统进行校正。

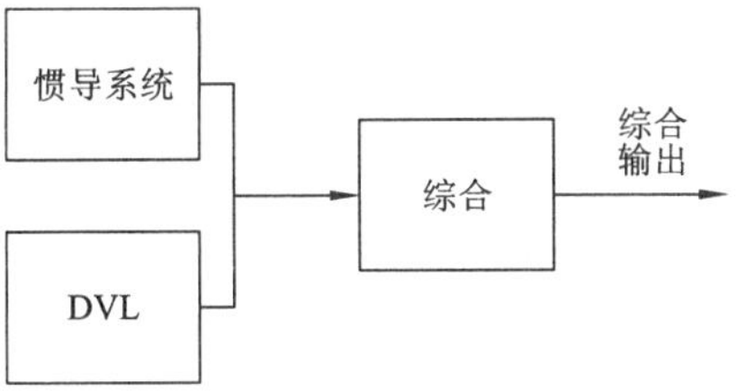

图 3-3-1 加权平均原理框图

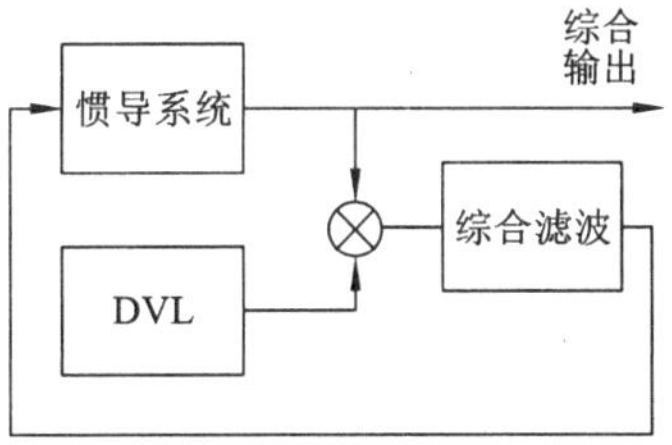

图 3-3-2 位置速度综合原理框图

3.3.2 基于速度的组合导航系统

捷联惯导系统与 DVL 组合被广泛应用于实际中。本小节对这类速度组合导航系统进行分析。

1. 综合系统的数学模型

1）系统的状态方程

当综合系统采用线性卡尔曼滤波器时，取系统的误差作为状态，主要包括平台角误差、速度误差、位置误差、惯性仪表误差和 GPS 的误差。

平台角误差方程如下：

$$\begin{cases}\dot{\varphi}_{\mathrm{E}}=-\dfrac{\delta v_{\mathrm{N}}}{R_{\mathrm{M}}+h}+\left(\omega_{\mathrm{ie}}\sin L+\dfrac{v_{\mathrm{E}}}{R_{\mathrm{N}}+h}\tan L\right)\varphi_{\mathrm{N}}-\left(\omega_{\mathrm{ie}}\cos L+\dfrac{v_{\mathrm{E}}}{R_{\mathrm{N}}+h}\right)\varphi_{\mathrm{U}}+\varepsilon_{\mathrm{E}}\\ \dot{\varphi}_{\mathrm{N}}=-\dfrac{\delta v_{\mathrm{E}}}{R_{\mathrm{N}}+h}-\omega_{\mathrm{ie}}\sin L\delta L-\left(\omega_{\mathrm{ie}}\sin L+\dfrac{v_{\mathrm{E}}}{R_{\mathrm{N}}+h}\tan L\right)\varphi_{\mathrm{E}}-\dfrac{v_{\mathrm{N}}}{R_{\mathrm{M}}+h}\varphi_{\mathrm{U}}+\varepsilon_{\mathrm{N}}\\ \dot{\varphi}_{\mathrm{U}}=\dfrac{\delta v_{\mathrm{E}}}{R_{\mathrm{N}}+h}\tan L+\left(\omega_{\mathrm{ie}}\cos L+\dfrac{v_{\mathrm{E}}}{R_{\mathrm{N}}+h}\sec^2 L\right)\delta L+\left(\omega_{\mathrm{ie}}\cos L+\dfrac{v_{\mathrm{E}}}{R_{\mathrm{N}}+h}\right)\varphi_{\mathrm{E}}+\dfrac{v_{\mathrm{N}}}{R_{\mathrm{M}}+h}\varphi_{\mathrm{N}}+\varepsilon_{\mathrm{U}}\end{cases}\tag{3-3-1}$$

式中：E、N、U 代表东、北、天三个方向。

速度误差方程如下：

$$\begin{cases}\delta\dot{v}_{\mathrm{E}}=f_{\mathrm{N}}\varphi_{\mathrm{U}}-f_{\mathrm{U}}\varphi_{\mathrm{N}}+\left(\dfrac{v_{\mathrm{N}}}{R_{\mathrm{M}}+h}\tan L-\dfrac{v_{\mathrm{U}}}{R_{\mathrm{M}}+h}\right)\delta v_{\mathrm{E}}+\left(2\omega_{\mathrm{ie}}\sin L+\dfrac{v_{\mathrm{E}}}{R_{\mathrm{N}}+h}\tan L\right)\delta v_{\mathrm{N}}\\ \qquad+\left(2\omega_{\mathrm{ie}}\cos L v_{\mathrm{N}}+\dfrac{v_{\mathrm{E}}v_{\mathrm{N}}}{R_{\mathrm{N}}+h}\sec^2 L+2\omega_{\mathrm{ie}}\sin L v_{\mathrm{U}}\right)\delta L-\left(2\omega_{\mathrm{ie}}\cos L+\dfrac{v_{\mathrm{E}}}{R_{\mathrm{N}}+h}\right)\delta v_{\mathrm{U}}+\nabla_{\mathrm{E}}\\ \delta\dot{v}_{\mathrm{N}}=f_{\mathrm{U}}\varphi_{\mathrm{E}}-f_{\mathrm{E}}\varphi_{\mathrm{U}}-2\left(\omega_{\mathrm{ie}}\sin L+\dfrac{v_{\mathrm{E}}}{R_{\mathrm{N}}+h}\tan L\right)\delta v_{\mathrm{E}}-\dfrac{v_{\mathrm{U}}}{R_{\mathrm{M}}+h}\delta v_{\mathrm{N}}-\dfrac{v_{\mathrm{N}}}{R_{\mathrm{M}}+h}\delta v_{\mathrm{U}}\\ \qquad-\left(2\omega_{\mathrm{ie}}\cos L+\dfrac{v_{\mathrm{E}}}{R_{\mathrm{N}}+h}\sec^2 L\right)v_{\mathrm{E}}\delta L+\nabla_{\mathrm{N}}\\ \delta\dot{v}_{\mathrm{U}}=f_{\mathrm{E}}\varphi_{\mathrm{N}}-f_{\mathrm{N}}\varphi_{\mathrm{E}}+2\left(\omega_{\mathrm{ie}}\cos L+\dfrac{v_{\mathrm{E}}}{R_{\mathrm{N}}+h}\right)\delta v_{\mathrm{E}}+2\dfrac{v_{\mathrm{N}}}{R_{\mathrm{M}}+h}\delta v_{\mathrm{N}}-2\omega_{\mathrm{ie}}\sin L v_{\mathrm{E}}\delta L+\nabla_{\mathrm{U}}\end{cases}\tag{3-3-2}$$

式中：在不考虑高度通道时，取 v_{U}、δv_{U} 为零。

位置误差方程如下：

$$\begin{cases}\delta\dot{L}=\dfrac{\delta v_{\mathrm{N}}}{R_{\mathrm{M}}+h}\\ \delta\dot{\lambda}=\dfrac{\delta v_{\mathrm{E}}}{R_{\mathrm{N}}+h}\sec L+\dfrac{v_{\mathrm{E}}}{R_{\mathrm{N}}+h}\sec L\tan L\delta L\\ \delta\dot{h}=\delta v_{\mathrm{U}}\end{cases}\tag{3-3-3}$$

惯性仪表误差包括安装误差、刻度系数误差和随机误差。为了简单起见，这里只考虑随机误差。

（1）陀螺仪误差模型。式（3-3-4）中的陀螺漂移，是沿东、北、天地理坐标系的陀螺漂移。而对捷联惯导系统，式（3-3-4）中的陀螺漂移为从机体系变换到地理系的等效陀螺漂移。取陀螺漂移：

$$\boldsymbol{\varepsilon}^{\mathrm{b}} = \boldsymbol{\varepsilon}_{\mathrm{c}} + \boldsymbol{\varepsilon}_{\mathrm{m}} + \boldsymbol{w}_{\mathrm{g}} \tag{3-3-4}$$

式中：$\boldsymbol{\varepsilon}_{\mathrm{c}}$ 为随机常数；$\boldsymbol{\varepsilon}_{\mathrm{m}}$ 为一阶马尔可夫过程；$\boldsymbol{w}_{\mathrm{g}}$ 为白噪声。

假定三个轴向的陀螺漂移误差模型相同，均为

$$\begin{cases} \dot{\boldsymbol{\varepsilon}}_{\mathrm{c}} = 0 \\ \dot{\boldsymbol{\varepsilon}}_{\mathrm{m}} = -\dfrac{1}{T_{\mathrm{m}}}\boldsymbol{\varepsilon}_{\mathrm{m}} + \boldsymbol{w}_{\mathrm{m}} \end{cases} \tag{3-3-5}$$

式中：T_{m} 为相关时间；$\boldsymbol{w}_{\mathrm{m}}$ 为陀螺仪的随机游走系数。

（2）加速度计误差模型。考虑一阶马尔可夫过程，且假定三个轴向加速度计的误差模型相同，均为

$$\dot{\nabla}_{\mathrm{a}} = -\frac{1}{T_{\mathrm{a}}}\nabla_{\mathrm{a}} + \boldsymbol{w}_{\mathrm{a}} \tag{3-3-6}$$

式中：∇_{a} 为加速度计零偏；$\boldsymbol{w}_{\mathrm{a}}$ 为加速度计随机游走系数；T_{a} 为相关时间。

综合以上公式，可以得到系统的状态方程为

$$\dot{\boldsymbol{X}}_{\mathrm{I}}(t) = \boldsymbol{F}_{\mathrm{I}}(t)\boldsymbol{X}_{\mathrm{I}}(t) + \boldsymbol{G}_{\mathrm{I}}(t)\boldsymbol{W}_{\mathrm{I}}(t) \tag{3-3-7}$$

式中

$$\begin{aligned} \boldsymbol{X} = [&\varphi_{\mathrm{E}} \quad \varphi_{\mathrm{N}} \quad \varphi_{\mathrm{U}} \quad \delta v_{\mathrm{E}} \quad \delta v_{\mathrm{N}} \quad \delta v_{\mathrm{U}} \quad \delta L \quad \delta\lambda \quad \delta h \\ &\varepsilon_{\mathrm{c}x} \quad \varepsilon_{\mathrm{c}y} \quad \varepsilon_{\mathrm{c}z} \quad \varepsilon_{\mathrm{m}x} \quad \varepsilon_{\mathrm{m}y} \quad \varepsilon_{\mathrm{m}z} \quad \nabla_{\mathrm{a}x} \quad \nabla_{\mathrm{a}y} \quad \nabla_{\mathrm{a}z}]^{\mathrm{T}} \end{aligned} \tag{3-3-8}$$

$$\boldsymbol{W} = [w_{\mathrm{g}x} \quad w_{\mathrm{g}y} \quad w_{\mathrm{g}z} \quad w_{\mathrm{m}x} \quad w_{\mathrm{m}y} \quad w_{\mathrm{m}z} \quad w_{\mathrm{a}x} \quad w_{\mathrm{a}y} \quad w_{\mathrm{a}z}]^{\mathrm{T}} \tag{3-3-9}$$

$$\boldsymbol{G}_{\mathrm{I}} - \begin{bmatrix} \boldsymbol{C}_{\mathrm{b}}^{\mathrm{p}} & \boldsymbol{0}_{3\times3} & \boldsymbol{0}_{3\times3} \\ \boldsymbol{0}_{9\times3} & \boldsymbol{0}_{9\times3} & \boldsymbol{0}_{9\times3} \\ \boldsymbol{0}_{3\times3} & \boldsymbol{I}_{3\times3} & \boldsymbol{0}_{3\times3} \\ \boldsymbol{0}_{3\times3} & \boldsymbol{0}_{3\times3} & \boldsymbol{I}_{3\times3} \end{bmatrix} \tag{3-3-10}$$

$$\boldsymbol{F}_{\mathrm{I}} = \begin{bmatrix} \boldsymbol{F}_{\mathrm{N}} & \boldsymbol{F}_{\mathrm{S}} \\ \boldsymbol{0}_{9\times9} & \boldsymbol{F}_{\mathrm{M}} \end{bmatrix}_{18\times18} \tag{3-3-11}$$

式中：$\boldsymbol{F}_{\mathrm{N}}$ 为对应 9 个基本导航参数的系统阵，其非零元素为

$$F(1,2) = \omega_{\mathrm{ie}}\sin L + \frac{v_{\mathrm{E}}}{R_{\mathrm{N}}+h}\tan L \qquad F(1,3) = -\left(\omega_{\mathrm{ie}}\cos L + \frac{v_{\mathrm{E}}}{R_{\mathrm{N}}+h}\right)$$

$$F(1,5) = -\frac{1}{R_{\mathrm{M}}+h} \qquad F(2,1) = -\left(\omega_{\mathrm{ie}}\sin L + \frac{v_{\mathrm{E}}}{R_{\mathrm{N}}+h}\tan L\right)$$

$$F(2,3) = -\frac{v_{\mathrm{N}}}{R_{\mathrm{M}}+h} \qquad F(2,4) = -\frac{1}{R_{\mathrm{N}}+h} \qquad F(2,7) = -\omega_{\mathrm{ie}}\sin L$$

$$F(3,1) = \omega_{\mathrm{ie}}\cos L + \frac{v_{\mathrm{E}}}{R_{\mathrm{N}}+h} \qquad F(3,2) = \frac{v_{\mathrm{N}}}{R_{\mathrm{M}}+h}$$

$$F(3,4)=\frac{1}{R_\mathrm{N}+h}\tan L \qquad F(3,7)=\omega_\mathrm{ie}\cos L+\frac{v_\mathrm{E}}{R_\mathrm{N}+h}\sec^2 L$$

$$F(4,2)=-f_\mathrm{U} \qquad F(4,3)=\boldsymbol{f} \qquad F(4,4)=\frac{v_\mathrm{N}}{R_\mathrm{M}+h}\tan L-\frac{v_\mathrm{U}}{R_\mathrm{M}+h}$$

$$F(4,5)=2\omega_\mathrm{ie}\sin L+\frac{v_\mathrm{E}}{R_\mathrm{N}+h}\tan L \qquad F(4,6)=-2\omega_\mathrm{ie}\cos L+\frac{v_\mathrm{E}}{R_\mathrm{N}+h}$$

$$F(4,7)=2\omega_\mathrm{ie}\cos L v_\mathrm{N}+\frac{v_\mathrm{E}v_\mathrm{N}}{R_\mathrm{N}+h}\sec^2 L+2\omega_\mathrm{ie}\sin L v_\mathrm{U}$$

$$F(5,1)=f_\mathrm{U} \qquad F(5,3)=-f_\mathrm{E} \qquad F(5,4)=-2\left(\omega_\mathrm{ie}\sin L+\frac{v_\mathrm{E}}{R_\mathrm{N}+h}\tan L\right)$$

$$F(5,5)=-\frac{v_\mathrm{U}}{R_\mathrm{M}+h} \qquad F(5,6)=-\frac{v_\mathrm{N}}{R_\mathrm{M}+h}$$

$$F(5,7)=-\left(2\omega_\mathrm{ie}\cos L+\frac{v_\mathrm{E}}{R_\mathrm{N}+h}\sec^2 L\right)v_\mathrm{E} \qquad F(6,1)=-f_\mathrm{N}$$

$$F(6,2)=f_\mathrm{E} \qquad F(6,4)=2\left(\omega_\mathrm{ie}\cos L+\frac{v_\mathrm{E}}{R_\mathrm{N}+h}\right)$$

$$F(6,5)=2\frac{v_\mathrm{N}}{R_\mathrm{M}+h} \qquad F(6,7)=-2\omega_\mathrm{ie}\sin L v_\mathrm{E}$$

$$F(7,5)=\frac{1}{R_\mathrm{M}+h} \qquad F(8,4)=\frac{\sec L}{R_\mathrm{N}+h}$$

$$F(8,7)=\frac{v_\mathrm{E}}{R_\mathrm{N}+h}\sec L\tan L \qquad F(9,6)=1$$

$\boldsymbol{F}_\mathrm{S}$ 和 $\boldsymbol{F}_\mathrm{M}$ 分别为

$$\boldsymbol{F}_\mathrm{S}=\begin{bmatrix}\boldsymbol{C}_\mathrm{b}^\mathrm{n} & \boldsymbol{C}_\mathrm{b}^\mathrm{n} & \boldsymbol{0}_{3\times3} \\ & \boldsymbol{0}_{6\times6} & \boldsymbol{C}_\mathrm{b}^\mathrm{n} \\ & & \boldsymbol{0}_{3\times3}\end{bmatrix}_{9\times9} \tag{3-3-12}$$

$$\boldsymbol{F}_\mathrm{M}=\mathrm{diag}\begin{bmatrix}0 & 0 & 0 & -\frac{1}{T_{mx}} & -\frac{1}{T_{my}} & -\frac{1}{T_{mx}} & -\frac{1}{T_{ax}} & -\frac{1}{T_{ay}} & -\frac{1}{T_{ax}}\end{bmatrix} \tag{3-3-13}$$

2）系统的测量方程

在位置综合模式中，其测量值为系统给出的速度差值。速度的测量方程可表示为

$$\boldsymbol{Z}_v(t)=\boldsymbol{H}_v(t)\boldsymbol{X}_v(t)+\boldsymbol{V}_v(t) \tag{3-3-14}$$

$$\boldsymbol{H}_v=[\boldsymbol{0}_{3\times3} \quad \mathrm{diag}[1 \quad 1 \quad 1] \quad \boldsymbol{0}_{3\times12}] \tag{3-3-15}$$

$$\boldsymbol{V}_v=[M_\mathrm{N} \quad M_\mathrm{E} \quad M_\mathrm{U}]^\mathrm{T} \tag{3-3-16}$$

$$\begin{cases}\sigma_{v\mathrm{N}}=\sigma_\mathrm{p}\cdot HDOP_y \\ \sigma_{v\mathrm{E}}=\sigma_\mathrm{p}\cdot HDOP_x \\ \sigma_{v\mathrm{U}}=\sigma_\mathrm{p}\cdot VDOP\end{cases} \tag{3-3-17}$$

式中：*HDOP* 为水平位置几何精度因子；*VDOP* 为垂直精度因子；M_N、M_E、M_U 为 GPS

接收机测速误差；σ_{p} 为接收机伪距率测量误差；σ_{vN}、σ_{vE}、σ_{vU} 为东、北、天方向的速度误差标准差。式（3-3-18）即为使用速度时综合系统的量测方程。

2. 综合卡尔曼滤波器的设计

将状态方程式（3-3-8）和测量方程式（3-3-15）离散化，可得

$$\begin{cases} \boldsymbol{X}_k = \boldsymbol{\Phi}_{k,k-1} + \boldsymbol{\Gamma}_{k-1}\boldsymbol{W}_{k-1} \\ \boldsymbol{Z}_k = \boldsymbol{H}_k\boldsymbol{X}_k + \boldsymbol{V}_k \end{cases} \tag{3-3-18}$$

式中

$$\boldsymbol{\Phi}_{k,k-1} = \sum_{n=0}^{\infty}\frac{T^n}{n!}\boldsymbol{F}^n(t_k) \tag{3-3-19}$$

$$\boldsymbol{\Gamma}_{k-1} = \left\{\sum_{n=1}^{\infty}\left[\frac{1}{n!}\boldsymbol{F}(t_k)T\right]^{n-1}\right\}\boldsymbol{G}(t_k)T \tag{3-3-20}$$

式中：T 为迭代周期。

综合卡尔曼滤波器是综合导航系统的核心。根据对系统校正方式的不同，卡尔曼滤波器有开环校正（即输出校正）和闭环校正（即反馈校正之分）。本小节讨论开环校正。

开环卡尔曼滤波器的状态方程中没有控制项，用卡尔曼滤波器对惯导系统的校正采用开环方式即输出校正，如图 3-3-3 所示。惯导系统输出误差状态用 $\boldsymbol{X}$ 表示，卡尔曼滤波器的估计值用 $\hat{\boldsymbol{X}}$ 表示，则开环校正后的综合系统误差为

$$\tilde{\boldsymbol{X}} = \boldsymbol{X} - \hat{\boldsymbol{X}} \tag{3-3-21}$$

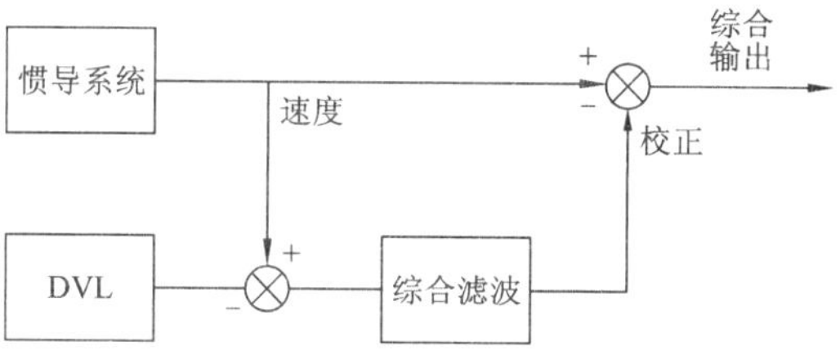

图 3-3-3　开环校正

如果用滤波估计 $\hat{\boldsymbol{X}}_k$ 进行开环校正，则校正后的系统误差为

$$\hat{\boldsymbol{X}}_k = \boldsymbol{X}_k - \hat{\boldsymbol{X}}_k \tag{3-3-22}$$

显然，$\tilde{\boldsymbol{X}}_k$ 也是卡尔曼滤波器的滤波估计误差，即用滤波估计对系统进行开环校正，校正后的系统精度与卡尔曼滤波器的滤波估计精度相同。因此可用卡尔曼滤波器的协方差来描述开环校正后的系统精度，即通常所说的协方差分析方法。

开环卡尔曼滤波方程为

$$\begin{aligned}
&\hat{\boldsymbol{X}}_{k|k-1} = \boldsymbol{\Phi}_{k,k-1}\hat{\boldsymbol{X}}_{k-1} + \boldsymbol{\Gamma}_{k-1}\boldsymbol{W}_{k-1} \\
&\hat{\boldsymbol{X}}_k = \hat{\boldsymbol{X}}_{k|k-1} + \boldsymbol{K}_k(\boldsymbol{Z}_k - \boldsymbol{H}_k\hat{\boldsymbol{X}}_{k|k-1}) \\
&\boldsymbol{K}_k = \boldsymbol{P}_{k|k-1}\boldsymbol{H}_k^{\mathrm{T}}(\boldsymbol{H}_k\boldsymbol{P}_{k|k-1}\boldsymbol{H}_k^{\mathrm{T}} + \boldsymbol{R}_k)^{-1} \\
&\boldsymbol{P}_{k|k-1} = \boldsymbol{\Phi}_{k,k-1}\boldsymbol{P}_{k-1}\boldsymbol{\Phi}_{k,k-1}^{\mathrm{T}} + \boldsymbol{\Gamma}_{k-1}\boldsymbol{Q}_k\boldsymbol{\Gamma}_{k-1}^{\mathrm{T}} \\
&\boldsymbol{P}_k = (\boldsymbol{I} - \boldsymbol{K}_k\boldsymbol{H}_k)\boldsymbol{P}_{k|k-1}(\boldsymbol{I} - \boldsymbol{H}_k\boldsymbol{H}_k)^{\mathrm{T}} + \boldsymbol{K}_k\boldsymbol{R}_k\boldsymbol{K}_k^{\mathrm{T}} \\
&\quad\;\; = (\boldsymbol{I} - \boldsymbol{K}_{k+1}\boldsymbol{H}_k)\boldsymbol{P}_{k|k-1}
\end{aligned} \tag{3-3-23}$$

从惯性导航系统中可以得到位置和速度信息，同时又可以从 DVL 中得到速度信息，用它们的差值作为观测值，这样测量起来方便，而且计算量小。

3. 存在的问题及解决的办法

组合导航系统存在的问题如下。

（1）模型误差。对组合系统而言，一种是对系统噪声和量测噪声了解不够，特别是量测噪声，在高动态环境下更是难以确定；另一种是系统噪声和量测噪声不是零均值的独立白噪声；如陀螺漂移和加速度偏置的随机分量也是有色噪声。因此，不可避免地存在建模误差。另外将非线性的微分方程离散化为线性误差方程，也会产生建模误差，对于这种情形，组合系统建模时一般采用误差状态向量建立系统的状态方程和量测方程减小其误差。

（2）实时性问题。多普勒计程仪/惯性导航系统组成的组合导航系统在建立状态方程时，状态矢量的维数较高，对组合系统进行估计和控制所进行的运算，其运算量大，因此，对高阶系统的状态进行估计时往往会遇到计算方面的问题。

（3）数字计算问题。卡尔曼滤波增益矩阵计算时，没有考虑实际观测量，而计算时只是用一步预测信息，这样就可能存在误差不准确。此外，计算机字长有限，在计算时存在舍入误差，使协方差失去对称性，结果计算不稳定。

解决的办法如下。

（1）对有色噪声进行处理，有两种方式。一是直接完善模型。对于动态噪声，利用成型滤波器对动态噪声建模，然后扩充状态矢量的维数及相应的状态方程，将问题转化为标准的卡尔曼滤波问题。对于观测噪声，将观测向量、观测噪声和观测方程作适当的变换，使原来的有色噪声下的线性系统变成白噪声作用下的一般线性系统，再利用滤波方程来导出有色观测噪声下的线性系统滤波方程；将与时间相关的量测序列进行差分组合，消去与时间相关的误差，使新的观测误差序列成为白噪声序列；加大组合滤波器的迭代周期，使迭代周期大大超过误差相关的时间，从而可以把量测误差作为白噪声处理。

二是间接方法。目前有代表性的自适应滤波是 Sage-Husa 自适应滤波和强跟踪卡尔曼滤波，以及在此基础上的一些改进方法。先利用观测数据对观测噪声进行估计，然后再用 Sage-Husa 算法对动态噪声进行估计的同时，实现状态滤波估计，不断地对未知的或不确切知道的模型参数及噪声的统计性质进行估计和修正，以减小模型误差；设计抗差滤波器，使状态估计在不确定噪声下性能最好。

（2）实时性问题处理。运用分散滤波理论进行设计，将 DVL 滤波器与组合滤波器统一考虑。设计降阶滤波器，减少状态矢量的维数。

（3）数字计算不稳定的解决方法。目前有平方根滤波、自适应滤波、固定增益滤波等，其中在平方根法与观测量序贯处理基础上提出的平方根滤波算法效果较好。观测量序贯处理与平方根滤波、自适应滤波等方法一样，是卡尔曼滤波的一种改进方法，该方法也称为标量观测更新或序贯处理，是指在迭代过程中，同一时刻只用观测向量的一个元素，即通过不断地校正先前的预测，来减小测量结果的误差。该方法的基本思想是：先通过一组已知的初始状态和协方差矩阵来预测下一个时刻的状态及其协方差矩阵，再根据测量结果对这个预测进行修正。这样就能在不断的迭代过程中，得到更为准确的动态系统状态估计结果。

3.4 综合校正程序设计与仿真

3.4.1 程序设计

3.3 节对捷联惯导系统的综合校正方案进行了介绍。其中，捷联惯导系统与 DVL 的速度松散综合方式被广泛使用。本节根据 3.3 节内容，于 MATLAB 环境中，进行捷联惯导系统与 DVL 速度组合的综合校正实验。实验步骤如下。

设置速度差值[式（3-3-15）]为量测信息，其中仿真条件设置：载体为静态，陀螺马氏过程噪声设置为 0.01(°)/h，仿真总时长为 7200 s（2 h）。

（1）打开本节对应程序文件，首先运行“example_Integrated.m”程序，获得导航实验数据。

（2）搭建综合校正 SIMULINK 模型，打开“example.mdl”文件。根据式（3-3-8）～式（3-3-31），于 SIMULINK 中搭建组合模型，将实验数据导入该模型中，如图 3-4-1 所示。

（3）将所有实验数据导入模型中，在子程序模块“kalman”中对量测信息进行设置，即以速度误差为量测。

（4）综合校正模型运行完毕后，可得到卡尔曼滤波估计出的 15 维状态向量，即姿态角误差、速度误差、位置误差、惯性器件误差。

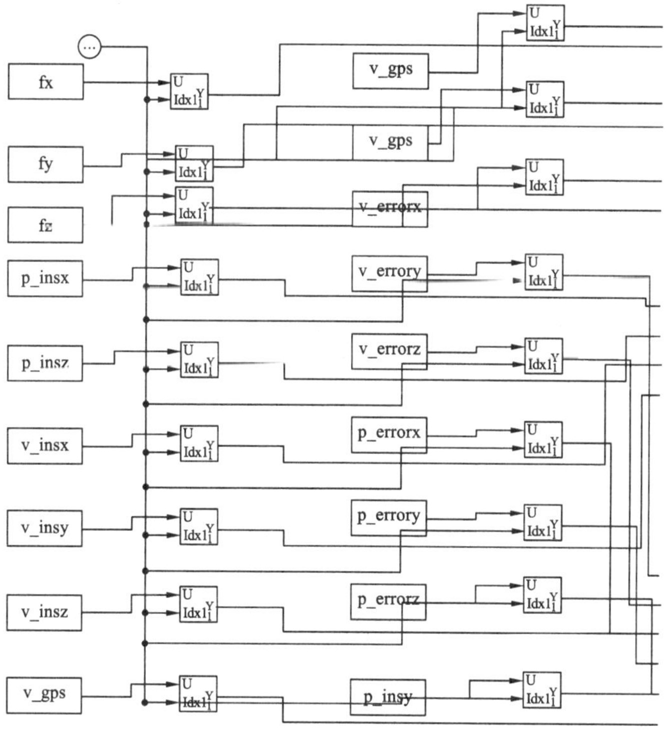

（a）数据导入

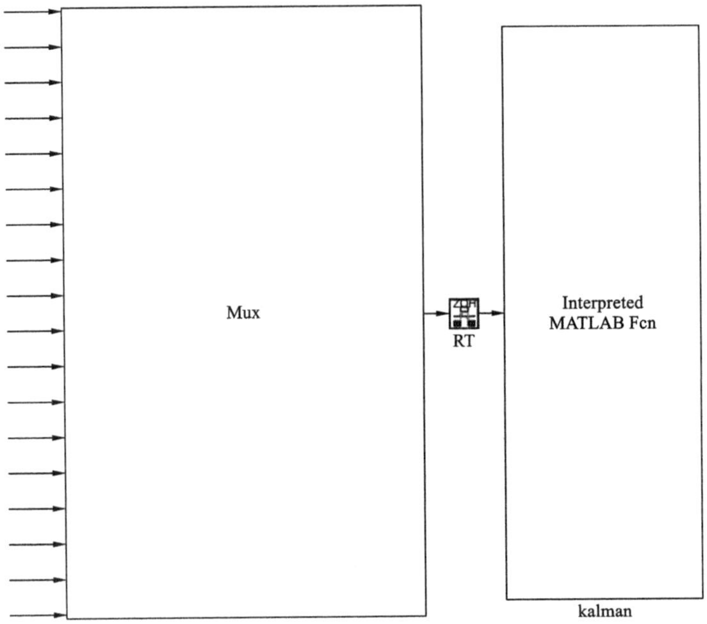

（b）模型建立及卡尔曼滤波

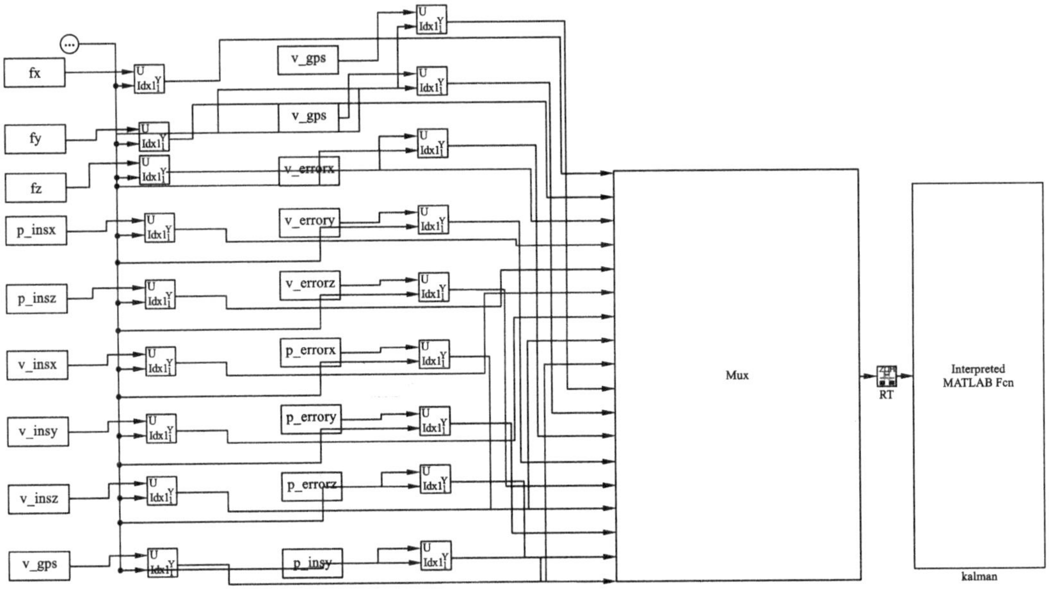

（c）组合总体程序

图 3-4-1　综合校正 SIMULINK 模型

（5）采用步骤（4）中的状态误差在误差补偿模块中补偿捷联惯导，并将补偿后的导航信息与真实的速度进行比较，得到综合校正后的速度误差图。误差补偿模块如图 3-4-2 所示。

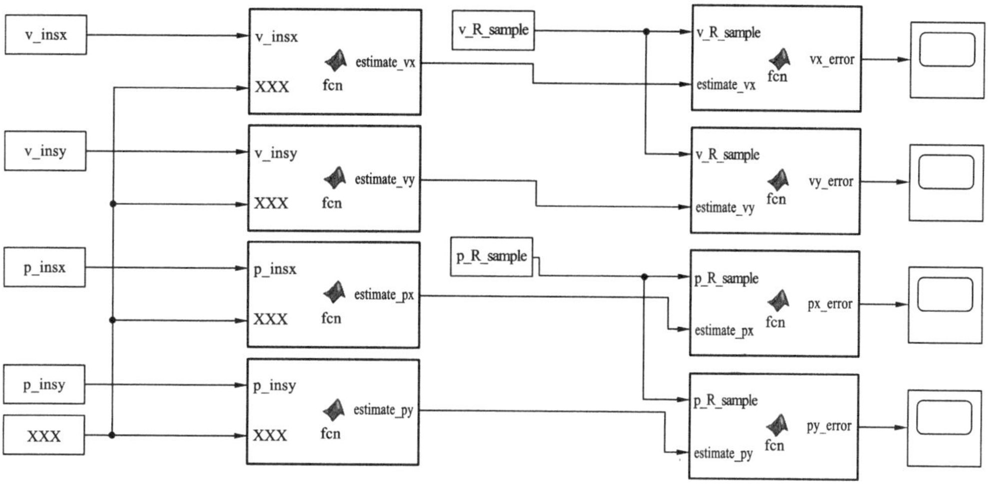

图 3-4-2　误差补偿 SIMULINK 模块

3.4.2　仿真结果

根据搭建的松散综合校正 SIMULINK 仿真模块，进行 7200 s（2 h）的仿真实验。量测信息为速度误差时的导航信息误差如图 3-4-3 所示，滤波（误差补偿）前后的捷联惯导误差如图 3-4-4 所示。

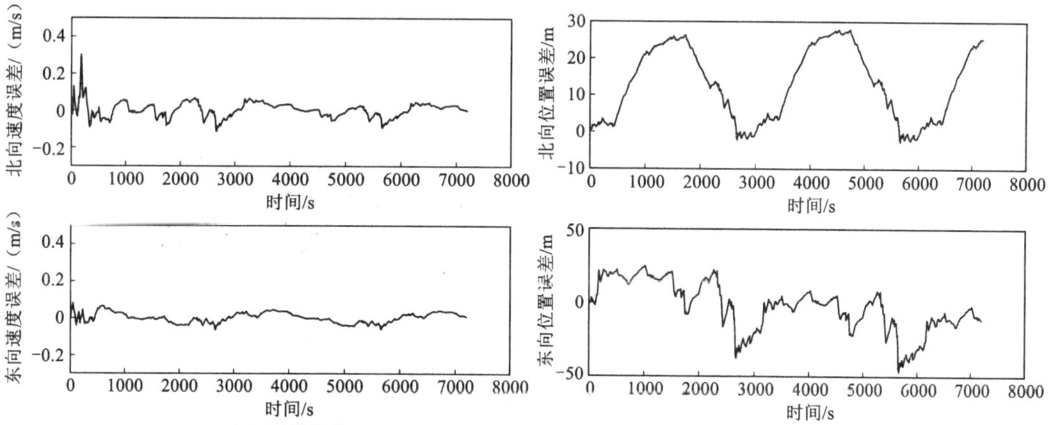

（a）速度误差　　（b）位置误差

图 3-4-3　量测信息为速度误差时的导航信息误差

由实验结果可知，纯捷联惯导系统受到陀螺漂移、加速度计误差、初始对准误差等多种因素影响，导致精度发散；捷联惯导经与 DVL 组合导航后，精度有了明显提升，且不随时间积累，因而组合导航的综合校正方式能够极大提升捷联惯导的精度。

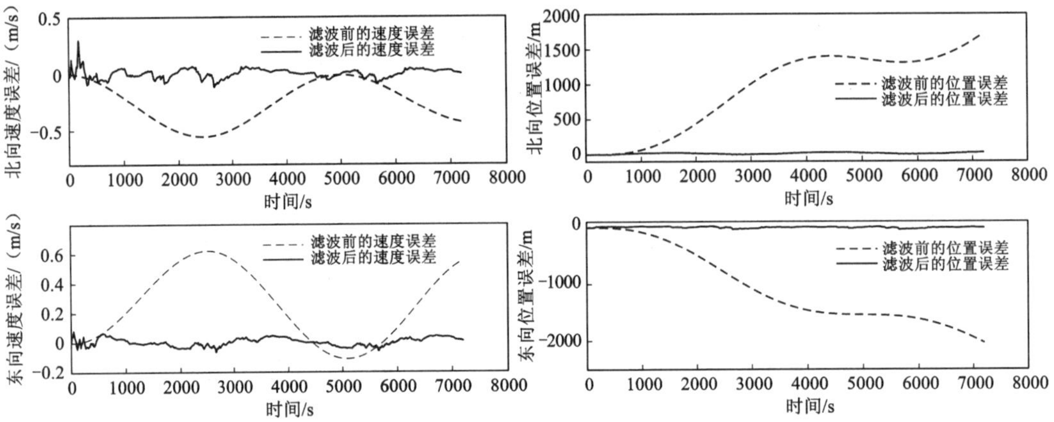

（a）滤波前后的速度误差　　　（b）滤波前后的位置误差

图 3-4-4　量测信息为速度误差时滤波前后的捷联惯导误差

第 4 章 旋转调制式捷联惯导系统

4.1 单轴旋转调制原理

旋转捷联惯性测量单元（rotational strapdown inertial measurement unit，RSIMU）技术是将 SIMU 固定在一个可控的旋转机构上，通过控制旋转机构连续或间歇地进行周期性、有规律的旋转，使惯性器件中与加速度无关的随机、常值误差得到调制，在传递到导航参数输出时可控，从而缩短惯导系统误差随时间积累的过程，达到提高导航精度并满足长航时导航要求的目的。本节以单轴旋转调制式惯导系统为例，依次介绍旋转调制式捷联惯导系统的发展历程、单轴旋转调制式惯导的基本原理、单轴旋转调制方案。

4.1.1 旋转调制式捷联惯导系统的发展历史

误差自补偿技术一直伴随着惯性技术的整个发展过程。20 世纪 50 年代应用旋转结构消除框架陀螺的漂移。60～70 年代开始用转子定期反转、H 调制技术、陀螺监控技术来估计、补偿陀螺漂移。60 年代中后期将旋转调制技术应用于平台惯导系统设计。70 年代旋转调制技术应用于捷联惯导和陀螺罗经。80 年代，旋转调制技术用于激光陀螺速率偏频，同时也有将转位（indexing）用于抖动偏频的激光陀螺惯导系统，使激光陀螺惯导系统精度大大提高。90 年代出现利用载体的旋转调制来提高惯导探测导航设备的精度。由此可见，伴随惯性导航技术的发展，误差自补偿技术也在持续不断地发展。

早在 20 世纪 50 年代末、60 年代初甚至更早，就有关于陀螺误差自补偿技术的研究，主要的方法有强制陀螺仪框架轴承旋转和陀螺仪动量矩矢量换向，即转子反转。Sperry 陀螺仪公司采用旋转技术消除非浮式（non-floated）陀螺的随机漂移，其关键技术是使陀螺框架轴承的外圈绕陀螺旋转轴旋转，且定期旋转换向，以消除由轴承滚珠尺寸不完全一致、转子随球度及灰尘粒子等因素导致的陀螺随机漂移。技术资料显示，这项技术将非浮式陀螺的随机漂移从原来的 2～3(°)/h 降到了 0.25(°)/h，部分产品精度达到 0.05(°)/h。随后，有关学者提出“反转”测量仪器可消除其固定的误差，并将该思想应用于惯性制导系统的误差自补偿（autocompensation）中，以消除长时间下缓慢变化的陀螺漂移和加速度计零偏。H 调制技术是转子反转技术的进一步发展，通过改变监控陀螺的转动动量矩来估计受监控陀螺的漂移。H 调制技术现今仍用于高精度的潜艇用惯导系统中。

早期研究主要是将旋转调制思想应用于惯性器件，也有向系统方向发展的迹象（加速度计敏感轴换向）；主要方法是旋转陀螺壳体、陀螺转子反转和 H 调制技术。

第一个成功地将旋转调制技术应用于系统结构的惯导系统是美国 Delco 公司的轮盘木马 IV（Carousel-IV，C-IV）平台惯导系统。C-IV 采用独特的自由方位式机械编排方式，其最主要的特点是将整套水平惯性仪表（两个陀螺和两个加速度计）作为一个刚性装置绕当地垂线轴旋转，以调制水平惯性器件的误差，减小其对系统性能的影响。为便于系统飞行前的对准和校正，C-IV 采用了 1 rad/min 的高速旋转速率。通过这项技术，C-IV 可方便地进行自动标定，在改进对准精度的同时也减少了对准时间，使水平误差受到抑制。

Delco 公司首先将旋转调制技术用于研制捷联惯导系统，研制出单轴、双轴及多余度配置的旋转调制式捷联惯导系统，开启了该方面研究的先河。20 世纪 80 年代，Sperry 公司利用磁镜偏激光陀螺研制了单轴旋转式惯导系统，该系统采用四位置转停方案。由于磁镜偏激光陀螺精度较低，Sperry 公司随后开展了二频机抖激光陀螺单轴旋转惯导系统研制，并在 20 世纪 90 年代研制出 MK39 系列激光惯导系统，已经被多个国家海军选用于各种舰船平台，随后在 MK39-Mod3c 系统的基础上又发展了 AN/WSN-7B 系统。MK39 单轴旋转惯导系统结构如图 4-1-1 所示。

图 4-1-1　MK39 单轴旋转惯导系统结构

1989 年，Sperry 公司的 MK49 双轴旋转激光陀螺惯导系统（简称 MK49 系统）经过海试后，被选为北约的船用标准惯导系统，装备在大量的潜艇和水面舰艇上。MK49 系统采用三个 Honeywell 公司的 GG1342 型机械抖动激光陀螺（简称 GG1342 陀螺），Honeywell 官方公布的 GG1342 陀螺零偏稳定性为 0.0035(°)/h，角度随机游走为 0.0015(°)/h。MK49 系统采用双轴翻转技术，利用双轴转位器（外部为横摇、内部为方位）定期为惯性敏感器装置绕横摇轴和方位轴进行 180° 定序，以消除所有三个轴上的陀螺漂移和其他误差源，并且转位机构还用来对系统进行自校准、隔离外界的横滚和方位运动等。据 20 世纪 90 年代初报道，该系统可达到 0.39 n mile/30 h 的定位精度，MK49

系统结构如图 4-1-2 所示。而后 Sperry 公司在 MK49 系统的基础上发展了 WSN-7A 双轴激光陀螺旋转调制系统，其精度很高，重调周期可达 14 天。

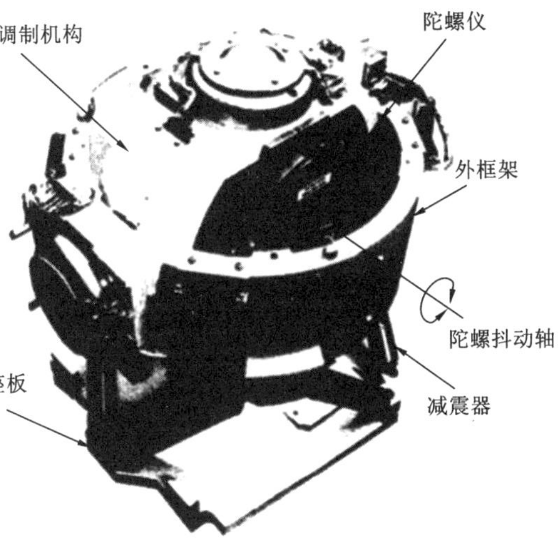

图 4-1-2　MK49 双轴旋转惯导系统结构

4.1.2　单轴旋转调制的基本原理

惯性测量单元旋转的捷联算法原理如图 4-1-3 所示。各坐标系定义如下：s 系为旋转坐标系；b 系为载体坐标系；n 系为卫星导航坐标系，取当地地理坐标系；i 系为惯性坐标系。初始时刻 $Ox_sy_sz_s$ 与 $Ox_by_bz_b$ 重合。微惯性测量单元由正交的三个光学陀螺和三个石英挠性加速度计构成，安装在转位机构上，转位机构安装在载体上，导航控制系统控制转位机构的转动。

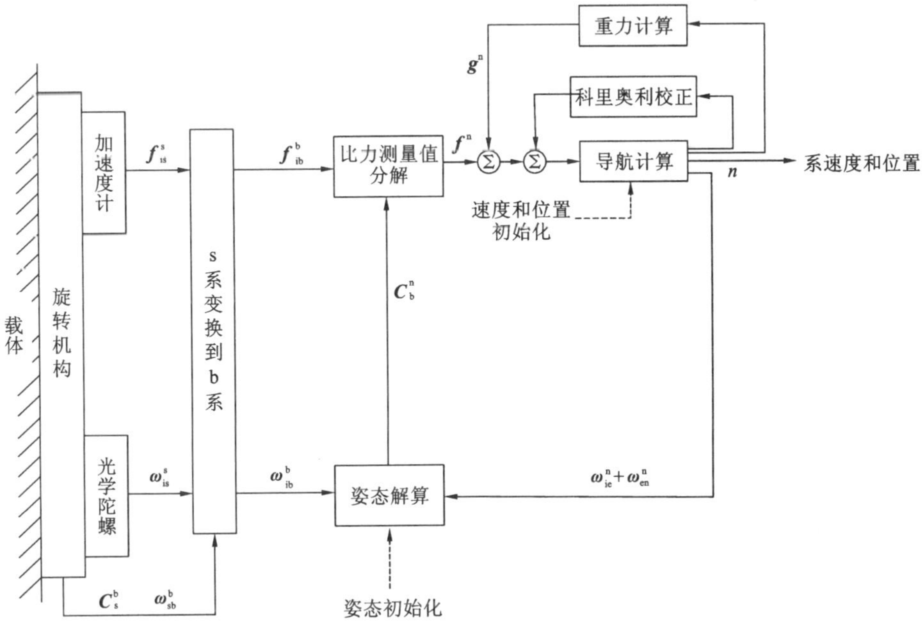

图 4-1-3　旋转捷联算法原理图

捷联惯导系统中，陀螺仪和加速度计误差形式如下：

$$\begin{cases}\delta\boldsymbol{\omega}_{\mathrm{ib}}^{\mathrm{b}}=([\delta\boldsymbol{K}_{\mathrm{G}}]+[\delta\boldsymbol{G}])\boldsymbol{\omega}_{\mathrm{ib}}^{\mathrm{b}}+\boldsymbol{\varepsilon}+\boldsymbol{n}_{\mathrm{g}}\\ \delta\boldsymbol{f}^{\mathrm{b}}=(\delta\boldsymbol{K}_{\mathrm{A}}+\delta\boldsymbol{A})\boldsymbol{f}^{\mathrm{b}}+\nabla\boldsymbol{A}+\boldsymbol{n}_{\mathrm{a}}\end{cases}\tag{4-1-1}$$

式中：$\delta\boldsymbol{K}_{\mathrm{G}}$、$\delta\boldsymbol{G}$、$\delta\boldsymbol{K}_{\mathrm{A}}$、$\delta\boldsymbol{A}$ 分别为陀螺仪和加速度计的器件刻度系数和安装系数误差。

当系统进行单轴旋转时，各误差项被调制成包含正余弦函数的形式。同理由式（4-1-1）可得出系统在 s 系中的误差形式：

$$\begin{cases}\delta\boldsymbol{\omega}_{\mathrm{is}}^{\mathrm{s}}=([\delta\boldsymbol{K}_{\mathrm{G}}]+[\delta\boldsymbol{G}])\boldsymbol{\omega}_{\mathrm{is}}^{\mathrm{s}}+\boldsymbol{\varepsilon}+\boldsymbol{n}_{\mathrm{g}}\\ \delta\boldsymbol{f}^{\mathrm{s}}=(\delta\boldsymbol{K}_{\mathrm{A}}+\delta\boldsymbol{A})\boldsymbol{f}^{\mathrm{s}}+\nabla\boldsymbol{A}+\boldsymbol{n}_{\mathrm{a}}\end{cases}\tag{4-1-2}$$

陀螺仪和加速度计的测量值在 b 系和 s 系中的变换形式如下：

$$\begin{cases}\boldsymbol{\omega}_{\mathrm{is}}^{\mathrm{s}}=\boldsymbol{C}_{\mathrm{b}}^{\mathrm{s}}\boldsymbol{\omega}_{\mathrm{ib}}^{\mathrm{b}}+\boldsymbol{\omega}_{\mathrm{bs}}^{\mathrm{s}}\\ \boldsymbol{f}_{\mathrm{is}}^{\mathrm{s}}=\boldsymbol{C}_{\mathrm{b}}^{\mathrm{s}}\boldsymbol{f}_{\mathrm{ib}}^{\mathrm{b}}+\boldsymbol{f}_{\mathrm{bs}}^{\mathrm{s}}\end{cases}\tag{4-1-3}$$

将式（4-1-3）代入式（4-1-2），可得到在单轴旋转条件下旋转坐标系中陀螺仪和加速度计的输出误差：

$$\begin{cases}\delta\boldsymbol{\omega}_{\mathrm{is}}^{\mathrm{s}}=([\delta\boldsymbol{K}_{\mathrm{G}}]+[\delta\boldsymbol{G}])\boldsymbol{C}_{\mathrm{b}}^{\mathrm{s}}\boldsymbol{\omega}_{\mathrm{ib}}^{\mathrm{b}}+([\delta\boldsymbol{K}_{\mathrm{G}}]+[\delta\boldsymbol{G}])\boldsymbol{\omega}_{\mathrm{bs}}^{\mathrm{s}}+\boldsymbol{\varepsilon}+\boldsymbol{n}_{\mathrm{g}}\\ \delta\boldsymbol{f}^{\mathrm{s}}=(\delta\boldsymbol{K}_{\mathrm{A}}+\delta\boldsymbol{A})\boldsymbol{C}_{\mathrm{b}}^{\mathrm{s}}\boldsymbol{f}^{\mathrm{b}}+(\delta\boldsymbol{K}_{\mathrm{A}}+\delta\boldsymbol{A})\boldsymbol{f}_{\mathrm{bs}}^{\mathrm{s}}+\nabla\boldsymbol{A}+\boldsymbol{n}_{\mathrm{a}}\end{cases}\tag{4-1-4}$$

由式（4-1-4）的误差方程可得旋转的捷联惯导系统的误差传播方程：

$$\dot{\boldsymbol{\phi}}_{\mathrm{n}}=-\boldsymbol{\omega}_{\mathrm{in}}^{\mathrm{n}}\times\boldsymbol{\phi}^{\mathrm{n}}+\delta\boldsymbol{\omega}_{\mathrm{in}}^{\mathrm{n}}-\boldsymbol{C}_{\mathrm{b}}^{\mathrm{n}}\boldsymbol{C}_{\mathrm{s}}^{\mathrm{b}}\delta\boldsymbol{\omega}_{\mathrm{is}}^{\mathrm{s}}\tag{4-1-5}$$

$$\delta\dot{\boldsymbol{v}}^{\mathrm{n}}=\boldsymbol{f}^{\mathrm{n}}\times\boldsymbol{\phi}^{\mathrm{n}}+\boldsymbol{C}_{\mathrm{b}}^{\mathrm{n}}\boldsymbol{C}_{\mathrm{s}}^{\mathrm{b}}\delta\boldsymbol{f}^{\mathrm{s}}-(2\boldsymbol{\omega}_{\mathrm{ie}}^{\mathrm{n}}+\boldsymbol{\omega}_{\mathrm{en}}^{\mathrm{n}})\times\delta\boldsymbol{v}^{n}-(2\delta\boldsymbol{\omega}_{\mathrm{ie}}^{\mathrm{n}}+\delta\boldsymbol{\omega}_{\mathrm{en}}^{\mathrm{n}})\times\boldsymbol{v}^{n}\tag{4-1-6}$$

由系统的误差传播方程可以看出，旋转调制的机理即为通过旋转周期性的改变 $\boldsymbol{C}_{\mathrm{s}}^{\mathrm{b}}$ 将惯性器件原有的输出误差 $\delta\boldsymbol{\omega}_{\mathrm{is}}^{\mathrm{s}}$、$\delta\boldsymbol{f}^{\mathrm{s}}$ 调制成 $\boldsymbol{C}_{\mathrm{s}}^{\mathrm{b}}(t)\delta\boldsymbol{\omega}_{\mathrm{is}}^{\mathrm{s}}$、$\boldsymbol{C}_{\mathrm{s}}^{\mathrm{b}}(t)\delta\boldsymbol{f}^{\mathrm{s}}$，从而在解算的过程中平均掉惯性元件的输出误差，从而抑制系统的误差发散，提高导航精度。

4.1.3 单轴旋转调制方案

对单轴旋转系统而言，目前各国均采取微惯性测量单元绕 Z 轴旋转的方案。本小节以绕 Z 轴旋转为例说明调制原理。

如图 4-1-4 所示，单轴连续按旋转方式又可分为连续同向旋转和连续正反旋转两种，以连续正反旋转为例。次序 1，微惯性测量单元从 p 点开始以角速度 ω 逆时针转动 180°后，在位置 2 停止 t_{s} 秒；次序 2，继续逆时针转至位置 1，停止 t_{s} 秒；次序 3，顺时针转至位置 2，停止 t_{s} 秒；次序 4，顺时针转至位置 1。

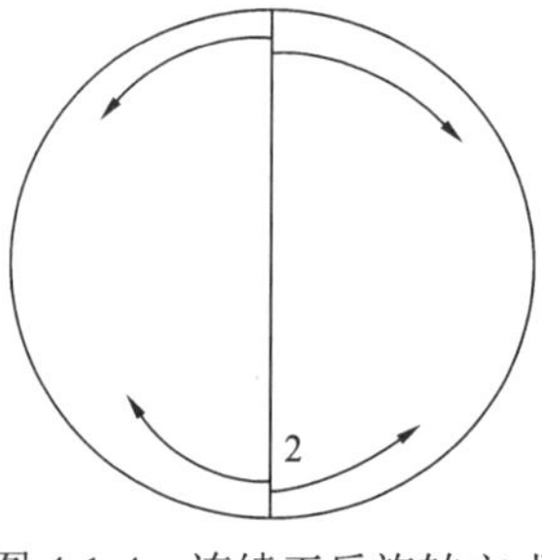

图 4-1-4　连续正反旋转方式

在旋转过程中，旋转角速度的正负由微惯性测量单元转动方向和相应坐标轴的正向是否一致来决定。由旋转过程可知，次序 3～4 是按照 1～2 相反的方向转动惯性测量组合。图 4-1-5 为单轴连续正反旋转方案的转动次序 1～2，各个次序的旋转指向示意图，可结合图 4-1-4 理解。

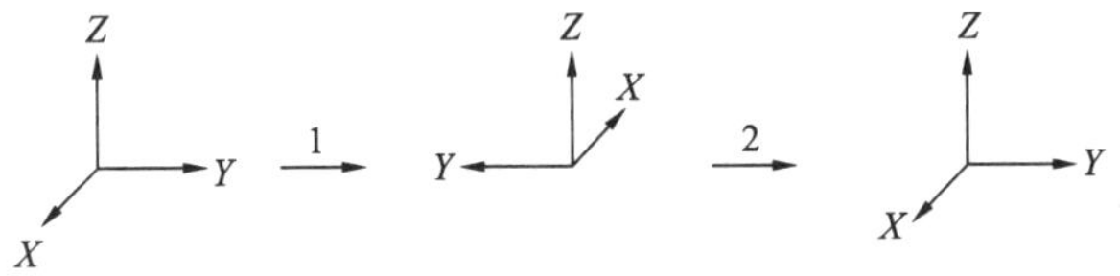

图 4-1-5　1～2 次序中单轴连续正反旋转的转动情况

设 T 为完成一次连续正反旋转的周期，γ 为旋转角度，旋转角速度 $\boldsymbol{\omega}_{\mathrm{bs}}^{\mathrm{s}}=[0\quad 0\quad \omega_z]^{\mathrm{T}}$，$\omega_z$ 取值如下：

$$\omega_z=\begin{cases}\omega_z & t_{\mathrm{s}}<t<t_{\mathrm{s}}+\pi/\omega_z & （次序1）\\ & 2t_{\mathrm{s}}+\pi/\omega_z<t<2t_{\mathrm{s}}+2\pi/\omega_z & （次序2）\\ -\omega_z & 3t_{\mathrm{s}}+2\pi/\omega_z<t<3t_{\mathrm{s}}+3\pi/\omega_z & （次序3）\\ & 4t_{\mathrm{s}}+3\pi/\omega_z<t<T & （次序4）\\ 0 & 其他 & \end{cases} \tag{4-1-7}$$

若比力在坐标系间的变换值 $\boldsymbol{f}_{\mathrm{bs}}^{\mathrm{s}}=0$，则旋转系与载体系的坐标转换矩阵 $\boldsymbol{C}_{\mathrm{b}}^{\mathrm{s}}$ 为

$$\boldsymbol{C}_{\mathrm{b}}^{\mathrm{s}}=\begin{bmatrix}\cos\gamma & \sin\gamma & 0\\ -\sin\gamma & \cos\gamma & 0\\ 0 & 0 & 1\end{bmatrix}=\begin{bmatrix}\cos(\omega_z t) & \sin(\omega_z t) & 0\\ -\sin(\omega_z t) & \cos(\omega_z t) & 0\\ 0 & 0 & 1\end{bmatrix} \tag{4-1-8}$$

$\boldsymbol{C}_{\mathrm{s}}^{\mathrm{b}}$ 和 $\boldsymbol{\omega}_{\mathrm{bs}}^{\mathrm{s}}$ 在次序 1～4 的旋转过程中的具体形式如下。

次序 1：

$$\boldsymbol{C}_{\mathrm{s}}^{\mathrm{b}}=\begin{bmatrix}\cos(\omega_z t) & -\sin(\omega_z t) & 0\\ \sin(\omega_z t) & \cos(\omega_z t) & 0\\ 0 & 0 & 1\end{bmatrix} \tag{4-1-9}$$

$$\boldsymbol{\omega}_{\mathrm{bs}}^{\mathrm{s}}=[0\quad 0\quad \omega_z]^{\mathrm{T}} \tag{4-1-10}$$

次序 2：

$$\begin{aligned}\boldsymbol{C}_{\mathrm{s}}^{\mathrm{b}}&=\begin{bmatrix}-1 & 0 & 0\\ 0 & -1 & 0\\ 0 & 0 & 1\end{bmatrix}\begin{bmatrix}\cos(\omega_z t) & -\sin(\omega_z t) & 0\\ \sin(\omega_z t) & \cos(\omega_z t) & 0\\ 0 & 0 & 1\end{bmatrix}\\ &=\begin{bmatrix}-\cos(\omega_z t) & \sin(\omega_z t) & 0\\ -\sin(\omega_z t) & -\cos(\omega_z t) & 0\\ 0 & 0 & 1\end{bmatrix}\end{aligned} \tag{4-1-11}$$

$$\boldsymbol{\omega}_{\mathrm{bs}}^{\mathrm{s}}=[0\quad 0\quad \omega_z]^{\mathrm{T}} \tag{4-1-12}$$

次序 3：

$$
\boldsymbol{C}_{\mathrm{s}}^{\mathrm{b}}=\begin{bmatrix}1&0&0\\0&1&0\\0&0&1\end{bmatrix}\begin{bmatrix}\cos(-\omega_z t)&-\sin(-\omega_z t)&0\\\sin(-\omega_z t)&\cos(-\omega_z t)&0\\0&0&1\end{bmatrix}
=\begin{bmatrix}\cos(\omega_z t)&-\sin(\omega_z t)&0\\-\sin(\omega_z t)&\cos(\omega_z t)&0\\0&0&1\end{bmatrix} \tag{4-1-13}
$$

$$
\boldsymbol{\omega}_{\mathrm{bs}}^{\mathrm{s}}=[0\quad 0\quad -\omega_z]^{\mathrm{T}} \tag{4-1-14}
$$

次序 4：

$$
\begin{aligned}
\boldsymbol{C}_{\mathrm{s}}^{\mathrm{b}}&=\begin{bmatrix}-1&0&0\\0&-1&0\\0&0&1\end{bmatrix}\begin{bmatrix}\cos(-\omega_z t)&-\sin(-\omega_z t)&0\\\sin(-\omega_z t)&\cos(-\omega_z t)&0\\0&0&1\end{bmatrix}\\
&=\begin{bmatrix}-1&0&0\\0&-1&0\\0&0&1\end{bmatrix}\begin{bmatrix}\cos(\omega_z t)&\sin(\omega_z t)&0\\-\sin(\omega_z t)&\cos(\omega_z t)&0\\0&0&1\end{bmatrix}\\
&=\begin{bmatrix}-\cos(\omega_z t)&-\sin(\omega_z t)&0\\\sin(\omega_z t)&-\cos(\omega_z t)&0\\0&0&1\end{bmatrix}
\end{aligned} \tag{4-1-15}
$$

$$
\boldsymbol{\omega}_{\mathrm{bs}}^{\mathrm{s}}=[0\quad 0\quad -\omega_z]^{\mathrm{T}} \tag{4-1-16}
$$

4.2 单轴旋转调制程序设计与仿真

4.2.1 程序设计

4.1 节对单轴旋转调制式惯导系统的工作原理、旋转调制方案进行了介绍。为了加深对单轴旋转调制式惯导系统误差补偿技术的理解及应用，本节根据 4.1 节内容，于 MATLAB 中，进行陀螺仪误差无旋转调制和单轴旋转调制式惯导系统的导航性能对比实验。

仿真参数设置如下。

（1）导航解算采用当地地理坐标系机械编排，仿真步长为 0.1 s，仿真时间为 129 600 s（36 h）。

（2）陀螺仪常值漂移为 0.01 (°)/h，陀螺仪随机误差为 0.0003 (°)/h，加速度计零偏为 0.5 mGal，加速度计随机误差为 10^{-6} Gal/s^2。

（3）东向和北向速度、纵摇角、横滚角、航向角均为 0，初始经度为 0°，初始纬度为 45°。

（4）单轴旋转方案中，转速为 1 rad/min，锁定时间为 30 s，一个转动周期为 4 min。

实验步骤如下。

（1）参数初始化。首先进行参数初始化设置，如图 4-2-1 所示，包括初始位置、初始速度、地球自转角速度、地球半径、加速度计参数、旋转调制的绕轴转速。

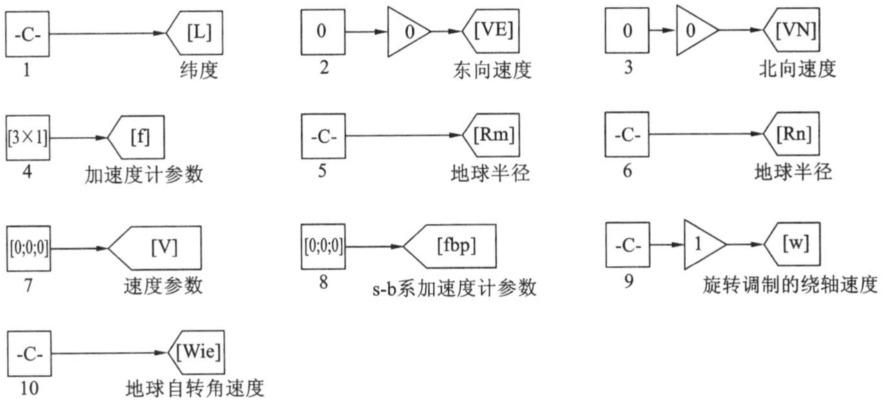

图 4-2-1　参数初始化

（2）误差设置。如图 4-2-2 所示，误差设置包括陀螺仪常值误差和随机误差、加速度计常值误差和随机误差的设置。

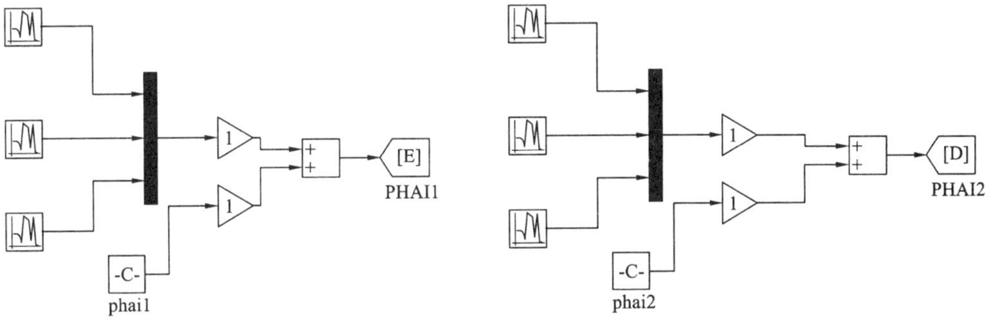

（a）陀螺仪误差设置

（b）加速度计误差设置

图 4-2-2　误差设置

（3）旋转策略。如图 4-2-3 所示，参照 4.1.3 小节内容对单轴旋转调制策略进行设置。

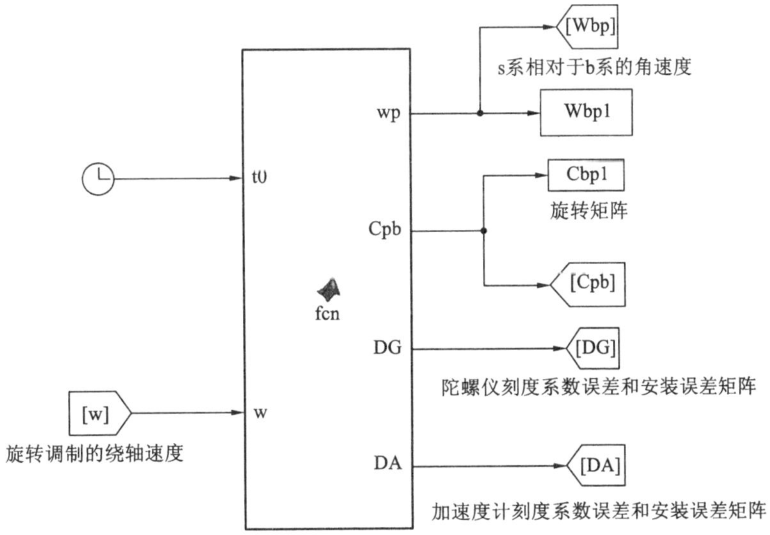

图 4-2-3　旋转策略

（4）相关参数计算。如图 4-2-4 所示，根据式（2-3-13）、式（2-3-14）、式（2-3-29）和式（2-3-30），分别计算参数 $\boldsymbol{\omega}_{\mathrm{in}}^{\mathrm{n}}$、$\boldsymbol{\omega}_{\mathrm{ie}}^{\mathrm{n}}$、$\boldsymbol{\omega}_{\mathrm{en}}^{\mathrm{n}}$、$\delta\boldsymbol{\omega}_{\mathrm{in}}^{\mathrm{n}}$、$\delta\boldsymbol{\omega}_{\mathrm{ie}}^{\mathrm{n}}$ 和 $\delta\boldsymbol{\omega}_{\mathrm{en}}^{\mathrm{n}}$。

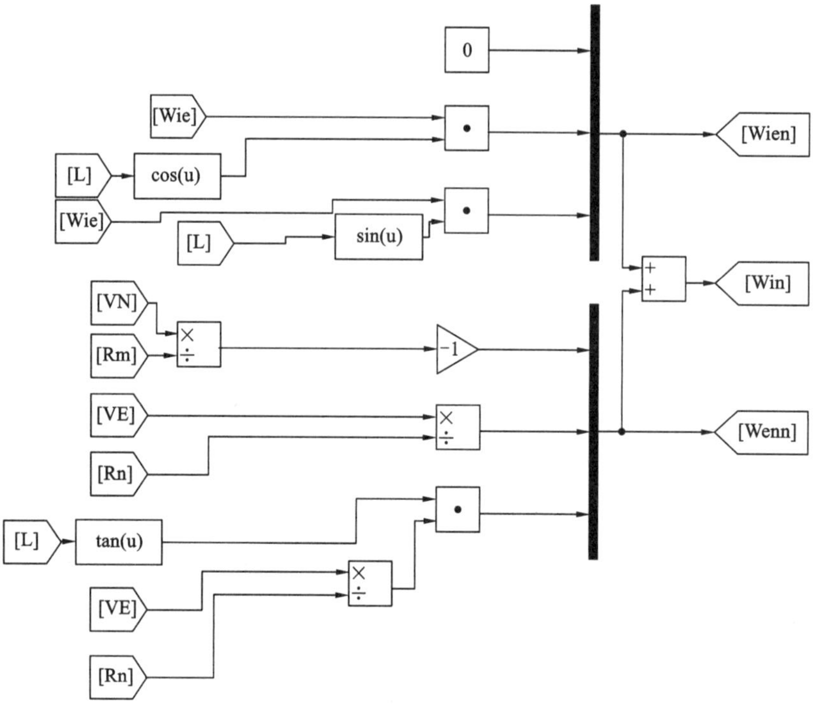

(a) ω_{in}^{n}、ω_{ie}^{n}、ω_{en}^{n}参数计算

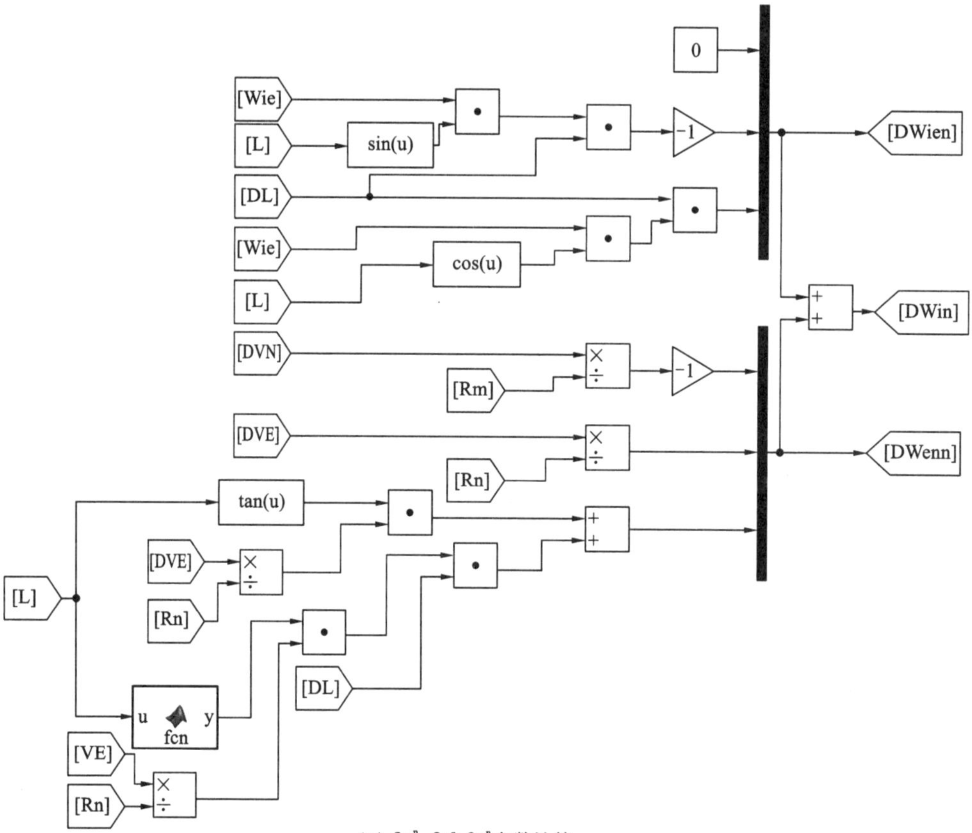

(b) $\delta\omega_{in}^{n}$、$\delta\omega_{ie}^{n}$、$\delta\omega_{en}^{n}$参数计算

图 4-2-4　相关参数计算

（5）载体姿态角模拟。如图 4-2-5 所示，设置载体的纵摇角、横滚角和航向角及其变化率均为 0。

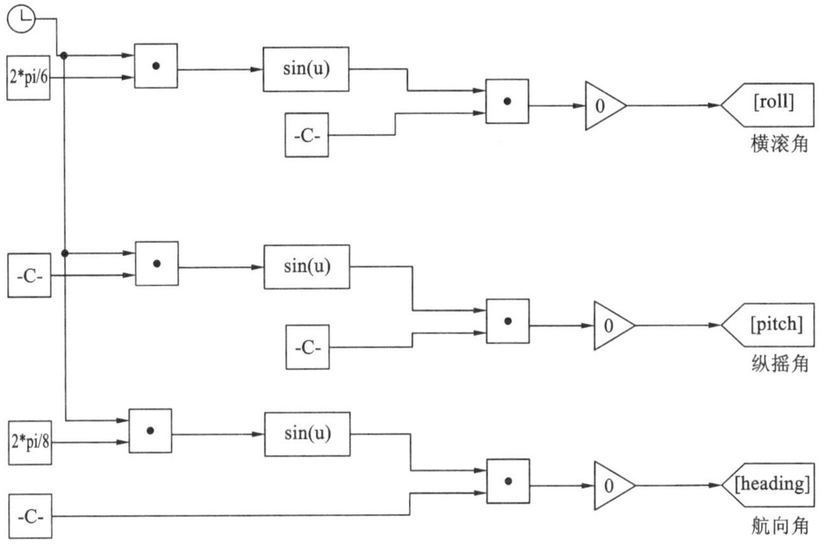

（a）载体姿态角计算

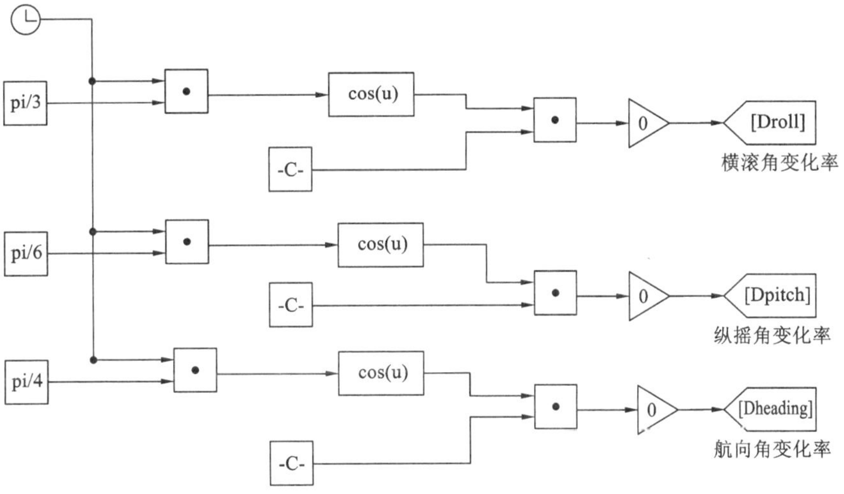

（b）载体姿态角变化率计算

图 4-2-5　载体姿态角模拟

（6）陀螺仪、加速度计模拟。如图 4-2-6 所示，根据模拟得到的纵摇角、横滚角、航向角及计算的旋转矩阵 $\boldsymbol{C}_{\mathrm{s}}^{\mathrm{b}}$（程序中以 $\boldsymbol{C}_{\mathrm{p}}^{\mathrm{b}}$ 体现），进行加速度计转换及模拟姿态转移矩阵 $\boldsymbol{C}_{\mathrm{b}}^{\mathrm{n}}$ 的计算。

（7）$\boldsymbol{\omega}_{\mathrm{ib}}^{\mathrm{b}}$ 和 $\boldsymbol{\omega}_{\mathrm{nb}}^{\mathrm{b}}$ 的求解，如图 4-2-7 所示。

（8）姿态角计算。如图 4-2-8 所示，根据姿态角误差方程式（4-1-5）计算姿态角误差。

（9）速度误差计算。如图 4-2-9 所示，根据速度误差方程式（4-1-6）计算载体速度误差。

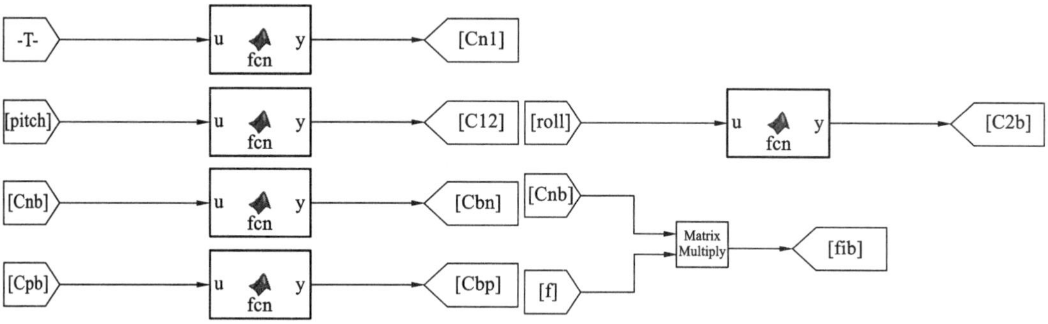

图 4-2-6 陀螺仪、加速度计模拟

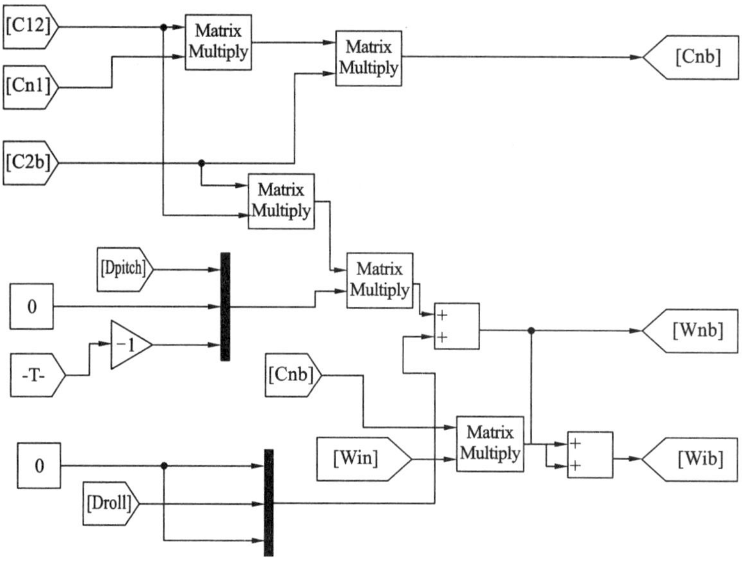

图 4-2-7 $\boldsymbol{\omega}_{ib}^{b}$ 和 $\boldsymbol{\omega}_{nb}^{b}$ 的求解

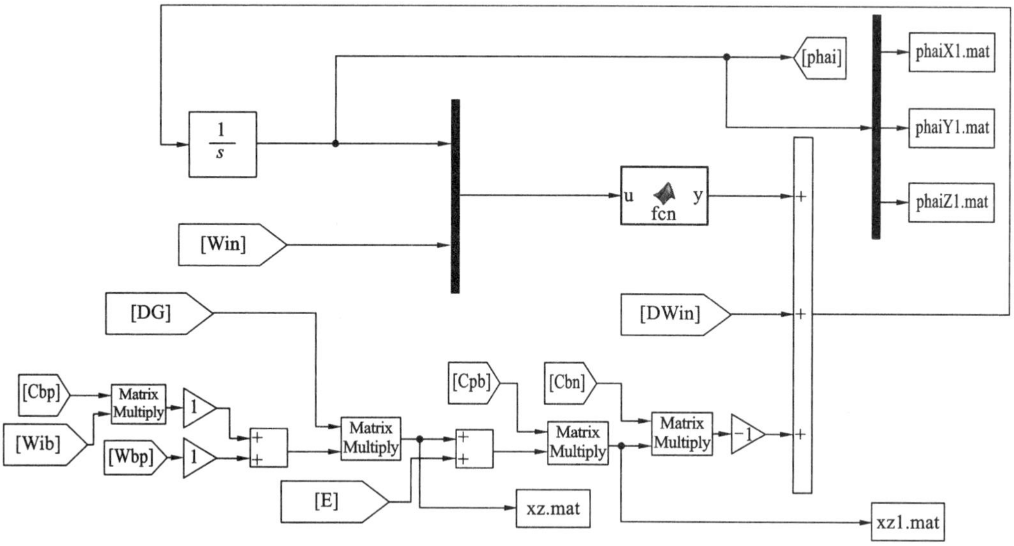

图 4-2-8 姿态角误差计算

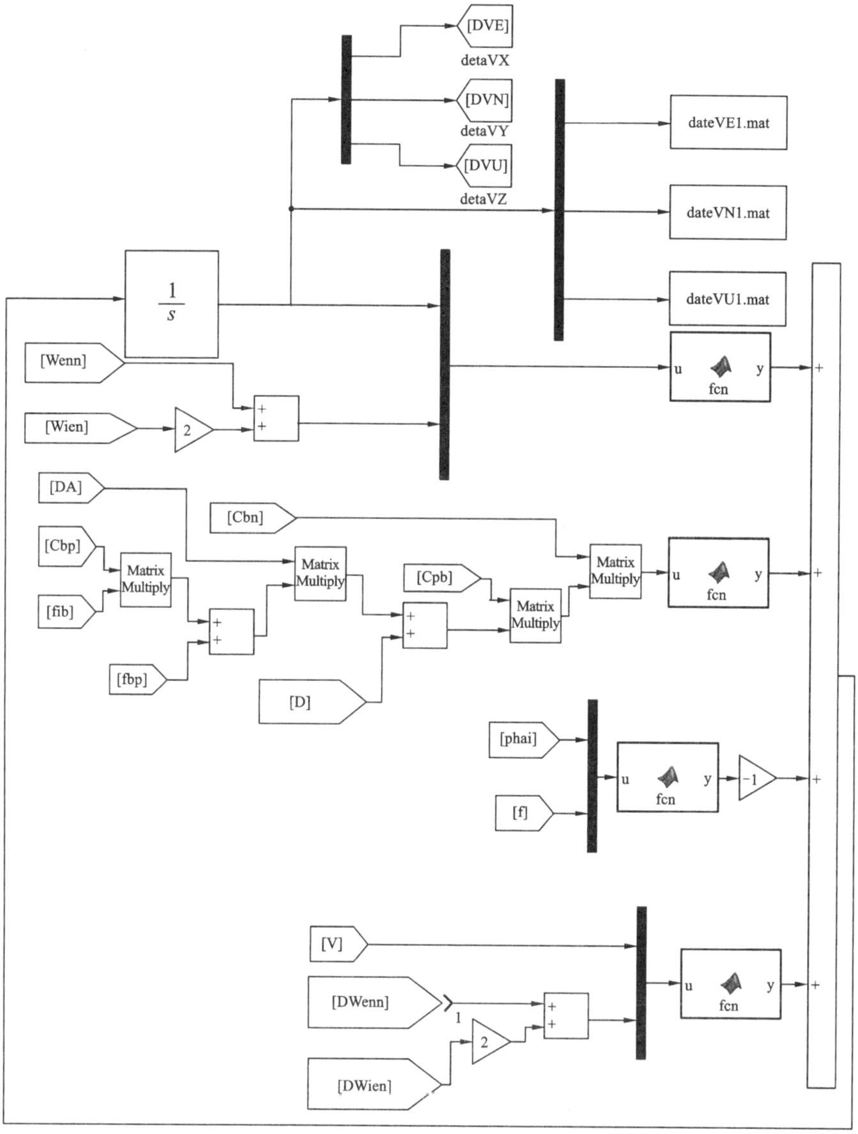

图 4-2-9　速度误差计算

（10）位置误差计算。如图 4-2-10 所示，根据位置误差方程式（4-2-1）计算载体位置误差。位置误差方程如下：

$$
\begin{cases}
\delta\dot{L} = \dfrac{\delta v_{\mathrm{N}}}{R_{\mathrm{M}}} \\
\delta\dot{\lambda} = \dfrac{\delta v_{\mathrm{E}}}{R_{\mathrm{N}}\cos L} + \delta L \dfrac{v_{\mathrm{E}}}{R_{\mathrm{N}}} \tan L \sec L
\end{cases}
\tag{4-2-1}
$$

4.2.2　仿真结果

根据搭建的单轴旋转调制捷联惯导系统 SIMULINK 仿真模块，进行 129 600 s（36 h）的仿真实验。

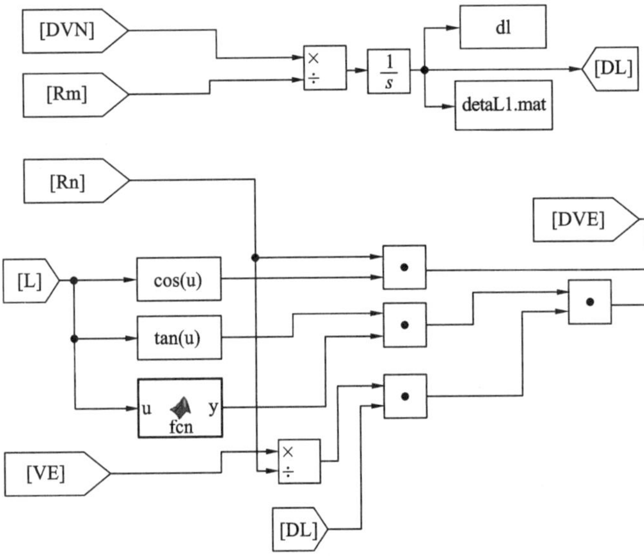

图 4-2-10　位置误差计算

（1）针对无旋转调制方案，惯导系统姿态角误差仿真曲线如图 4-2-11 所示，位置误差仿真曲线如图 4-2-12 所示。

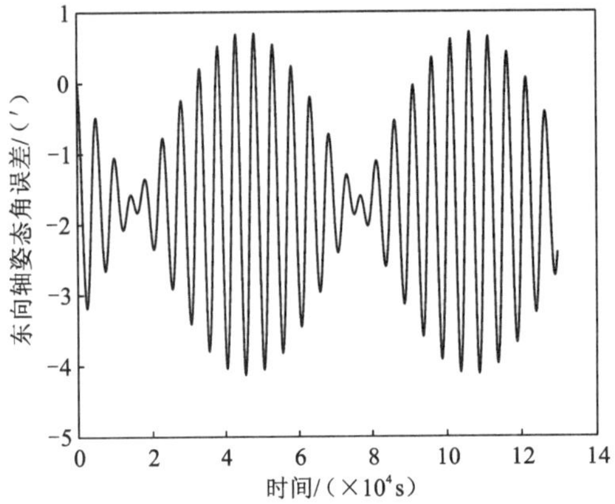

（a）无旋转调制东向轴姿态角误差

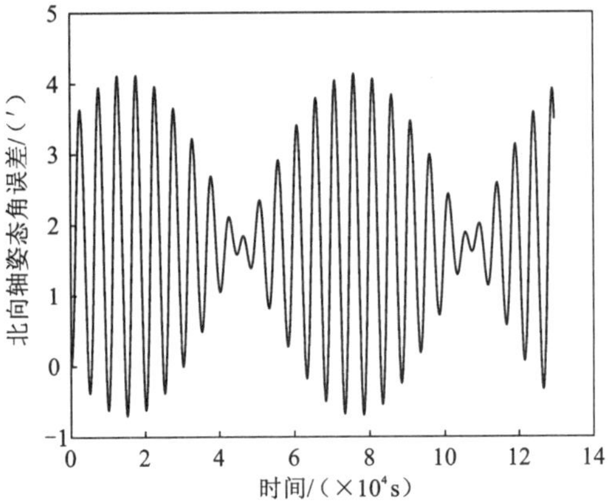

（b）无旋转调制北向轴姿态角误差

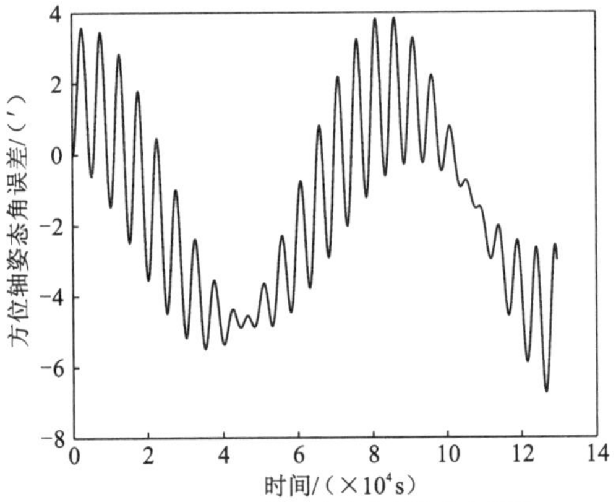

（c）无旋转调制方位轴姿态角误差

图 4-2-11　无旋转调制式惯导系统姿态角误差仿真曲线

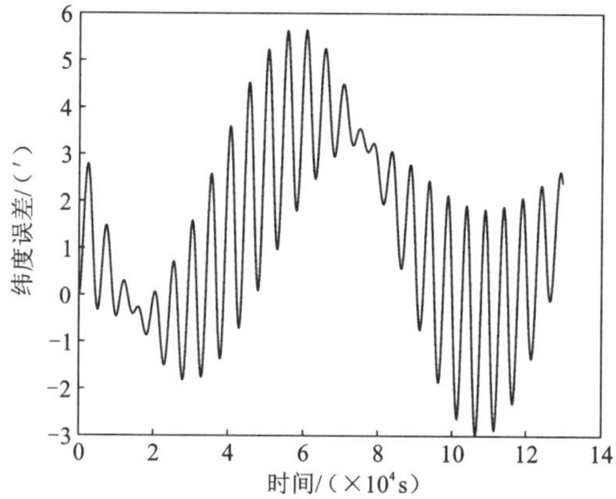

（a）无旋转调制纬度误差

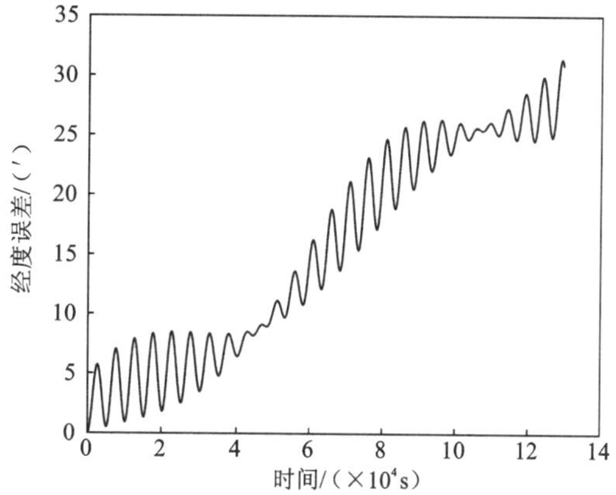

（b）无旋转调制经度误差

图 4-2-12　无旋转调制式惯导系统位置误差仿真曲线

（2）针对单轴旋转调制方案，其 SIMULINK 程序与无旋转调制一致，不同之处在于旋转策略。惯导系统姿态角误差仿真曲线如图 4-2-13 所示，位置误差仿真曲线如图 4-2-14 所示。

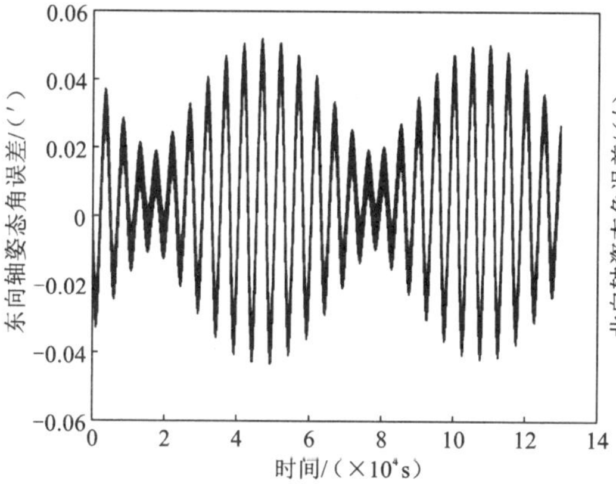

（a）单轴旋转调制东向轴姿态角误差

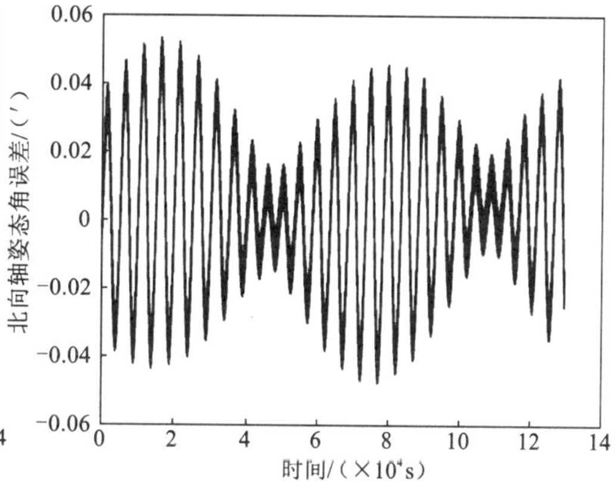

（b）单轴旋转调制北向轴姿态角误差

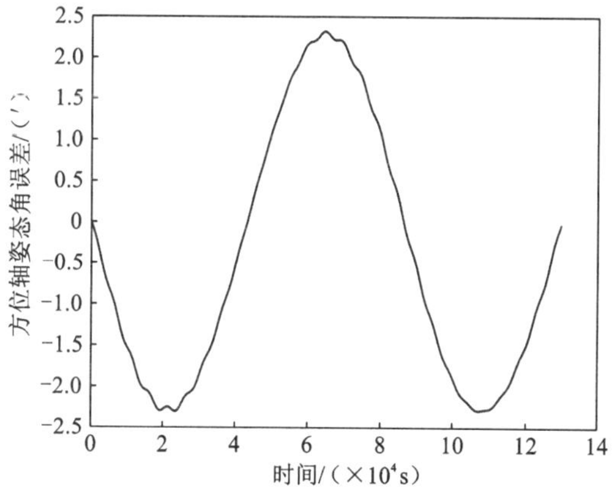

（c）单轴旋转调制方位轴姿态角误差

图 4-2-13　单轴旋转调制式惯导系统姿态角误差仿真曲线

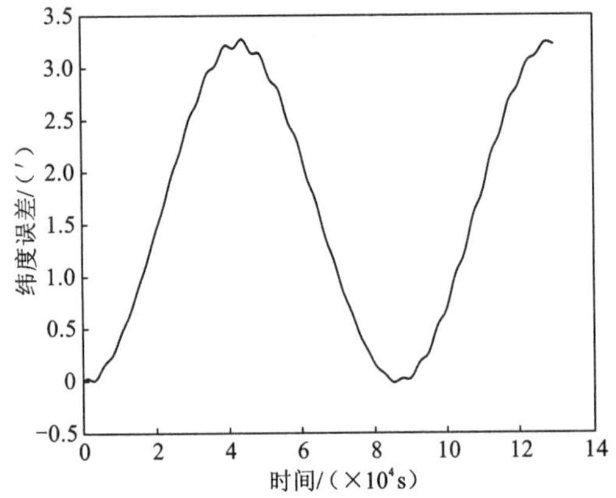

（a）单轴旋转调制纬度误差

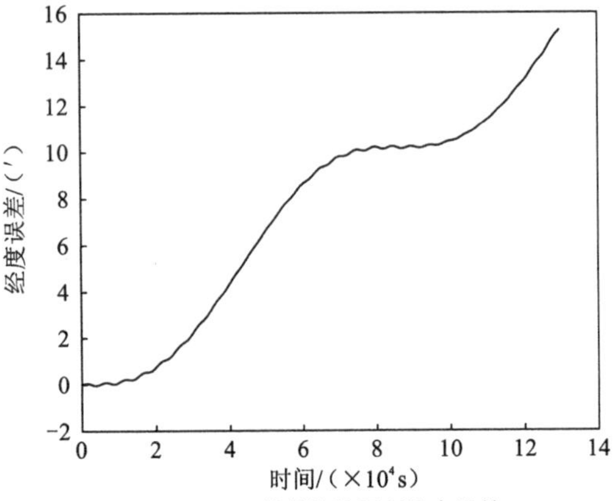

（b）单轴旋转调制经度误差

图 4-2-14 单轴旋转调制式惯导系统位置误差

仿真实验结果表明，相较于无旋转调制式惯导系统，单轴旋转调制能够有效提高系统导航精度，但只能补偿惯性元件在与旋转轴垂直方向的误差项，补偿效果有待进一步提高。

4.3 双轴旋转调制原理

4.1 节和 4.2 节介绍了单轴旋转调制式惯导系统的工作原理。通过仿真实验可以看出，该调制方式可以有效补偿惯导系统陀螺仪、加速度计的误差。但由于单轴方式仅针对惯性元件一个轴向上的误差，其补偿效果受到限制。为进一步探索旋转调制技术，更好地补偿惯性器件误差，本节在单轴旋转调制式惯导系统的基础上对双轴旋转调制的工作原理进行介绍与分析。

4.3.1 双轴旋转调制的基本原理

对于双轴旋转调制式惯导系统，其分析方法、基本工作原理与单轴旋转调制式惯导系统相同（见 4.1 节）。主要区别在于，双轴旋转调制比单轴旋转调制多出一个旋转轴，该轴的坐标系（b 系和 s 系）间变换矩阵形式不同。

从加速度计和陀螺仪的测量值开始分析。陀螺仪和加速度计的测量值在 b 系和 s 系中的变换形式与单轴旋转调制系统相同，即

$$\begin{cases}\boldsymbol{\omega}_{\mathrm{is}}^{\mathrm{s}}=\boldsymbol{C}_{\mathrm{b}}^{\mathrm{s}}\boldsymbol{\omega}_{\mathrm{ib}}^{\mathrm{b}}+\boldsymbol{\omega}_{\mathrm{bs}}^{\mathrm{s}}\\ \boldsymbol{f}_{\mathrm{is}}^{\mathrm{s}}=\boldsymbol{C}_{\mathrm{b}}^{\mathrm{s}}\boldsymbol{f}_{\mathrm{ib}}^{\mathrm{b}}+\boldsymbol{f}_{\mathrm{bs}}^{\mathrm{s}}\end{cases} \tag{4-3-1}$$

假设双轴旋转系统分别绕 Ox_{b}、Oz_{b} 轴旋转。当绕 Oz_{b} 轴旋转时，方向余弦矩阵记为 $\boldsymbol{C}_{\mathrm{b}}^{\mathrm{sz}}$，旋转角速度记为 $\boldsymbol{\omega}_{\mathrm{bs}}^{\mathrm{sz}}$，$\gamma_z$ 为旋转角度，即

$$\boldsymbol{\omega}_{\mathrm{bs}}^{\mathrm{sz}}=[0\quad 0\quad \omega_z]^{\mathrm{T}} \tag{4-3-2}$$

$$
\boldsymbol{C}_{\mathrm{b}}^{\mathrm{sz}}=\begin{bmatrix}\cos\gamma_z & \sin\gamma_z & 0\\ -\sin\gamma_z & \cos\gamma_z & 0\\ 0 & 0 & 1\end{bmatrix}=\begin{bmatrix}\cos(\omega_z t) & \sin(\omega_z t) & 0\\ -\sin(\omega_z t) & \cos(\omega_z t) & 0\\ 0 & 0 & 1\end{bmatrix} \tag{4-3-3}
$$

当绕 Ox_{b} 轴旋转时，方向余弦矩阵记为 $\boldsymbol{C}_{\mathrm{b}}^{\mathrm{sx}}$，旋转角速度记为 $\boldsymbol{\omega}_{\mathrm{bs}}^{\mathrm{sx}}$，$\gamma_x$ 为旋转角度，即

$$
\boldsymbol{\omega}_{\mathrm{bs}}^{\mathrm{sx}}=[\omega_x \quad 0 \quad 0]^{\mathrm{T}} \tag{4-3-4}
$$

$$
\boldsymbol{C}_{\mathrm{b}}^{\mathrm{sx}}=\begin{bmatrix}1 & 0 & 0\\ 0 & \cos\gamma_x & \sin\gamma_x\\ 0 & -\sin\gamma_x & \cos\gamma_x\end{bmatrix}=\begin{bmatrix}1 & 0 & 0\\ 0 & \cos(\omega_x t) & \sin(\omega_x t)\\ 0 & -\sin(\omega_x t) & \cos(\omega_x t)\end{bmatrix} \tag{4-3-5}
$$

4.3.2 双轴旋转调制方案

本小节以双轴间歇转位旋转调制式惯导系统为例，介绍其调制方案。

双轴旋转（转位）调制方案如图 4-3-1 所示。它借鉴了静电陀螺仪壳体翻滚技术，利用双轴旋转器使微惯性测量单元定序交替绕互相垂直的两个轴转动。以下以绕 Ox_{b} 轴和 Oz_{b} 轴定序交替旋转为例进行分析。

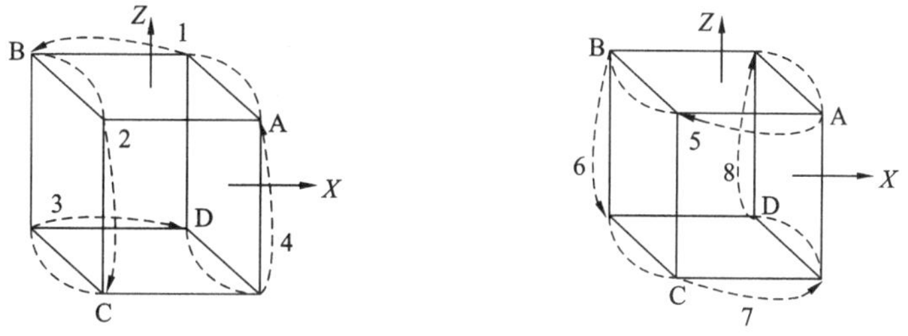

图 4-3-1　双轴旋转调制转位方案

初始位置为 A，并令每次转动的角速度相同。陀螺惯性测量组合的转动次序可描述如下：次序 1，绕 Oz_{b} 轴正转 180° 到达位置 B，停止时间 t_{s}；次序 2，绕 Ox_{b} 轴正转 180° 到达位置 C，停止时间 t_{s}；次序 3，绕 Oz_{b} 轴反转180° 到达位置 D，停止时间 t_{s}；次序 4，绕 Ox_{b} 轴反转 180° 到达位置 A，停止时间 t_{s}；然后，次序 5～8 按照次序 1～4 相反的方向转动惯性测量组合。

图 4-3-2 所示为双轴转位方案的转动次序 1～4，各个次序的旋转指向示意图，可结合图 4-3-1（a）理解。

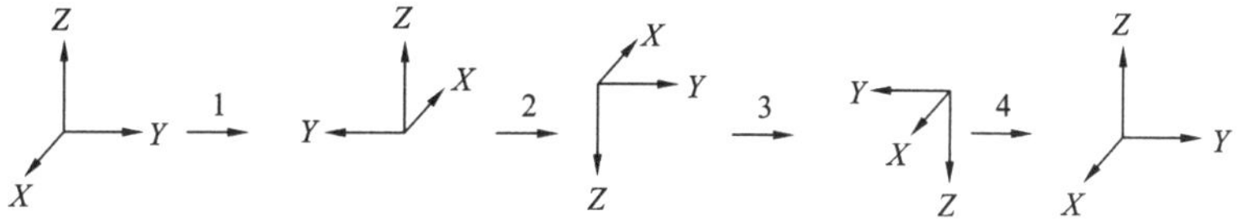

图 4-3-2　次序 1～4 中双轴转位方案的转动情况

由图 4-3-2 可知，次序 1 和 3 为绕 Oz_{b} 轴转动，其转动角速度为 $\boldsymbol{\omega}_{\mathrm{bs}}^{\mathrm{sz}}$，对应的角速度分别为 $\boldsymbol{\omega}_{\mathrm{bs1}}^{\mathrm{sz}}=\boldsymbol{\omega}_{\mathrm{bs3}}^{\mathrm{sz}}=[0 \quad 0 \quad \omega_z]^{\mathrm{T}}$；次序 2 和 4 为绕 Ox_{b} 转动，其转动角速度为 $\boldsymbol{\omega}_{\mathrm{bs}}^{\mathrm{sx}}$，对应的角

速度分别为$\boldsymbol{\omega}_{\rm bs1}^{\rm sx}=\boldsymbol{\omega}_{\rm bs3}^{\rm sx}=[-\omega_x \quad 0 \quad 0]^{\rm T}$，次序5～8仅与次序1～4的转动方向依次相反。

$\boldsymbol{C}_{\rm s}^{\rm b}$和$\boldsymbol{\omega}_{\rm bs}^{\rm s}$在次序1～8的旋转过程中的具体形式如下。

次序1：

$$\boldsymbol{C}_{\rm s}^{\rm b}=\begin{bmatrix}\cos(\omega_z t) & -\sin(\omega_z t) & 0\\ \sin(\omega_z t) & \cos(\omega_z t) & 0\\ 0 & 0 & 1\end{bmatrix} \tag{4-3-6}$$

$$\boldsymbol{\omega}_{\rm bs}^{\rm s}=[0 \quad 0 \quad \omega_z]^{\rm T} \tag{4-3-7}$$

次序2：

$$\boldsymbol{C}_{\rm s}^{\rm b}=\begin{bmatrix}-1 & 0 & 0\\ 0 & -1 & 0\\ 0 & 0 & 1\end{bmatrix}\begin{bmatrix}1 & 0 & 0\\ 0 & \cos(-\omega_x t) & -\sin(-\omega_x t)\\ 0 & \sin(-\omega_x t) & \cos(-\omega_x t)\end{bmatrix}=\begin{bmatrix}-1 & 0 & 0\\ 0 & -\cos(\omega_x t) & -\sin(\omega_x t)\\ 0 & -\sin(\omega_x t) & \cos(\omega_x t)\end{bmatrix} \tag{4-3-8}$$

$$\boldsymbol{\omega}_{\rm bs}^{\rm s}=[-\omega_x \quad 0 \quad 0]^{\rm T} \tag{4-3-9}$$

次序3：

$$\begin{aligned}\boldsymbol{C}_{\rm s}^{\rm b}&=\begin{bmatrix}-1 & 0 & 0\\ 0 & 1 & 0\\ 0 & 0 & -1\end{bmatrix}\begin{bmatrix}\cos(\omega_z t) & -\sin(\omega_z t) & 0\\ \sin(\omega_z t) & \cos(\omega_z t) & 0\\ 0 & 0 & 1\end{bmatrix}\\&=\begin{bmatrix}-\cos(\omega_z t) & \sin(\omega_z t) & 0\\ \sin(\omega_z t) & \cos(\omega_z t) & 0\\ 0 & 0 & 1\end{bmatrix}\end{aligned} \tag{4-3-10}$$

$$\boldsymbol{\omega}_{\rm bs}^{\rm s}=[0 \quad 0 \quad \omega_z]^{\rm T} \tag{4-3-11}$$

次序4：

$$\boldsymbol{C}_{\rm s}^{\rm b}=\begin{bmatrix}1 & 0 & 0\\ 0 & -1 & 0\\ 0 & 0 & -1\end{bmatrix}\begin{bmatrix}1 & 0 & 0\\ 0 & \cos(-\omega_x t) & -\sin(-\omega_x t)\\ 0 & \sin(-\omega_x t) & \cos(-\omega_x t)\end{bmatrix}=\begin{bmatrix}1 & 0 & 0\\ 0 & -\cos(\omega_x t) & -\sin(\omega_x t)\\ 0 & \sin(\omega_x t) & -\cos(\omega_x t)\end{bmatrix} \tag{4-3-12}$$

$$\boldsymbol{\omega}_{\rm bs}^{\rm s}=[-\omega_x \quad 0 \quad 0]^{\rm T} \tag{4-3-13}$$

次序5：

$$\begin{aligned}\boldsymbol{C}_{\rm s}^{\rm b}&=\begin{bmatrix}1 & 0 & 0\\ 0 & 1 & 0\\ 0 & 0 & 1\end{bmatrix}\begin{bmatrix}\cos(-\omega_z t) & -\sin(-\omega_z t) & 0\\ \sin(-\omega_z t) & \cos(-\omega_z t) & 0\\ 0 & 0 & 1\end{bmatrix}\\&=\begin{bmatrix}\cos(\omega_z t) & \sin(\omega_z t) & 0\\ -\sin(\omega_z t) & \cos(\omega_z t) & 0\\ 0 & 0 & 1\end{bmatrix}\end{aligned} \tag{4-3-14}$$

$$\boldsymbol{\omega}_{\rm bs}^{\rm s}=[0 \quad 0 \quad -\omega_z]^{\rm T} \tag{4-3-15}$$

次序6：

$$\boldsymbol{C}_{\rm s}^{\rm b}=\begin{bmatrix}-1 & 0 & 0\\ 0 & -1 & 0\\ 0 & 0 & 1\end{bmatrix}\begin{bmatrix}1 & 0 & 0\\ 0 & \cos(\omega_x t) & -\sin(\omega_x t)\\ 0 & \sin(\omega_x t) & \cos(\omega_x t)\end{bmatrix}=\begin{bmatrix}-1 & 0 & 0\\ 0 & -\cos(\omega_x t) & \sin(\omega_x t)\\ 0 & \sin(\omega_x t) & \cos(\omega_x t)\end{bmatrix} \tag{4-3-16}$$

$$\boldsymbol{\omega}_{\rm bs}^{\rm s}=[\omega_x \quad 0 \quad 0]^{\rm T} \tag{4-3-17}$$

次序 7：

$$
\begin{aligned}
\boldsymbol{C}_{\mathrm{s}}^{\mathrm{b}} &= \begin{bmatrix} -1 & 0 & 0 \\ 0 & 1 & 0 \\ 0 & 0 & -1 \end{bmatrix} \begin{bmatrix} \cos(-\omega_z t) & -\sin(-\omega_z t) & 0 \\ \sin(-\omega_z t) & \cos(-\omega_z t) & 0 \\ 0 & 0 & 1 \end{bmatrix} \\
&= \begin{bmatrix} -\cos(\omega_z t) & -\sin(\omega_z t) & 0 \\ -\sin(\omega_z t) & \cos(\omega_z t) & 0 \\ 0 & 0 & -1 \end{bmatrix}
\end{aligned} \tag{4-3-18}
$$

$$
\boldsymbol{\omega}_{\mathrm{bs}}^{\mathrm{s}} = [0 \quad 0 \quad -\omega_z]^{\mathrm{T}} \tag{4-3-19}
$$

次序 8：

$$
\boldsymbol{C}_{\mathrm{s}}^{\mathrm{b}} = \begin{bmatrix} 1 & 0 & 0 \\ 0 & -1 & 0 \\ 0 & 0 & -1 \end{bmatrix} \begin{bmatrix} 1 & 0 & 0 \\ 0 & \cos(\omega_x t) & -\sin(\omega_x t) \\ 0 & \sin(\omega_x t) & \cos(\omega_x t) \end{bmatrix} = \begin{bmatrix} 1 & 0 & 0 \\ 0 & -\cos(\omega_x t) & \sin(\omega_x t) \\ 0 & -\sin(\omega_x t) & -\cos(\omega_x t) \end{bmatrix} \tag{4-3-20}
$$

$$
\boldsymbol{\omega}_{\mathrm{bs}}^{\mathrm{s}} = [\omega_x \quad 0 \quad 0]^{\mathrm{T}} \tag{4-3-21}
$$

4.4 双轴旋转调制程序设计与仿真

4.4.1 程序设计

4.3 节对双轴旋转调制式惯导系统的基本工作原理、双轴旋转调制方案进行了介绍。为了进一步探索双轴旋转调制式惯导系统误差补偿技术，本节根据 4.3 节内容，于 MATLAB 软件中，进行双轴旋转调制式惯导系统的实验。

仿真参数设置如下。

（1）导航解算采用当地地理坐标系机械编排，仿真步长为 0.1 s，仿真时间为 129 600 s（36 h）。

（2）陀螺仪常值漂移为 0.01°/h，陀螺仪随机误差为 0.0003°/h，加速度计零偏为 0.5 mGal，加速度计随机误差为 10^{-6} Gal/s^2。

（3）东向和北向速度、纵摇角、横滚角、航向角均为 0，初始经度为 0°，初始纬度为 45°。

（4）双轴间歇转位旋转方案中，转速为 1 rad/min，锁定时间为 30 s，一个转动周期为 8 min。实验步骤与 4.3 节中单轴旋转调制相同，仅旋转调制策略不同。

4.4.2 仿真结果

根据搭建的单轴旋转调制式捷联惯导系统 SIMULINK 仿真模块，进行 129 600 s（36 h）的仿真实验。

针对双轴旋转调制方案，其 SIMULINK 程序与 4.2 节单轴旋转调制程序一致，仅旋转策略不同。惯导系统姿态角误差仿真曲线如图 4-4-1 所示，位置误差仿真曲线如图 4-4-2 所示。

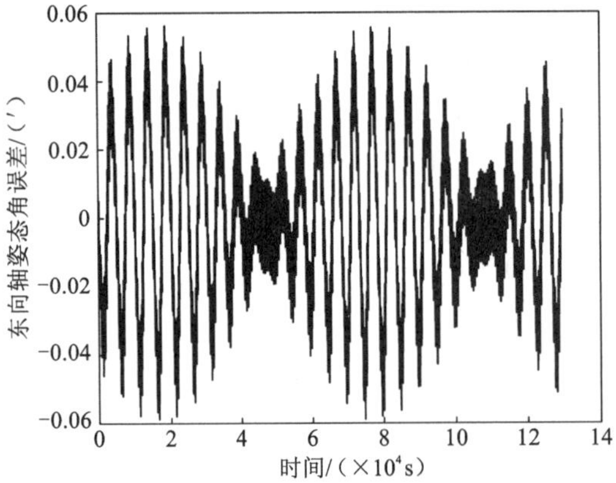

(a) 双轴旋转调制东向轴姿态角误差

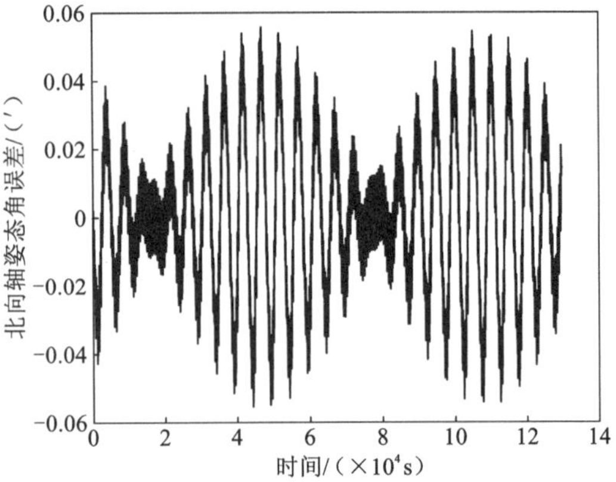

(b) 双轴旋转调制北向轴姿态角误差

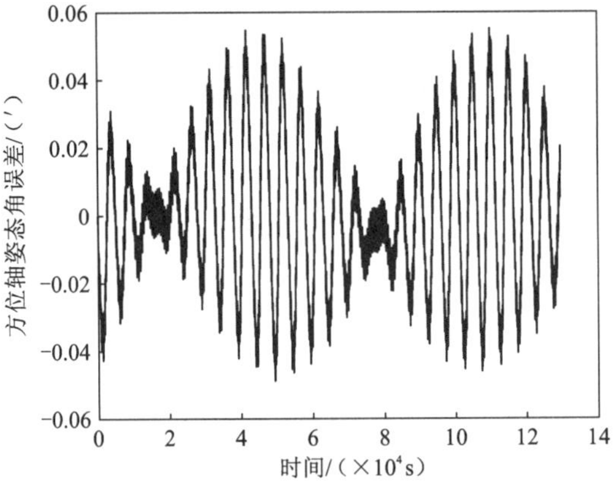

(c) 双轴旋转调制方位轴姿态角误差

图 4-4-1　双轴旋转调制式惯导系统姿态角误差

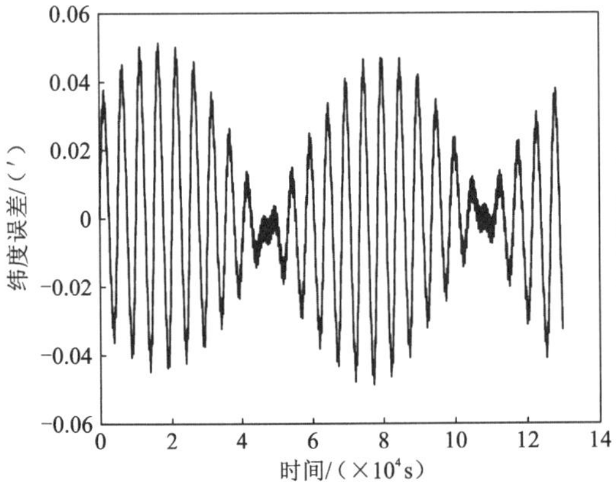

(a) 双轴旋转调制纬度误差

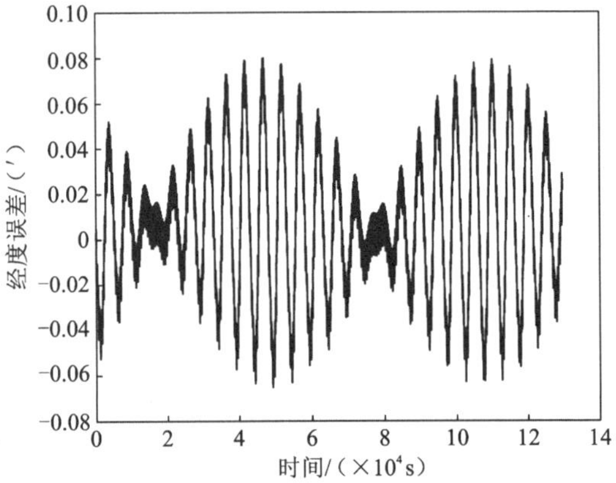

(b) 双轴旋转调制经度误差

图 4-4-2　双轴旋转调制式惯导系统位置误差

对比 4.2 节仿真结果可以看出，双轴旋转调制式惯导系统的三个轴向上的误差都得到了调制，较单轴旋转调制式系统进一步提高了系统导航精度，误差补偿效果更为全面。

第 5 章

捷联惯导极区导航方法

5.1 极区基本情况

随着全球运输的发展，极区导航技术已成为导航领域的研究热点。由于极区特殊的地理特性，一般的导航方法（如卫星导航、无线电导航和地磁导航）在极区并不总是高效的，而惯性导航不受极区地磁变化和太阳风暴等外部条件的影响。考虑其自主性优势，捷联惯性导航系统（SINS）是极区载具的首选系统，本节介绍极区的基本情况。

5.1.1 地理学定义的极区范围

地理学上，以南北纬 66° 34′纬线圈为界划分极区范围，66° 34N′纬线圈为北极圈，66° 34′S 纬线圈为南极圈。北极圈以北的广大地区称为北极地区，主要包括极区北冰洋、边缘陆地海岸带及岛屿、北极苔原和最外侧的泰加林带，总面积约为 2100 万 km^2，其中陆地面积约为 800 万 km^2。南极圈以南的广大地区称为南极地区，主要包括南极洲及其附近的南大洋和一些岛屿。通常选择地理学意义的极区概念，将南极圈、北极圈作为进入极区的界线。以极圈划分极区的合理性主要休现在纬度与日照有直接关系。地理学上，南极圈、北极圈分别是各自半球温带与寒带的分界线，也是各自半球上发生极昼、极夜现象的边界线。例如，南极圈以南的区域为南寒带，阳光斜射，即使在极昼，正午太阳高度角也很小，地面获得太阳的热量很少。由于地球章动，北极圈边界每年有大约 7.62 m（多种因素综合，统计意义上的粗估值，实际可能远小于该值）的漂移，极区纬度的准确值为 66° 33′47.2″。

5.1.2 物候学定义的极区范围

物候学北极的定义以 7 月平均 10 ℃等温线（海洋以 5 ℃等温线）为北极地区的最南界。在此情况下，北极地区的总面积将扩大至 2700 万 km^2，其中陆地面积约为 1200 万 km^2。随着全球环境变暖，这一界线逐渐北移，覆盖的极区范围不断缩小。

5.1.3 航海学定义的极区范围

航海学的划分方式主要针对北极水域。北极水域是指从格陵兰岛法韦尔角以南（58° N，

42° W）处到地理位置（64° 37′N，35° 27′W），由此以恒向线到地理位置（67° 03′9N，26° 33′4W），然后由此以恒向线到扬马延岛，从扬马延岛的南部海岸以恒向线延伸到熊岛，再以大圆线到卡宁诺斯角，沿着亚洲大陆北岸向东到白令海峡并从白令海峡向西南延至 60° N 直到伊利佩尔斯基，由此处沿 60° N 纬度线东移到包括埃托林海峡在内的北美大陆，并从那里沿着北美大陆的北部海岸到东岸 60° N 处，接着从该处向东沿 60° N 纬度线到西经（56° 37′W）处，最后回到地理位置（58° N，42° W）所包围的水域。这一划分形式与 10 ℃等温线划分形式有相近之处。

5.2 基于虚拟圆球法的极区导航方法

5.2.1 虚拟圆球模型

为了抑制传统地球球形模型假设下极区导航算法存在的原理性误差，同时避免传统地球椭球模型假设下导航参数更新的强耦合性和复杂性，本小节在虚拟圆球模型极区导航算法研究的基础上，重点研究虚拟圆球模型极区导航全球导航算法编排、虚拟圆球的参数确定、横坐标转换及导航参数更新。

全球导航统一编排的核心在于克服传统算法极区计算溢出的问题，因此相关研究都是基于不同传统的地理坐标系的导航信息表示方法，如地心地固坐标系导航编排和向量法算法编排。本小节开展基于向量法的惯导全球导航算法编排机制研究，推到基于向量表示的导航全参数算法编排，从而彻底抑制极区计算溢出问题。

基于虚拟圆球模型的惯导全球导航算法的目的在于满足包含极区在内的全球导航，简化横向导航坐标系的转换过程，避免基于椭球模型的复杂横向导航方法（WGS-84 或 CGC2000 模型）。其核心就是构造一个虚拟圆球模型，该模型可以看作一个具有卯酉圈半径的人工球，如图 5-2-1 所示。

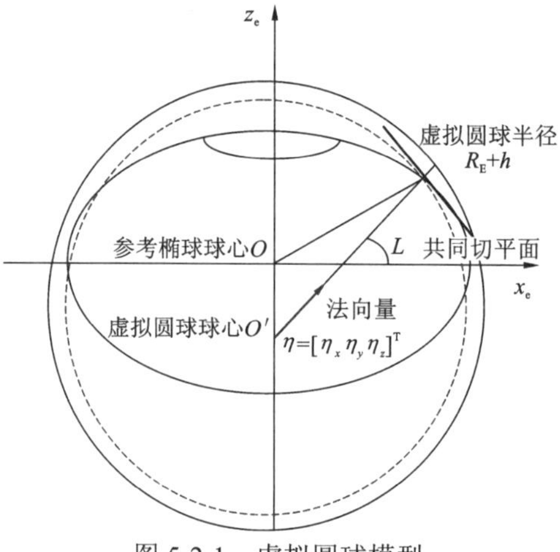

图 5-2-1 虚拟圆球模型

根据图中关系可知该虚拟圆球半径为

$$\mathrm{OP}=R_{\mathrm{t}}=\frac{1}{\sqrt{(\cos L)^2/R_{\mathrm{e}}^2+(1-f)^4(\sin L)^2/R_{\mathrm{p}}^2}} \tag{5-2-1}$$

式中：各符号意义参见 1.3 节。

根据横坐标系与传统坐标系之间经纬度关系，可得基于横坐标系经纬度表示的虚拟圆球半径为

$$R_{\mathrm{t}}=\frac{R_{\mathrm{e}}}{\sqrt{1-(2f-f^2)(\cos\lambda_{\mathrm{t}}\sin L_{\mathrm{t}})^2}} \tag{5-2-2}$$

式中：L_{t} 和 λ_{t} 分别为横坐标系下的纬度和经度。接下来就是基于该球形模型的惯导参数更新，具体不再赘述。

需要指出的是，虽然构造一个虚拟圆球有利于算法更新，但是所需要的信息仍然是实际的地球表面信息，其中主要涉及北向速度的一个伸缩变换，该变换系数主要由虚拟圆球模型的半径与地球的子午圈半径之间的比值 K_{R} 确定，根据图 5-2-1 中几何关系可知，该比例系数为

$$K_{\mathrm{R}}=\frac{R_{\mathrm{t}}}{R_{\mathrm{N}}}=\frac{[1-(2-f)f\sin^2 L]^{-\frac{1}{2}}}{(1-f)^2[1-(2-f)f\sin^2 L]^{-\frac{3}{2}}}=\frac{1-(2-f)f\sin^2 L}{(1-f)^2} \tag{5-2-3}$$

向量法主要用来解决传统地理经纬度表示在高纬度地球的数值计算问题。向量法中与位置信息相关的矢量为

$$\boldsymbol{\eta}=[\cos L\cos\lambda \quad \cos L\sin\lambda \quad \sin L]^{\mathrm{T}} \tag{5-2-4}$$

由式（5-2-4）可知，当载体在极点，即 $L=\pm\pi/2$ 、$\cos L=0$ 时，$\boldsymbol{\eta}$ 的前两个分量均为零，这样经度的取值与矢量无关，避免了传统经纬度表示法在极区中存在奇异值的数值解算问题。

根据式（5-2-4）及子午圈半径和卯酉圈半径的定义，可以推导它们之间的转换关系为

$$R_{\mathrm{N}}=\frac{R_{\mathrm{e}}(1-e^2)}{(1-e^2\sin^2 L)^{\frac{3}{2}}} \tag{5-2-5}$$

$$R_{\mathrm{E}}=\frac{R_{\mathrm{e}}}{\sqrt{(1-e^2\sin^2 L)}} \tag{5-2-6}$$

式中：e 为地球参考椭球第一偏心率。

在此基础上，可以推导基于向量 $\boldsymbol{\eta}$ 表示的全套导航更新算法。

5.2.2 基于虚拟圆球模型的惯导机械编排

基于法向量位置模型的导航机械编排选择地球坐标系为导航坐标系，用法向量代替经纬高进行位置更新。

使用法向量表示位置时，其具体表达式为

$$\boldsymbol{\eta}=[\cos L\cos\lambda \quad \cos L\sin\lambda \quad \sin L]^{\mathrm{T}} \tag{5-2-7}$$

在地球坐标系下，载体到地心的位置矢量 $\boldsymbol{r}=[x_{\mathrm{eb}}^{\mathrm{b}} \quad y_{\mathrm{eb}}^{\mathrm{b}} \quad z_{\mathrm{eb}}^{\mathrm{b}}]^{\mathrm{T}}$ 与法向量的转换关系为

$$
\begin{cases} x_{\mathrm{eb}}^{\mathrm{e}} = (R_{\mathrm{E}} + h)\cos L \cos\lambda \\ y_{\mathrm{eb}}^{\mathrm{e}} = (R_{\mathrm{E}} + h)\cos L \sin\lambda \\ z_{\mathrm{eb}}^{\mathrm{e}} = (R_{\mathrm{N}} + h)\sin L \end{cases} \tag{5-2-8}
$$

式中：R_{E} 和 R_{N} 分别为地球的卯酉圈半径和子午圈半径。

在垂直方向上，法向量方向与载体垂直高度方向一致，载体垂直方向的微分方程为

$$
\dot{h} = \boldsymbol{\eta} \cdot \boldsymbol{v}_{\mathrm{eb}}^{\mathrm{e}} = [\eta_x \quad \eta_x \quad \eta_x] \begin{bmatrix} v_{\mathrm{eb}x}^{\mathrm{e}} \\ v_{\mathrm{eb}y}^{\mathrm{e}} \\ v_{\mathrm{eb}z}^{\mathrm{e}} \end{bmatrix} \tag{5-2-9}
$$

在水平方向上，可推得法向量 $\boldsymbol{\eta}$ 的微分方程使用子午圈半径 R_{N}、卯酉圈半径 R_{E} 和大地高度 h 表示为

$$
\begin{cases} \dot{\eta}_x = \left(\dfrac{x_{\mathrm{eb}}^{\mathrm{e}}}{R_{\mathrm{E}} + h}\right)' = \dfrac{\dot{x}_{\mathrm{eb}}^{\mathrm{e}}}{R_{\mathrm{E}} + h} - \dfrac{x_{\mathrm{eb}}^{\mathrm{e}} \cdot \dot{h}}{(R_{\mathrm{E}} + h)^2} \\ \quad = \dfrac{1}{R_{\mathrm{E}} + h}[1 - \eta_x^2 \quad -\eta_x\eta_y \quad -\eta_x\eta_z] \begin{bmatrix} v_{\mathrm{eb}x}^{\mathrm{e}} \\ v_{\mathrm{eb}y}^{\mathrm{e}} \\ v_{\mathrm{eb}z}^{\mathrm{e}} \end{bmatrix} \\ \dot{\eta}_y = \left(\dfrac{y_{\mathrm{eb}}^{\mathrm{e}}}{R_{\mathrm{E}} + h}\right)' = \dfrac{\dot{y}_{\mathrm{eb}}^{\mathrm{e}}}{R_{\mathrm{E}} + h} - \dfrac{y_{\mathrm{eb}}^{\mathrm{e}} \cdot \dot{h}}{(R_{\mathrm{E}} + h)^2} \\ \quad = \dfrac{1}{R_{\mathrm{E}} + h}[-\eta_x\eta_y \quad 1 - \eta_y^2 \quad -\eta_y\eta_z] \begin{bmatrix} v_{\mathrm{eb}x}^{\mathrm{e}} \\ v_{\mathrm{eb}y}^{\mathrm{e}} \\ v_{\mathrm{eb}z}^{\mathrm{e}} \end{bmatrix} \\ \dot{\eta}_z = \left(\dfrac{y_{\mathrm{eb}}^{\mathrm{e}}}{R_{\mathrm{E}} + h}\right)' = \dfrac{\dot{y}_{\mathrm{eb}}^{\mathrm{e}}}{R_{\mathrm{E}} + h} - \dfrac{y_{\mathrm{eb}}^{\mathrm{e}} \cdot \dot{h}}{(R_{\mathrm{E}} + h)^2} \\ \quad = \dfrac{1}{R_{\mathrm{N}} + h}[-\eta_x\eta_z \quad -\eta_y\eta_z \quad 1 - \eta_z^2] \begin{bmatrix} v_{\mathrm{eb}x}^{\mathrm{e}} \\ v_{\mathrm{eb}y}^{\mathrm{e}} \\ v_{\mathrm{eb}z}^{\mathrm{e}} \end{bmatrix} \end{cases} \tag{5-2-10}
$$

位置微分方程（5-2-10）整理可得

$$
\begin{aligned} \dot{\boldsymbol{\eta}} = \begin{bmatrix} \dot{\boldsymbol{\eta}}_x \\ \dot{\boldsymbol{\eta}}_y \\ \dot{\boldsymbol{\eta}}_z \end{bmatrix} &= \frac{\boldsymbol{K}_{\mathrm{R}}}{R_{\mathrm{E}} + h} \begin{bmatrix} 1 - \eta_x^2 & -\eta_x\eta_y & -\eta_x\eta_z \\ -\eta_x\eta_y & 1 - \eta_y^2 & -\eta_y\eta_z \\ -\eta_x\eta_z & -\eta_y\eta_z & 1 - \eta_z^2 \end{bmatrix} \begin{bmatrix} v_{\mathrm{eb}x}^{\mathrm{e}} \\ v_{\mathrm{eb}y}^{\mathrm{e}} \\ v_{\mathrm{eb}z}^{\mathrm{e}} \end{bmatrix} \\ &= \boldsymbol{M}_{\eta v} \boldsymbol{v}_{\mathrm{eb}}^{\mathrm{e}} \end{aligned} \tag{5-2-11}
$$

式中：$\boldsymbol{M}_{\eta v}$ 可表示为

$$
\boldsymbol{M}_{\eta v} = \frac{1}{R_{\mathrm{E}} + h} \boldsymbol{K}_{\mathrm{R}} (\boldsymbol{I}_{3\times 3} - \boldsymbol{\eta}\boldsymbol{\eta}^{\mathrm{T}}) \tag{5-2-12}
$$

地球坐标系下的速度微分方程为

$$
\dot{\boldsymbol{v}}_{\mathrm{eb}}^{\mathrm{e}} = \boldsymbol{C}_{\mathrm{b}}^{\mathrm{e}} \boldsymbol{f}_{\mathrm{ib}}^{\mathrm{b}} - 2[\boldsymbol{\omega}_{\mathrm{ie}}^{\mathrm{e}} \times] \boldsymbol{v}_{\mathrm{eb}}^{\mathrm{e}} + \boldsymbol{g}^{\mathrm{e}} \tag{5-2-13}
$$

式中：$(\cdot)\times$ 表示矢量的反对称矩阵；$\boldsymbol{v}_{\mathrm{eb}}^{\mathrm{e}}=[\boldsymbol{v}_{\mathrm{eb}x}^{\mathrm{e}} \quad \boldsymbol{v}_{\mathrm{eb}y}^{\mathrm{e}} \quad \boldsymbol{v}_{\mathrm{eb}z}^{\mathrm{e}}]^{\mathrm{T}}$ 为 e 系下的理想速度；$\boldsymbol{f}_{\mathrm{ib}}^{\mathrm{b}}$ 为加速度计输出的比力；$\boldsymbol{g}^{\mathrm{e}}$ 为重力加速度在 e 系下的投影。

地球坐标系下的姿态微分方程为

$$\dot{\boldsymbol{C}}_{\mathrm{b}}^{\mathrm{e}}=\boldsymbol{C}_{\mathrm{b}}^{\mathrm{e}}[\boldsymbol{\omega}_{\mathrm{ib}}^{\mathrm{b}}\times]-[\boldsymbol{\omega}_{\mathrm{ie}}^{\mathrm{e}}\times]\boldsymbol{C}_{\mathrm{b}}^{\mathrm{e}}=\boldsymbol{C}_{\mathrm{b}}^{\mathrm{e}}[\boldsymbol{\omega}_{\mathrm{eb}}^{\mathrm{e}}\times] \tag{5-2-14}$$

式中：$\boldsymbol{C}_{\mathrm{b}}^{\mathrm{e}}$ 为 b 系到 e 系的方向余弦矩阵；$\boldsymbol{\omega}_{\mathrm{eb}}^{\mathrm{e}}$ 为载体相对于地球系旋转的角速度在地球系下的投影。

综上可得，在理想地球坐标系下虚拟圆球法向量位置模型的惯性导航机械编排为

$$\begin{cases}\dot{\boldsymbol{C}}_{\mathrm{b}}^{\mathrm{e}}=\boldsymbol{C}_{\mathrm{b}}^{\mathrm{e}}[\boldsymbol{\omega}_{\mathrm{ib}}^{\mathrm{b}}\times]-[\boldsymbol{\omega}_{\mathrm{ie}}^{\mathrm{e}}\times]\boldsymbol{C}_{\mathrm{b}}^{\mathrm{e}}=\boldsymbol{C}_{\mathrm{b}}^{\mathrm{e}}[\boldsymbol{\omega}_{\mathrm{eb}}^{\mathrm{e}}\times]\\ \dot{\boldsymbol{v}}_{\mathrm{eb}}^{\mathrm{e}}=\boldsymbol{C}_{\mathrm{b}}^{\mathrm{e}}\boldsymbol{f}_{\mathrm{ib}}^{\mathrm{b}}-2[\boldsymbol{\omega}_{\mathrm{ie}}^{\mathrm{e}}\times]\boldsymbol{v}_{\mathrm{eb}}^{\mathrm{e}}+\boldsymbol{g}^{\mathrm{e}}\\ \dot{\boldsymbol{\eta}}=\boldsymbol{M}_{\eta v}\boldsymbol{v}_{\mathrm{eb}}^{\mathrm{e}}\end{cases} \tag{5-2-15}$$

5.3 基于虚拟圆球法的极区导航程序设计与仿真

5.3.1 程序设计

5.2 节对基于虚拟圆球法的极区导航机械编排进行了介绍，本节结合其内容，在 MATLAB 环境下，搭建对应的导航算法，分别进行姿态解算、速度解算和位置解算，完成载体运动轨迹的设计实验。

仿真条件设置：载体为静态，重力加速度为 9.8 m/s^2，初始经度为 108.9°，纬度为 34.2°，初始速度为 0 m/s，初始失准角为 0；仿真总时长为 900 s（15 min）。

实验要求：载体在 10 000 ms 飞行时间内，完成变速、转弯等动作。

实验步骤如下。

（1）进行运动特征预设，具体如下。

```
tra = [    %参数含义：持续时间, wtx,wty,wtz, atx,aty,atz
100, 0, 0, 0, 0, 0, 0
10, 0, 0, 0, 0, 1, 0
100, 0, 0, 0, 0, 0, 0
100, 0, 0, w1, -0.1, 0, 0
100, 0, 0, 0, 0, 0, 0
100, 0, 0, -0, 0, 0, 0
100, 0, 0, 0, 0, 0, 0
10, 0, 0, 0, 0, 0, 0
100, 0, 0, 0, 0, 0, 0
10, -0, 0, 0, 0, 0, -0
100, 0, 0, 0, 0, 0, 0
10, 0, 0, 0, 0, -0, 0
60, 0, 0, 0, 0, 0, 0
];
```

（2）根据运动特征预设，获取参数 ω_θ、ω_γ、ω_ψ 和 a_y，具体如下。

```
clear;clc;
wat = tra; %轨迹
ts=0.1; %惯性导航系统采样周期
T=sum(wat(:,5))/ts; %运行时间 9000ms
wx=zeros(T,1);wy=zeros(T,1);wz=zeros(T,1);ay=zeros(T,1);snum=0;
%参数初始化
%根据载体运动特征预设，获取参数ωθ(wx)、ωγ(wy)、ωψ(wz)和ay(ay)。
for i=1:size(wat,1)
num=wat(i,5)/ts;
if i==1
wx(1:num,:)=repmat(wat(i,1),num,1);
wy(1:num,:)=repmat(wat(i,2),num,1);
wz(1:num,:)=repmat(wat(i,3),num,1);
ay(1:num,:)=repmat(wat(i,4),num,1);
else
wx(snum+1:snum+num,:)=repmat(wat(i,1),num,1);
wy(snum+1:snum+num,:)=repmat(wat(i,2),num,1);
wz(snum+1:snum+num,:)=repmat(wat(i,3),num,1);
ay(snum+1:snum+num,:)=repmat(wat(i,4),num,1);
end
snum=snum+num;
end
```

（3）根据步骤（2）获取的参数，用 MATLAB 运行对应的惯导结算程序。

5.3.2 仿真结果

仿真结果如图 5-3-1～图 5-3-3 所示。

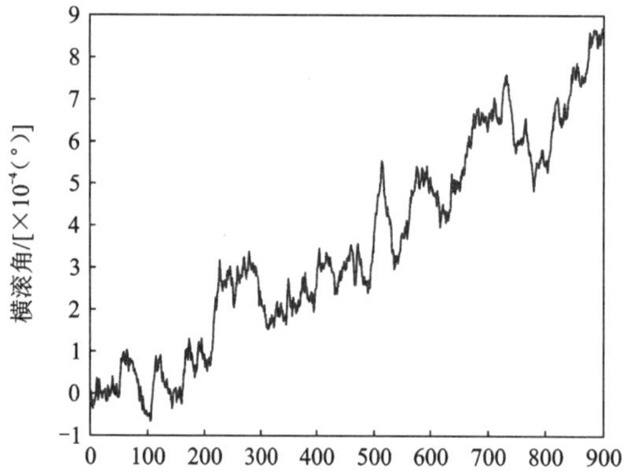

（a）横滚角估计

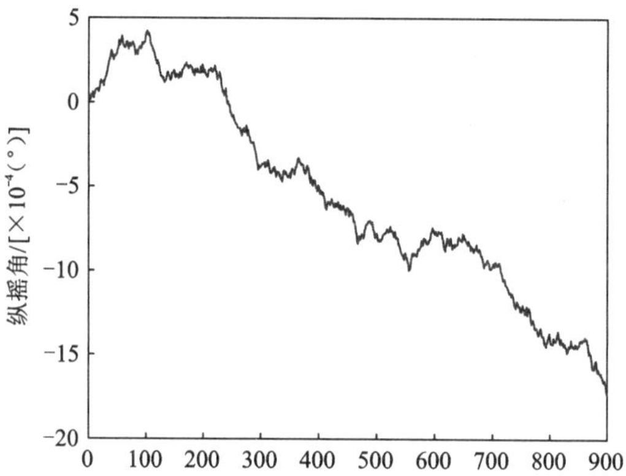

（b）纵摇角估计

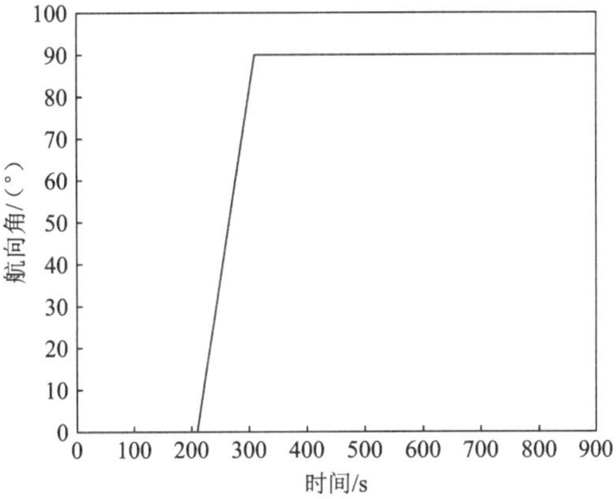

（c）航向角估计

图 5-3-1　捷联惯性导航系统输出失准角

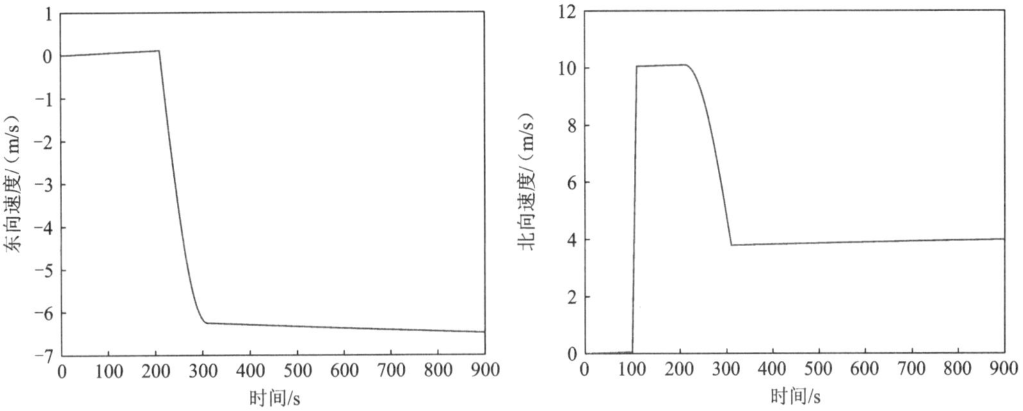

（a）东向速度估计　　（b）北向速度估计

图 5-3-2　捷联惯性导航系统输出速度

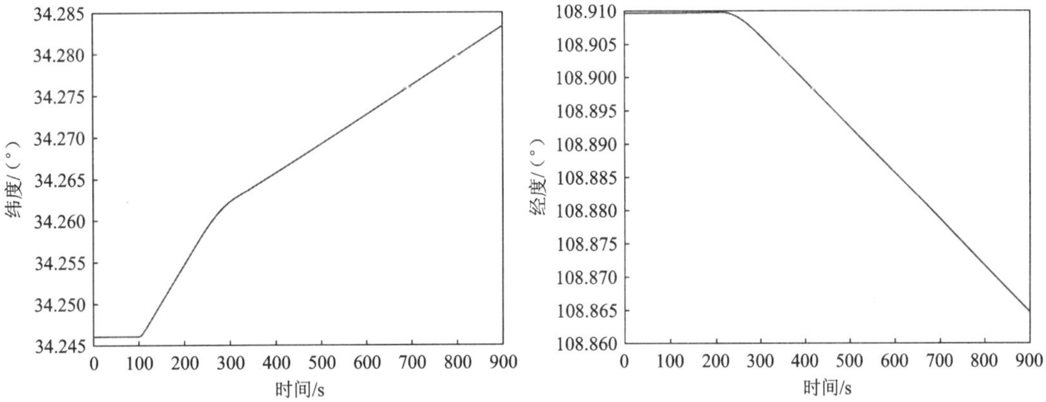

（a）纬度估计　　（b）经度估计

图 5-3-3　捷联惯性导航系统输出位置

5.4 基于虚拟圆球向量法位置模型的误差分析

5.4.1 姿态角误差方程

捷联惯导系统的姿态角误差方程如下：

$$\dot{\boldsymbol{\phi}}^{\mathrm{e}} = -\boldsymbol{\omega}_{\mathrm{ie}}^{\mathrm{e}} \times \boldsymbol{\phi}^{\mathrm{e}} - \boldsymbol{C}_{\mathrm{b}}^{\mathrm{e}} \delta \boldsymbol{\omega}_{\mathrm{ib}}^{\mathrm{b}} \tag{5-4-1}$$

式中：$\boldsymbol{\phi}^{\mathrm{e}}$ 为计算地球坐标系与真实地球坐标系之间的姿态失准角；$\boldsymbol{C}_{\mathrm{b}}^{\mathrm{e}}$ 为捷联矩阵。

5.4.2 速度误差方程

当不考虑任何误差时，速度的理想值由式（5-4-2）给出：

$$\dot{\boldsymbol{v}}_{\mathrm{eb}}^{\mathrm{e}} = \boldsymbol{C}_{\mathrm{b}}^{\mathrm{e}} \boldsymbol{f}_{\mathrm{ib}}^{\mathrm{b}} - 2[\boldsymbol{\omega}_{\mathrm{ie}}^{\mathrm{e}} \times] \boldsymbol{v}_{\mathrm{eb}}^{\mathrm{e}} + \boldsymbol{g}^{\mathrm{e}} \tag{5-4-2}$$

而实际系统中总存在各种误差，因此实际的速度计算值应由以下方程确定：

$$\dot{\tilde{\boldsymbol{v}}}_{\mathrm{eb}}^{\mathrm{e}} = \tilde{\boldsymbol{C}}_{\mathrm{b}}^{\mathrm{e}} \tilde{\boldsymbol{f}}_{\mathrm{ib}}^{\mathrm{b}} - 2[\tilde{\boldsymbol{\omega}}_{\mathrm{ie}}^{\mathrm{e}} \times] \tilde{\boldsymbol{v}}_{\mathrm{eb}}^{\mathrm{e}} + \tilde{\boldsymbol{g}}^{\mathrm{e}} \tag{5-4-3}$$

以上两式相减，略去二阶小项，可得速度误差方程为

$$\delta \dot{\boldsymbol{v}}_{\mathrm{eb}}^{\mathrm{e}} = \boldsymbol{C}_{\mathrm{b}}^{\mathrm{e}} f^{\mathrm{b}} \times \boldsymbol{\phi}^{\mathrm{e}} - 2(\boldsymbol{\omega}_{\mathrm{ie}}^{\mathrm{e}} \times) \delta \boldsymbol{v}_{\mathrm{eb}}^{\mathrm{e}} + \boldsymbol{C}_{\mathrm{b}}^{\mathrm{e}} \delta \boldsymbol{f}^{\mathrm{b}} \tag{5-4-4}$$

5.4.3 位置误差方程

基于法向量表示的位置方程为

$$\dot{\boldsymbol{\eta}} = \boldsymbol{M}_{\eta v} \boldsymbol{v}_{\mathrm{eb}}^{\mathrm{e}} \tag{5-4-5}$$

带有误差的位置方程为

$$\dot{\tilde{\boldsymbol{\eta}}} = \tilde{\boldsymbol{M}}_{\eta v} \tilde{\boldsymbol{v}}_{\mathrm{eb}}^{\mathrm{e}} \tag{5-4-6}$$

以上两式相减，略去二阶小项，可得位置误差方程为

$$\delta \dot{\boldsymbol{\eta}} = \boldsymbol{M}_{\eta v} \delta \boldsymbol{v}_{\mathrm{eb}}^{\mathrm{e}} + \boldsymbol{M}_{\eta\eta} \delta \boldsymbol{\eta} \tag{5-4-7}$$

式中：$\boldsymbol{M}_{\eta\eta}$ 可表示为

$$\boldsymbol{M}_{\eta\eta} = -\frac{1}{R_{\mathrm{E}} + h} \boldsymbol{K}_{\mathrm{R}} \boldsymbol{\eta} (\boldsymbol{v}_{\mathrm{eb}}^{\mathrm{e}})^{\mathrm{T}} \tag{5-4-8}$$

5.4.4 静基座误差方程

综上所述，得到静基座误差方程为

$$\begin{bmatrix} \dot{\boldsymbol{\phi}}^{\mathrm{e}} \\ \delta \dot{\boldsymbol{v}}_{\mathrm{eb}}^{\mathrm{e}} \\ \delta \dot{\boldsymbol{\eta}} \\ \dot{\boldsymbol{\varepsilon}}_{\mathrm{g}} \\ \dot{\boldsymbol{\varepsilon}}_{\mathrm{a}} \end{bmatrix} = \begin{bmatrix} -[\boldsymbol{\omega}_{\mathrm{ie}}^{\mathrm{e}} \times] & \boldsymbol{0}_{3\times3} & \boldsymbol{0}_{3\times3} & -\boldsymbol{C}_{\mathrm{b}}^{\mathrm{e}} & \boldsymbol{0}_{3\times3} \\ \boldsymbol{C}_{\mathrm{b}}^{\mathrm{e}}[\boldsymbol{f}_{\mathrm{ib}}^{\mathrm{b}} \times] & -2[\boldsymbol{\omega}_{\mathrm{ie}}^{\mathrm{e}} \times] & \boldsymbol{0}_{3\times3} & \boldsymbol{0}_{3\times3} & \boldsymbol{C}_{\mathrm{b}}^{\mathrm{e}} \\ \boldsymbol{0}_{3\times3} & \boldsymbol{M}_{\eta v} & \boldsymbol{M}_{\eta\eta} & \boldsymbol{0}_{3\times3} & \boldsymbol{0}_{3\times3} \\ \boldsymbol{0}_{3\times3} & \boldsymbol{0}_{3\times3} & \boldsymbol{0}_{3\times3} & \boldsymbol{0}_{3\times3} & \boldsymbol{0}_{3\times3} \\ \boldsymbol{0}_{3\times3} & \boldsymbol{0}_{3\times3} & \boldsymbol{0}_{3\times3} & \boldsymbol{0}_{3\times3} & \boldsymbol{0}_{3\times3} \end{bmatrix} \begin{bmatrix} \boldsymbol{\phi}^{\mathrm{e}} \\ \delta \boldsymbol{v}_{\mathrm{eb}}^{\mathrm{e}} \\ \delta \boldsymbol{\eta} \\ \boldsymbol{\varepsilon}_{\mathrm{g}} \\ \boldsymbol{\varepsilon}_{\mathrm{a}} \end{bmatrix} \tag{5-4-9}$$

5.5 基于虚拟圆球向量法的位置模型误差分析程序设计与仿真

5.5.1 程序设计

5.4 节根据捷联惯导原理对姿态角、速度和位置误差方程进行了列写。本节结合 5.4 节内容，根据捷联惯导系统的姿态角、速度、位置误差方程及静基座误差方程［式（5-4-9）］，于 MATLAB 软件中搭建捷联惯导误差仿真模型。实验步骤与 5.3.1 小节步骤类似，具体如下。

（1）进行运动特征预设。

（2）根据运动特征预设，获取参数 ω_θ、ω_γ、ω_ψ 和 a_y。

（3）根据步骤（2）获取的参数，用 MATLAB 软件运行误差分析程序。

5.5.2 仿真结果

仿真结果如图 5-5-1～图 5-5-3 所示。

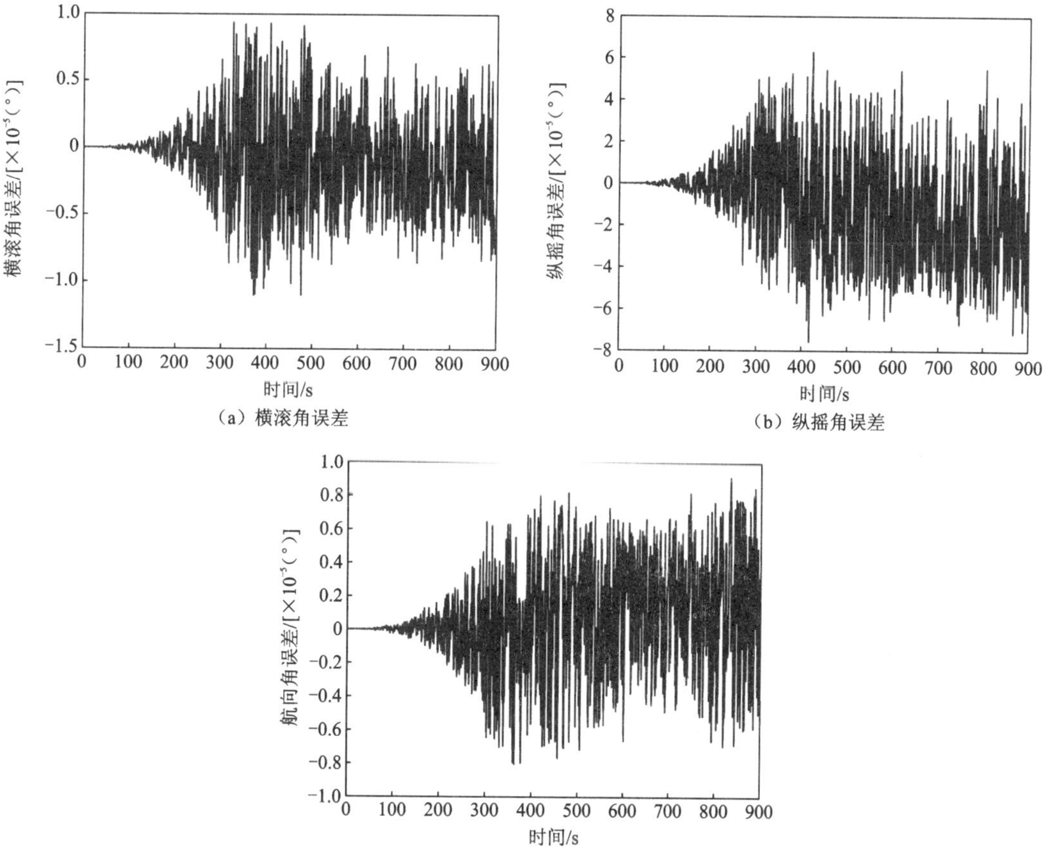

（a）横滚角误差　（b）纵摇角误差　（c）航向角误差

图 5-5-1　捷联惯导姿态角误差

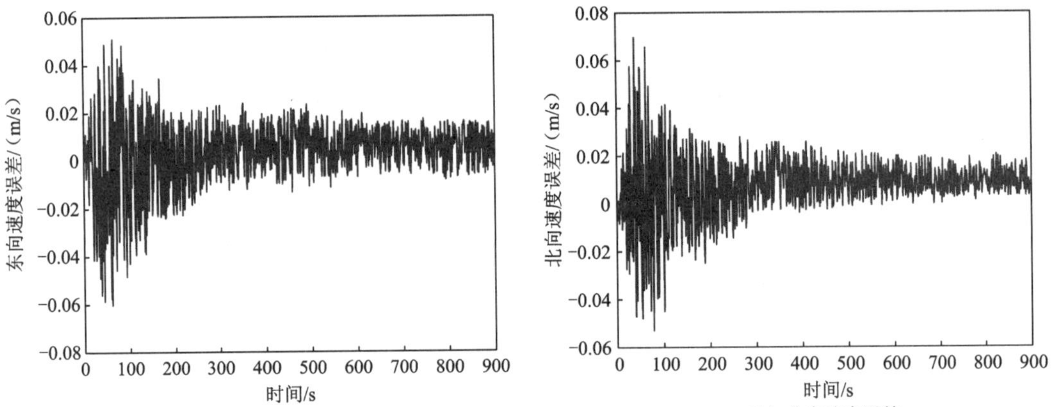

（a）东向速度误差　　（b）北向速度误差

图 5-5-2　捷联惯导速度误差

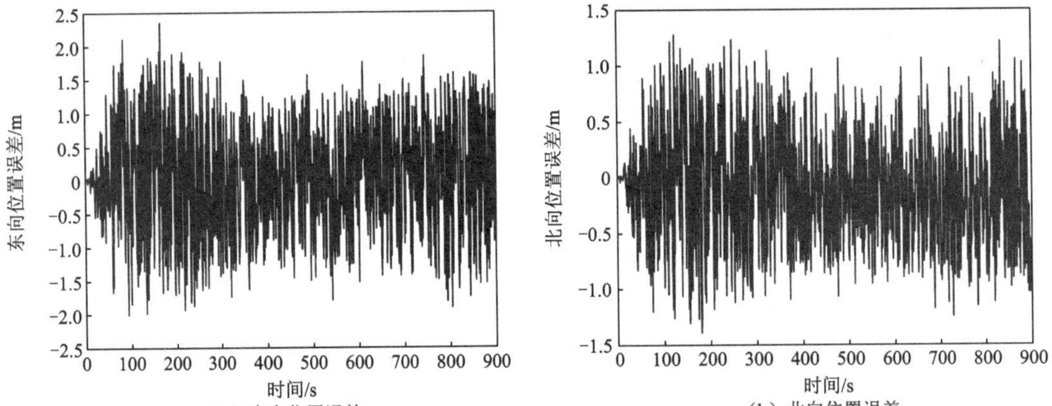

（a）东向位置误差　　（b）北向位置误差

图 5-5-3　捷联惯导位置误差

附录 A SIMULINK 程序设计基础

A.1 SIMULINK 常用运算规则

SIMULINK 是一个以 MATLAB 为基础的软件包，功能强大且使用简单方便，已成为应用广泛的动态系统仿真软件，惯性导航系统的建模和仿真常在 SIMULINK 中进行。本节从操作基础、模型创建、仿真分析、系统封装和函数设计 5 个方面介绍 SIMULINK。

A.1.1 SIMULINK 操作基础

在安装 MATLAB 软件过程中，若选中了 SIMULINK 组件，则在 MATLAB 软件安装完成后，SIMULINK 也安装完毕。注意，SIMULINK 不能独立运行，只能在 MATLAB 软件环境中运行。

1. *启动* SIMULINK

启动 SIMULINK 的方式有以下三种。

（1）在 MATLAB 软件桌面单击“主页”选项卡的“Simulink”按钮。

（2）从“主页”选项卡的“新建”按钮下的展开列表找“SIMULINKModel 选项”。

（3）在命令窗口中输入“simulink”命令。

采用以上三种方式的任意一种打开 SIMULINK，即可打开“Simulink Start Page”对话框，如图 A-1-1 所示。

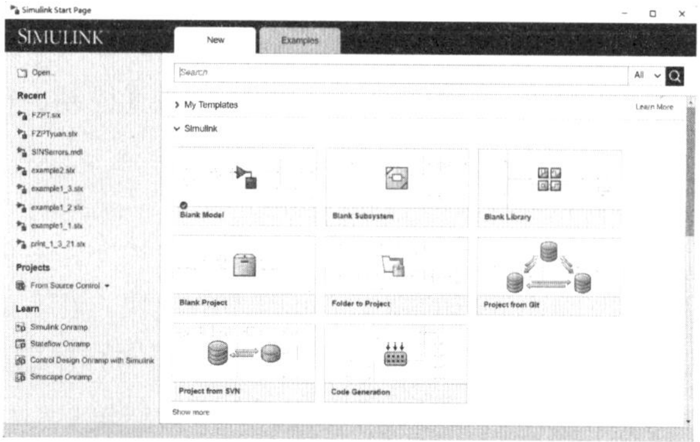

图 A-1-1 “Simulink Start Page”对话框

在“Simulink Start Page”对话框中分类列出了 SIMULINK 模块和项目模板。选择一种模板后，将打开 SIMULINK 编辑器。

2. SIMULINK 编辑器

在图 A-1-1 中，若选择“Open”选项，则会打开已保存的 SIMULINK 程序；若选择 Blank Model 模块，则会打开一个新的 SIMULINK 编辑器，如图 A-1-2 所示，新的编辑器与 MATLAB 新建的 M 文件一样，默认名称都是 untitled。

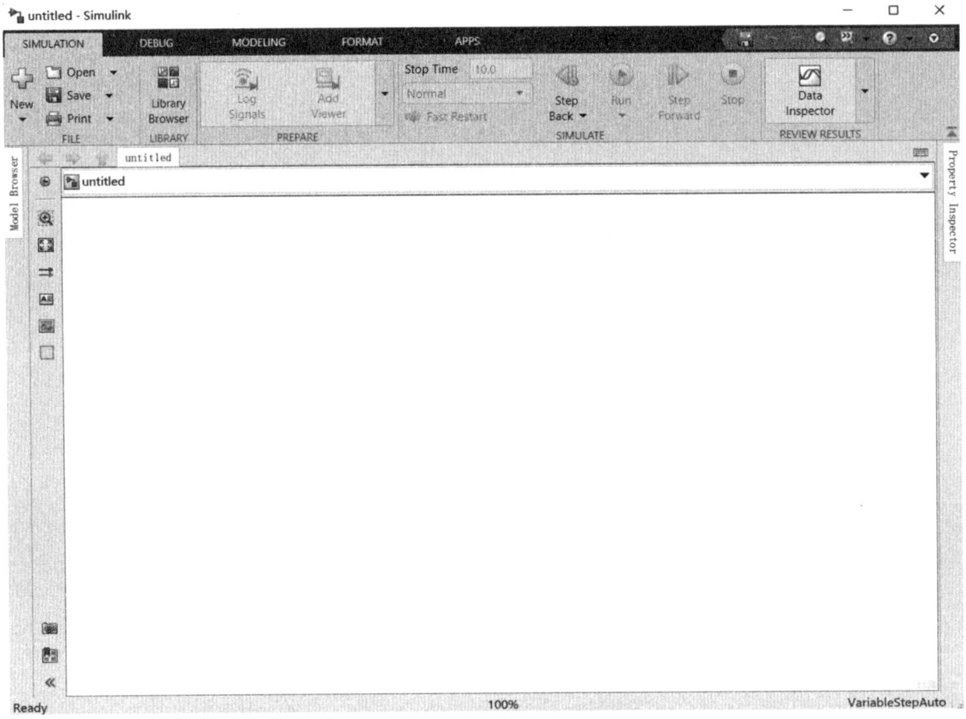

图 A-1-2　SIMULINK 编辑器

SIMULINK 编辑器功能强大，为用户提供了模型设计、仿真和分析等工具。并且如果用户在编辑、编译模型的过程中，会有模型仿真检测，出错的模块会高亮显示，并弹出错误标记，用户可以单击错误标记，以查看其具体描述。

编辑器左边的工具面板提供了调整模型显示方式的工具，主要包括：①隐藏/显示浏览条；②框图缩放；③显示采样时间；④添加标注；⑤添加图像。编辑器上方的工具栏提供了常用的模型文件操作、模型编辑、仿真控制、模型编译等工具。

3. SIMULINK 模块库浏览器

模块库浏览器的左侧以树状列表的形式列出了所有模块库，右侧以图标方式列出在左侧中所选库的子库或在左侧中选出的模块子库包含的模块。在右侧中单击某模块名，将弹出该模块的帮助信息。模块库浏览器是 SIMULINK 编写程序的关键，是最为重要的模块之一，因为该工具栏提供了用于创建新的 SIMULINK 模型、项目或状态流图的按钮，以及用于获取模块帮助信息的按钮。

单击 SIMULINK 编辑器工具栏中的 Library Browser 按钮，将打开 SIMULINK 模块浏览器（Simulink Library Browser）如图 A-1-3 所示。

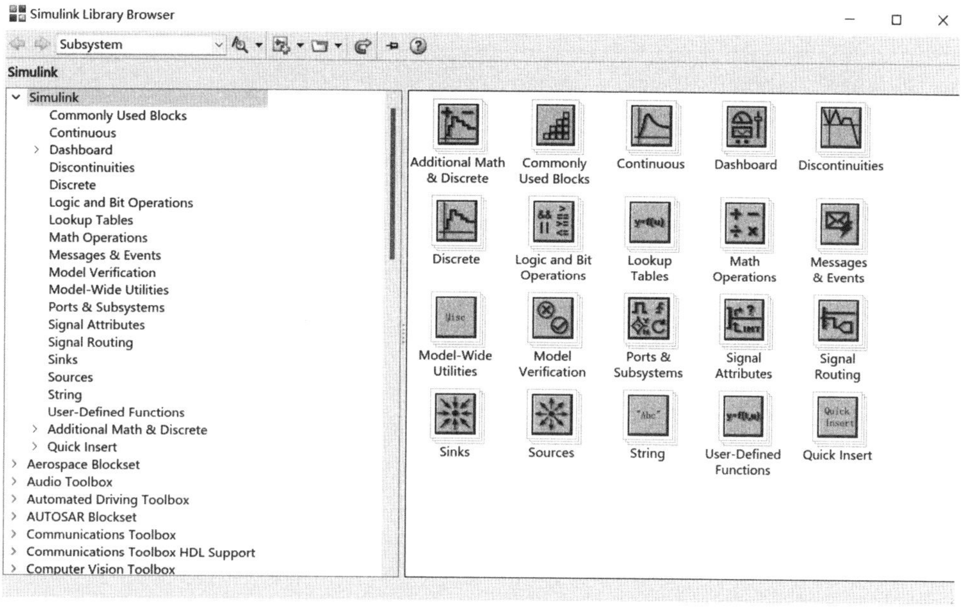

图 A-1-3　SIMULINK 模块库浏览器

4. SIMULINK 模块简介

SIMULINK 模块库由两部分组成：基本模块库和多种专业应用模块库。基本模块库按功能分为若干子库，常用的有：Continuous（连续）模块库、Discontinuities（非连续）模块库、Discrete（离散）模块库、Logic and Bit Operations（逻辑和位运算）模块库、Math Operations（数学运算）模块库、Ports & Subsystems（端口和子系统）模块库、Sources（信号）模块库、Sinks（信宿）模块库等。

Continuous 子库主要实现积分、微分和传递函数等连续运算，主要包括 7 个功能模块，其常用模块名及具体功能见表 A-1-1。

表 A-1-1　Continuous 子库

模块名	具体功能
Derivative	微分环节
Integrator	积分环节
State-Space	状态方程模型
Transfer Fcn	传递函数模型
Transport Delay	把输入信号按给定的时间做延时
Variable Transport Delay	把输入信号按一个可变的时间做延时
Zero-Pole	零-极点增益模型

Discontinuities 子库主要实现线性、非线性等非连续运算，其常用模块名及具体功能见表 A-1-2。

表 A-1-2 Discontinuities 子库

模块名	具体功能
Backlash	间隙非线性
Coulomb & Viscous Friction	库仑和黏度摩擦非线性
Dead Zone	死区非线性
Dead Zone Dynamic	动态死区非线性
Hit Crossing	冲击非线性
Quantizer	量化非线性
Rate Limiter	静态限制信号的变化速率
Rate Limiter Dynamic	动态限制信号的变化速率
Relay	滞环比较器，限制输出值在某一范围内变化
Saturation	饱和输出，让输出超过某一值时能够饱和
Saturation Dynamic	动态饱和输出
Wrap To Zero	还零非线性

Discrete 子库实现差分、离散微分、离散积分等操作，与 Continuous 子库对应，其常用模块名及具体功能见表 A-1-3。

表 A-1-3 Discrete 子库

模块名	具体功能
Difference	差分环节
Discrete Derivative	离散微分环节
Discrete Filter	离散滤波器
Discrete State-Space	离散状态空间系统模型
Discrete Transfer-Fcn	离散传递函数模型
Discrete Zero-Pole	以零-极点表示的离散传递函数模型
Discrete-time Integrator	离散时间积分器
First-Order Hold	一阶保持器
Integer Delay	整数被延迟
Memory	输出本模块上一步的输入值
Tapped Delay	触后延迟
Transfer Fcn First Order	离散一阶传递函数

Logic and Bit Operations 子库主要实现逻辑和位运算，比如组合逻辑、比较等，其常用模块名及具体功能见表 A-1-4。

表 A-1-4 Logic and Bit Operations 子库

模块名	具体功能
Bit Clear	位清零
Bit Set	位置位
Combinatorial Logic	组合逻辑
Compare To Constant	与常量比较
Compare To Zero	与零比较
Detect Change	检测跳变
Detect Decrease	检测递减
Detect Fall Negative	检测负下降沿
Detect Fall Nonpositive	检测非负下降沿
Detect Increase	检测递增
Detect Rise Nonnegative	检测非负上升沿

Math Operations 子库主要实现赋值、加减乘除、比例等数学运算，其常用模块名及具体功能见表 A-1-5。

表 A-1-5 Math Operations 子库

模块名	具体功能
Algebraic Constraint	代数约束
Assignment	赋值
Bias	偏移
Complex to Magnitude Angle	由复数输入转为幅值和相角输出
Complex to Real-Imag	由复数输入转为实部和虚部输出
Divide	除法
Dot Product	点乘运算
Gain	比例运算
Magnitude-Angle to Complex	由幅值和相角输入合成复数输出
Math Function	包括指数函数、对数函数、求平方、开根号等常用数学函数
Matrix Concatenation	矩阵级联
MinMax	最值运算

Ports & Subsystems 子库主要实现 SIMULINK 系统的端口、子系统搭建，具有端口、系统间的连接通信功能，其常用模块名及具体功能见表 A-1-6。

表 A-1-6　Ports & Subsystems 子库

模块名	具体功能
Configurable Subsystem	结构子系统
Atomic Subsystem	单元子系统
CodeReuseSubsystem	代码重用子系统
Enable	使能
Enabled and Triggered Subsystem	使能和触发子系统
Enabled Subsystem	使能子系统
For Iterator Subsystem	重复操作子系统
Function-Call Generator	函数响应生成器
Function-Call Subsystem	函数响应子系统
If	假设操作
If Action Subsystem	假设动作子系统
In1	输入端口

Sources 子库主要实现一个系统的信号发生功能，往往作为一个系统的第一个模块，其常用模块名及具体功能见表 A-1-7。

表 A-1-7　Sources 子库

模块名	具体功能
Band-Limited White Noise	带限白噪声
Chirp Signal	产生一个频率不断增大的正弦波
Clock	显示和提供仿真时间
Constant	常数信号
Counter Free-Running	无限计数器
Counter Limited	有限计数器
Digital Clock	在规定的采样间隔产生仿真时间
From File(.mat)	来自数据文件
From Workspace	来自 MATLAB 的工作空间
Ground	连接到没有连接到的输入端
In1	输入信号
Pulse Generator	脉冲发生器

Sinks 子库主要实现一个系统输出的显示，其常用模块名及具体功能见表 A-1-8。

表 A-1-8　Sinks 子库

模块名	具体功能
Display	数字显示器
Floating Scope	浮动观察器
Out1	输出端口
Scope	示波器
Stop Simulation	仿真停止
Terminator	连接到没有连接到的输出端
To File(.mat)	将输出数据写入数据文件保护
To Workspace	将输出数据写入 MATLAB 的工作空间
XY Graph	显示二维图形

A.1.2　SIMULINK 模型创建

模块在 SIMULINK 中以框图的形式展示，是建立 SIMULINK 仿真系统的重要组成单元，它贯穿于系统的模型创建、函数设计、系统封装和仿真调试等所有环节。其中，模型创建是设计一个完整 SIMULINK 仿真系统的第一步，也是最重要的一步。

1. SIMULINK 的基本模块

创建 SIMULINK 模型时，用适当的方式把各模块连接在一起，就能建立一个简单的仿真模型，因此 SIMULINK 模块的选择与连接是创建模型的基础。

以 Discrete（离散）模块库为例，介绍模块的选择。在 SIMULINK 基本模块库窗口，双击 Discrete 模块库的图标，打开模块库窗口，如图 A-1-4 所示。在 Discrete 模块库中，包含 Delay（延迟环节）、Difference（差分环节）、Discrete Derivative（离散微分环节）、Discrete State-Space（离散状态空间系统模型）等模块库，可供离散系统建模使用。

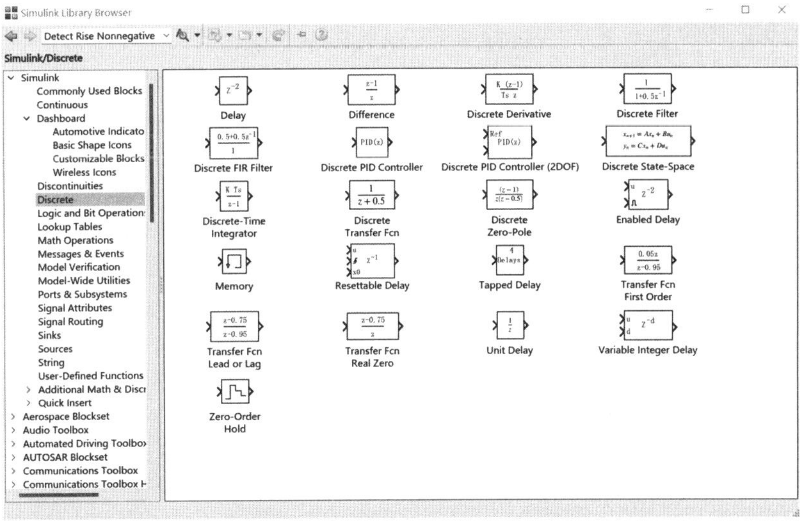

图 A-1-4　Discrete（离散）模块库

SIMULINK 模块库的内容十分丰富，其他模块库（Continuous 模块库、Discontinuities 模块库、Logic and Bit Operations 模块库、Math Operations 模块库等）的操作方法与 Discrete 模块库相同。

2. 模块的操作

用户在找到所需模型后，可对其进行多种操作，如选取、添加、删除、复制、调整外形、设置模块名、连接模块、标注连接线等，具体操作见表 A-1-9。

表 A-1-9　模块的操作

操作名	具体操作
选取单个模块	在模型编辑窗口中单击模块，模块四周出现深色边框后即为选中
选取多个模块	在所有模块所占区域的一角按住鼠标左键不放，拖向该区域的对角，深色框包住所选模块后，放开鼠标左键
添加模块	在 SIMULINK 模块库中找到该模块，然后将这个模块拖曳到模型编辑窗口中
删除模块	在模型编辑窗口选中模块后按 Delete 键或右击，在弹出的快捷菜单中选 Cut 命令或 Delete 命令
在同一模型编辑窗口中复制模块	单击需要复制的模块，按住鼠标左键并同时按下 Ctrl 键，移动鼠标到适当位置，放开鼠标
在不同的模型编辑窗口之间复制模块	打开原模块和目标模块所在的窗口，单击要复制的模块，按住鼠标左键移动鼠标到相应窗口，释放鼠标
调整模块外形	将鼠标指针指向该模块，此时模块的角上出现白色的小块，用鼠标左键点住其周围的 4 个白方块中的任意一个并拖动到需要的位置后释放鼠标
调整模块方向	右击模块，可选择 Rotate & Flip→Clockwise 命令，使模块顺时针方向旋转 90°；选择 Counterclockwise 命令，使模块逆时针方向旋转 90°；选择 Flip Block 命令，使模块旋转 180°
模块的图标、边框和模块名的颜色	选择 Background Color 命令，设置模块的背景色，即模块的背景填充色，选择 Shadow 命令，使模块产生阴影效果
隐藏或显示模块名	右击模块，在弹出的快捷菜单中选择 Format→Show Block Name 命令，使模块隐藏的名字显示出来或隐藏模块名
修改模块名	单击模块名的区域，出现编辑状态的光标，在这种状态下能够对模块名随意修改
修改模块名和模块图标中的字体	右击模块，选择 Format→Font Style for Selection 命令，进而弹出 Select Font 对话框，在对话框中选择需要的字体
模块名的移动	用鼠标拖动模块名到其相对的位置；也右击模块，在弹出的快捷菜单中依次选择 Rotate & Flip→Flip Block Name 命令
两个模块的连接	移动鼠标指针到输出端，当鼠标指针变成十字形光标时按住鼠标左键，移动鼠标指针到另一个模块的输入端，当连接线由虚线变成实线时，释放鼠标左键
模块间连线调整	将鼠标指针移动到需要移动的线段的位置，按住鼠标左键，移动鼠标到目标位置，释放鼠标左键
从一条连线中分出另外一条	连好一条线之后，把鼠标指针移到分支点的位置，先按下 Ctrl 键，然后按住鼠标拖曳到目标模块的输入端，释放鼠标和 Ctrl 键
标注连线	双击要做标记的连线，将出现一个小文本编辑框，在其中输入标注文本，这样就建立了一个信号标记
模块的参数设置	打开模块的参数设置对话框有以下方法：①在模型编辑窗口中双击要设置的模块，②在模型编辑窗口右击模块，在弹出的快捷菜单中选择 Block Parameters 命令
模块的属性设置	在模型编辑窗口右击模块，在弹出的快捷菜单中选择 Properties 命令

参数的设置是保证模型运行正常的重要环节，不同的模块参数要求不同，图 A-1-5 为正弦信号发生器 Sine Wave 模块的参数设置框图，其中包括采样时间、幅值、频率、相位等参数。

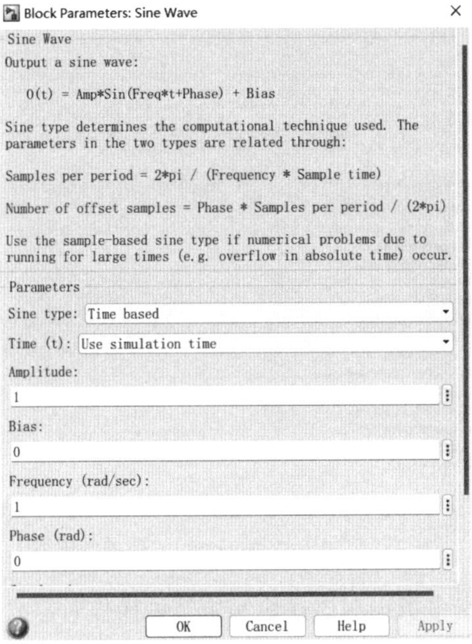

图 A-1-5 Sine Wave 模块参数设置

此外还需注意，模块属性对话框包括 General、Block Annotation 和 Callbacks 三个选项卡，如图 A-1-6 所示。

图 A-1-6 General 选项卡内容

（1）General 选项卡中有以下三个基本属性：①Description，说明该模块在模型中的用法；②Priority，规定该模块在模型中相对于其他模块执行的优先顺序；③Tag，是用户为模块添加的文本格式的标记。

（2）Block Annotation 选项卡中指定在该模块的图标下显示模块的哪个参数，如图 A-1-7 所示，使用时可将左边的选项导入右边选项框中，单击 OK 即可。

图 A-1-7　Block Annotation 选项卡内容

（3）Callbacks 选项卡中指定对该模块实施某种操作时需要执行的 MATLAB 命令或程序，如图 A-1-8 所示，用法与 Block Annotation 选项卡相同。

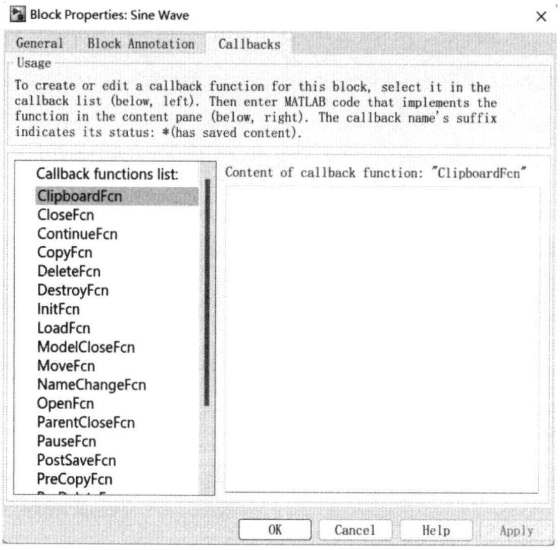

图 A-1-8　Callbacks 选项卡内容

3. 完整的 SIMULINK 模型元素

SIMULINK 模型由多个模块构建，一个典型的 SIMULINK 模型包括以下三类元素。

（1）信号源（Source）。信号源可以是 Constant（常量）、Clock（时钟）、Sine Wave（正弦波）、Step（单位阶跃函数）等。

（2）系统模块。系统模块用于处理输入信号，生产输出信号。例如，Math Operations（数学运算）模块库、Continuous（连续）模块库、Discrete（离散）模块库等。

（3）信宿（Sink）。信宿用于可视化呈现出信号。可以在 Scope（示波器）、XY Graph（图形记录仪）上显示仿真结果，也可以把仿真结果（To File）或导出到工作空间（To Workspace）。

4. SIMULINK 模型仿真

利用 SIMULINK 进行系统仿真的基本步骤如下。

（1）建立系统仿真模型，包括添加模块、设置模块参数、进行模块连接等操作。

（2）设置仿真参数。

（3）启动仿真并分析仿真结果。

（4）分析模型、优化模型结构。

下面通过一个简单的实例，说明利用 SIMULINK 建立仿真模型并进行系统仿真的方法。

利用 SIMULINK，仿真曲线 $y=\int_0^t x(t)\mathrm{d}t,\ x=\cos t$ 。

操作步骤如下。

（1）建立系统仿真模型，包括添加模块、设置模块参数、进行模块连接等操作。

单击 MATLAB 工具条上的“Simulink”按钮，然后点击“Blank Model”，新建 SIMULINK，如图 A-1-9 所示。

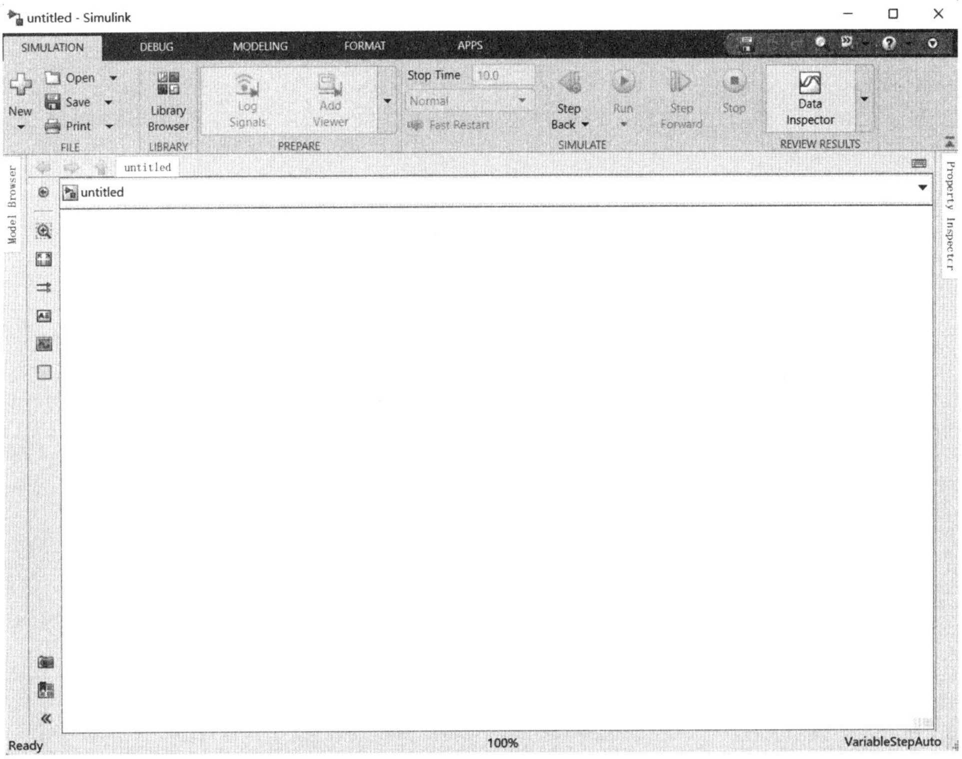

图 A-1-9　SIMULINK 模型创建窗口

单击“Library Browser”按钮，选中 Sources 库，然后在右边选中 Sine Wave 模块并按住鼠标左键不放，将其拖动至图 A-1-9 的 SIMULINK 模型创建窗口中。按照同样的方法，将 Commonly Used Blocks 库中的 Integrator 模块和 Sinks 库中的 XY Graph 模块拖动至模型创建窗口中。

然后按照图 A-1-10 中的连接方式进行连接。连接方法是将光标指向源模块的输出端口，当光标变成十字架形时按住鼠标左键不放，拖动鼠标到目标模块输入窗口后松开。

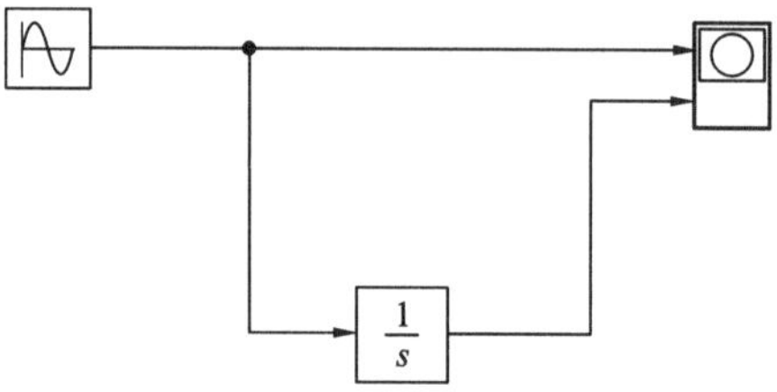

图 A-1-10　简单示例模型

（2）设置仿真参数。设置 Sine Wave 模块的参数。双击 Sine Wave 模块，弹出如图 A-1-11 所示的参数对话框，设置 Phase（相位）为 3.14/2。

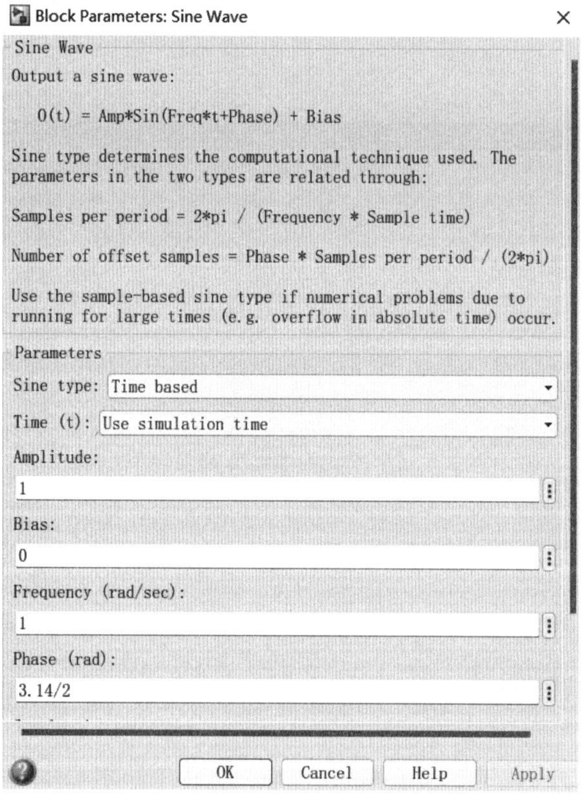

图 A-1-11　Sine Wave 参数设置

设置 Integrator 模块的参数。双击 Integrator 模块，弹出如图 A-1-12 所示的参数设置对话框，设置 Initial condition（初始值）为 0。

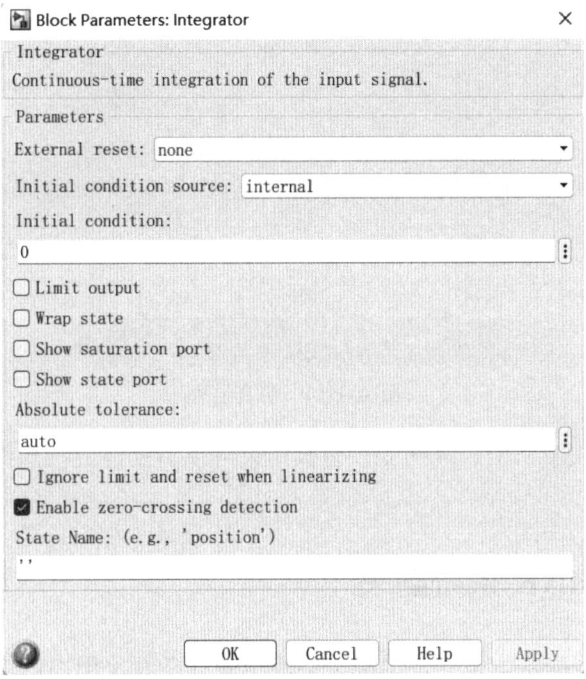

图 A-1-12　Integrator 参数设置

设置 XY Graph 模型的参数。双击 XY Graph 模块，弹出如图 A-1-13 所示的参数对话框，设置 x 的范围为-1.5～1.5，y 的范围为-1.2～1.2。

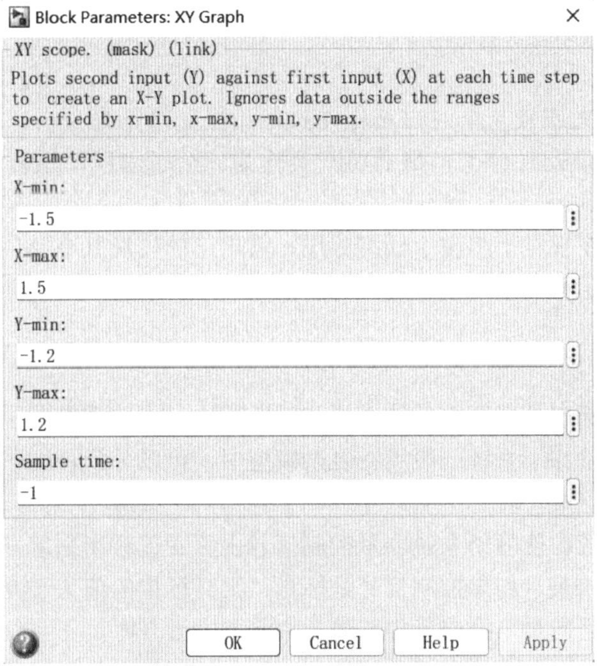

图 A-1-13　XY Graph 参数设置

（3）运行仿真并分析仿真结果。运行仿真，仿真结果如图 A-1-14 所示。

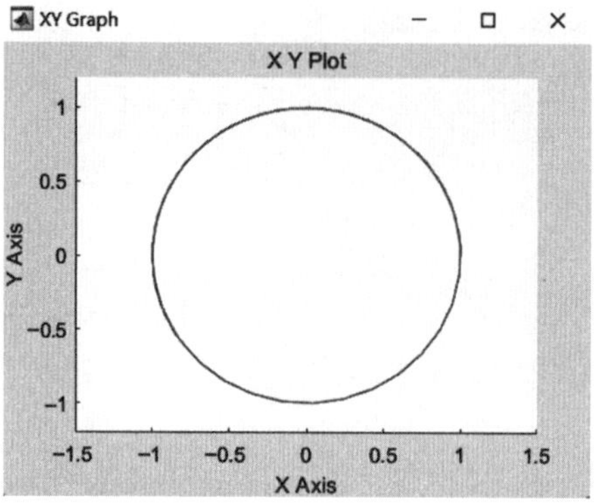

图 A-1-14　仿真结果

（4）仿真分析。由图 A-1-14 可知，仿真结果与模型创建的预想结果一致，模型创建和参数设置正确。

A.1.3　SIMULINK 系统封装

模块是构成模型的基本单元，当模型的规模较复杂时，用户可以把几个模块组合成一个新的图形，这个图形称为子系统，然后由若干个子系统连接组成一个完整的模型。这样能够把复杂的逻辑惯性简单化，使整个模型看起来清晰简单。

1. 子系统简介

SIMULINK 的子系统分为一般子系统、条件子系统和封装子系统三类。

1）一般子系统

当模型规模较大或较复杂时，其程序执行流程变得不易分析。将一些模块按照实现的功能、对应物理器件分类，然后将一类作为一个子系统，这样的子系统称为一般子系统。

一般子系统只在视觉上将整个模型分层，其内部的模块共享 MATLAB 的工作区，不需要进行封装对话框设置，创建过程比较简单。

2）条件子系统

条件子系统的标志是其含有使能模块和触发模块，当该系统发生作用时，表明外界的条件已经达到。条件子系统一般用在复杂模型中，可以分为使能子系统、触发子系统和触发使能子系统三类。

（1）使能子系统。使能子系统表示控制信号由负变正时子系统开始执行，直到控制信号再次变为负时结束。如果控制信号是标量，则当标量的值大于 0 时，子系统开始执行；如果控制信号是向量，则向量中任何一个元素大于 0 时，子系统开始执行。

使能子系统的外观上有一个“使能”控制信号输入口，创建该子系统的方法为：直接选择 Enabled Subsystem 模块来建立使能子系统，如图 A-1-15 所示，双击 Enabled Subsystem 模块，打开其内部结构窗口。

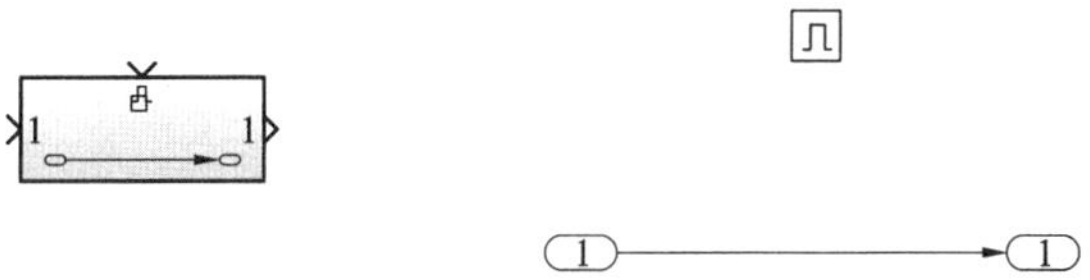

图 A-1-15　使能子系统

（2）触发子系统。当触发事件发生时触发子系统开始执行。与使能子系统类似，触发子系统的建立可以直接选择 Triggered Subsystem 模块，打开其内部结构窗口。

触发子系统在每次触发结束到下次触发之前总是保持上一次的输出值，不会重新设置初始的输出值。触发的形式在 Trigger 模块的参数对话框中，用户可以从 Main 选项卡的 Trigger type（触发事件形式）下拉列表中选择，如图 A-1-16 所示。触发形式及具体内容见表 A-1-10。

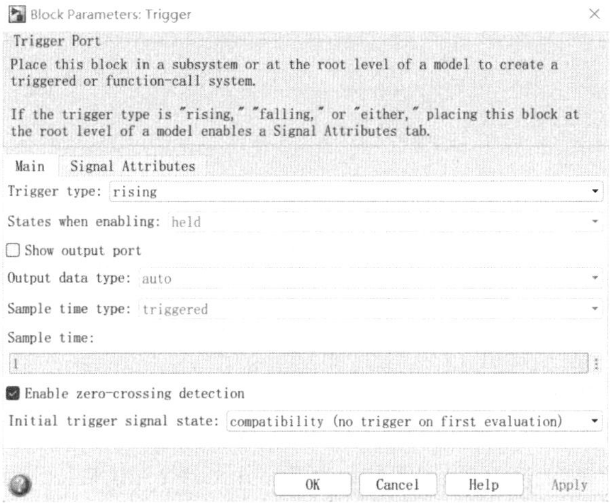

图 A-1-16　Trigger 模块参数对话框

表 A-1-10　触发的形式和具体内容

触发形式	含义	具体内容
rising	上跳沿触发	当控制信号从负值或 0 上升到正值时，子系统开始执行
falling	下跳沿触发	当控制信号从正值或 0 下降到负值时，子系统开始执行
either	上跳沿或下跳沿触发	当控制信号满足上跳沿或下跳沿触发条件时，子系统开始执行
function-call	函数调用触发	表示子系统的触发由 S 函数的内部逻辑决定，这种触发方式必须与 S 函数配合使用

（3）触发使能子系统。当使能控制信号和触发控制信号共同作用时，触发使能子系统才执行，只有当使能信号为正时，触发事件才起作用。

3）封装子系统

封装子系统是在一般子系统的基础上对系统进行封装。它在外形上与普通模块一样，有对话框和图标，但是有着独立的工作区（封装工作区）。

2. 子系统创建

SIMULINK 提供了两种方法建立子系统，分别是通过 Subsystem 模块创建子系统和将已有的模块组合为子系统。

1）通过 Subsystem 模块创建子系统

该方法的具体步骤如下。

（1）新建一个仿真模型。打开 SIMULINK 模块库中的 Ports & Subsystems，添加 Subsystem 模块到模型编辑窗口。

（2）双击 Subsystem 模块，打开子系统编辑窗口，该窗口中已含有一个输入模块和一个输出模块，即输入端和输出端。

（3）将要组合的模块插入输入模块和输出模块中间，建立子系统。

（4）双击该模块，即可打开子系统的内部窗口。

以一个具体的例子理解该方法。按照上述步骤，将积分函数模块封装到子系统中，如图 A-1-17 所示。

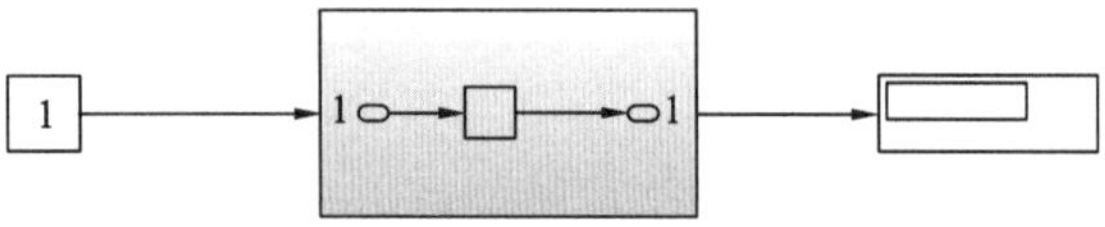

图 A-1-17　Subsystem 模块创建子系统

2）将已有的模块组合为子系统

该方法的具体步骤如下。

（1）选择要建立子系统的模块。

（2）执行创建子系统的命令，即 Create Subsystem from Selection。

（3）原有的模块即可变为子系统。

以一个具体的例子理解该方法。

PID 控制的传递函数为

$$U(s)=K_{\mathrm{p}}+\frac{K_{\mathrm{i}}}{s}+K_{\mathrm{d}}s \tag{A-1-1}$$

建立 PID 控制器的模型并建立子系统。该模型中含有 3 个变量，即 K_{p}、K_{i} 和 K_{d}，仿真时这些变量应该在 MATLAB 工作空间中赋值。

如图 A-1-18 所示，选中模型的所有模块，在右键快捷菜单中选择 Create Subsystem from Selection 命令，所选模块将被一个 Subsystem 模块取代，如图 A-1-19 所示。

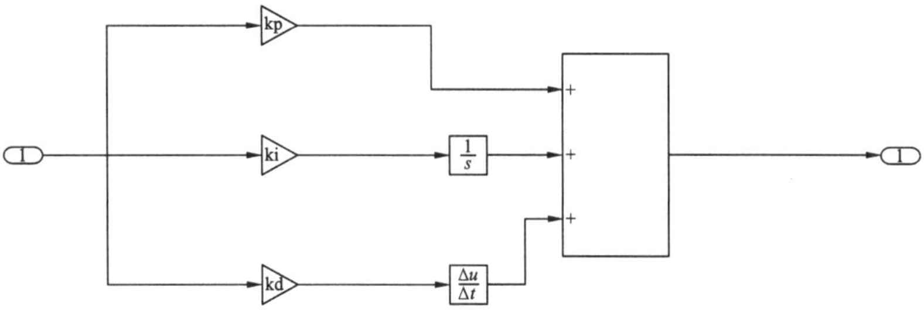

图 A-1-18　PID 控制器模型

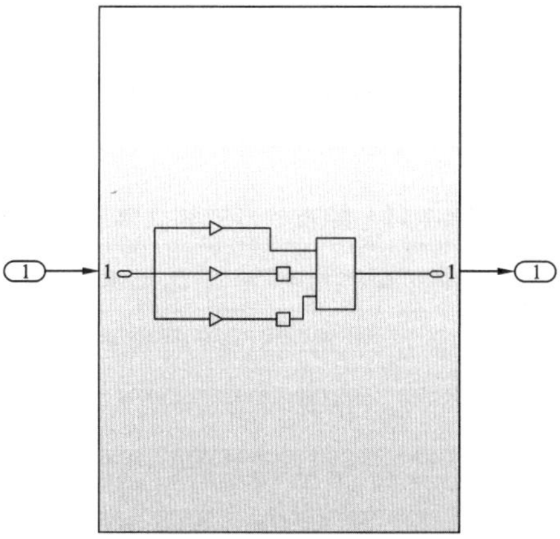

图 A-1-19　创建的子系统模块

3. 子系统的封装

子系统封装有以下优点。

（1）使子系统有一个独立的操作界面，把子系统中各模块的参数合成在一个参数设置对话框内，在使用时不必打开每个模块进行参数设置，使用户操作更加方便快捷。

（2）避免用户使用时将模块编辑错误。

子系统的封装过程如下。

（1）右击要封装的子系统。

（2）在弹出的快捷菜单中选择 Mask→Create Mask 命令，这时将出现 Mask Editor 对话框，如图 A-1-20 所示。

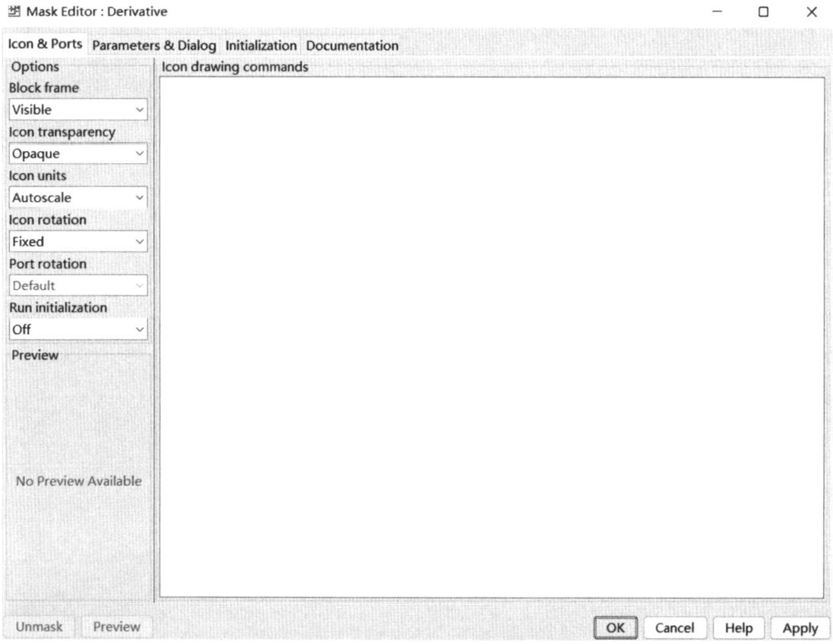

图 A-1-20　Mask Editor 对话框

Mask Editor 对话框中包括 4 个选项卡：Icon & Ports、Parameters & Dialog、Initialization 和 Documentation。子系统的封装主要就是对这 4 个选项卡中的参数进行设置，其具体功能见表 A-1-11。

表 A-1-11 触发的形式和具体功能

选项卡参数	具体功能
Icon & Ports	用于设置封装子系统的图标和端口
Parameters & Dialog	用来设计封装对话框
Initialization	用于初始化封装模块的参数
Documentation	用于定义封装模块的功能及用法的说明

子系统封装完成后，就会成为一个独立的模块，可在其他系统模型中直接使用。

A.1.4 SIMULINK 仿真参数

前面已经介绍了 SIMULINK 仿真的关键——模型的搭建，本小节将介绍仿真参数的设置。模型搭建完毕后，通过设置仿真参数和数值算法，便可对系统进行仿真，系统仿真的成功与否不仅与模型搭建有关，也与参数的选取和设置相关，不同的参数会使模型输出不同的结果。

系统参数的设置，应该在仿真运行之前。具体参数的设置方法为：打开仿真参数设置对话框，右击模型编辑窗口的空白处，在弹出的快捷菜单中选择 Model Configuration Parameters，进而打开仿真参数对话框，对参数进行选取和设置，如图 A-1-21 所示。

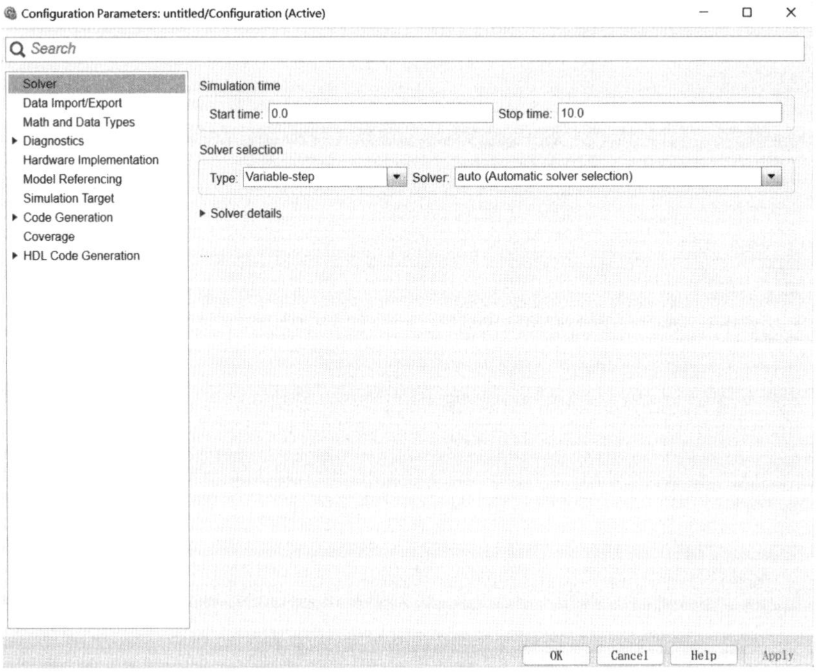

图 A-1-21 仿真参数设置对话框

在该对话框中，常用的仿真参数共有 7 种，其具体功能见表 A-1-12。

表 A-1-12　7 种常用仿真参数及其具体功能

参数	具体功能
Solver	用于设置仿真起始和终止时间，选择微分方程求解算法并为其规定参数，以及选择某些输出选项
Data Import/Export	用于管理工作空间数据的导入和导出
Math and Data Types	用于设置仿真优化模式，以提高仿真性能和由模型生成代码的性能
Diagnostics	用于设置在仿真过程中出现各类错误时发出警告的等级
Hardware Implementation	用于设置实现仿真的硬件
Model Referencing	用于设置参考模型
Simulation Target	用于设置仿真模型目标

下面对这些参数进行详细介绍。

1. Solver 参数设置

Solver 即求解方程的算法，指模型中计算系统动态行为的数值积分算法。SIMULINK 提供的求解算法可支持多种系统的仿真，包括连续系统、离散系统、混合信号系统等。

这些求解算法可以对刚性系统及具有不连续过程的系统进行仿真，可以指定仿真过程的参数，包括算法的类型和属性、仿真的起始时间和结束时间等，在仿真参数对话框中单击 Solver 选项，即可进行设置，如图 A-1-22 所示。

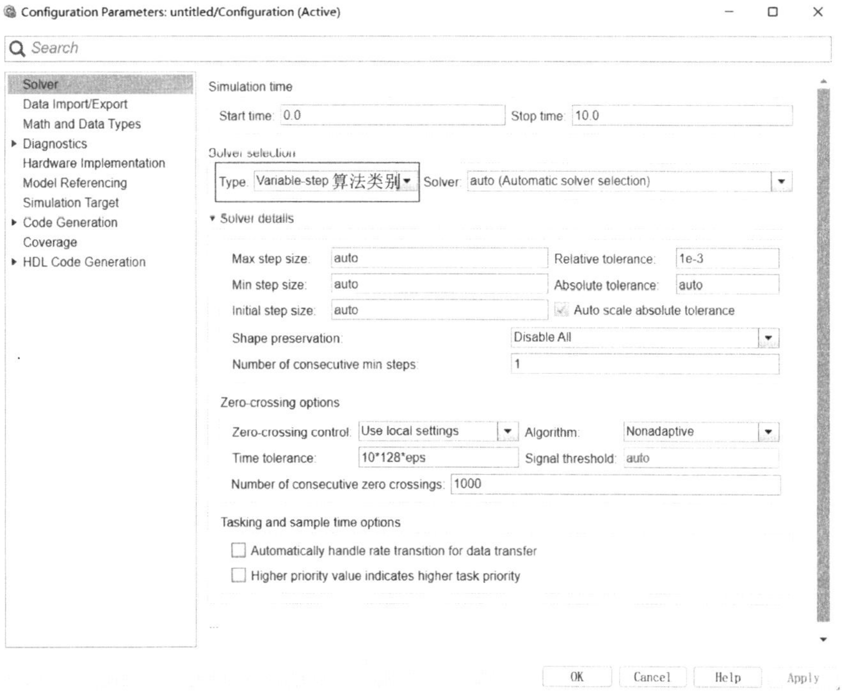

图 A-1-22　Solver 参数设置对话框

在图 A-1-22 的参数对话框中，Solver selection（仿真算法的选择）是最为重要的设置参数。在 Solver selection 栏的 Type 下拉列表中选择算法类别，包括 Fixed-step（固定步长）和 Variable-step（变步长）算法。

Fixed-step（固定步长）是指仿真过程中计算步长不变；Variable-step（变步长）是指仿真过程中要根据计算的要求调整步长，其区别见表 A-1-13。其中：在固定步长算法中，减小步长将提高结果的准确性，但会增加系统仿真所需的时间；在变步长算法中，系统所给定的最大步长为(终止时间−起始时间)/50。

表 A-1-13　步长算法使用区别

算法名称	使用区别
Fixed-step（固定步长）	先设置固定步长
Variable-step（变步长）	先指定允许的误差限，再设置所允许的最大步长

变步长和固定步长包含多种不同的具体算法，如图 A-1-23 所示，变步长算法的具体功能见表 A-1-14，固定步长算法的具体含义见表 A-1-15。

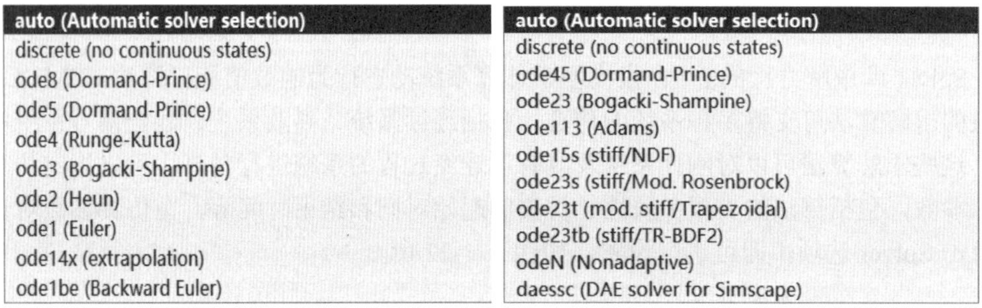

（a）固定步长仿真算法　　（b）变步长仿真算法

图 A-1-23　固定步长和变步长算法

表 A-1-14　变步长算法及其具体功能

算法名称	具体功能/适用范围
ode45（基于四阶或五阶龙格库塔法）	属于一步求解法，计算当前值只需要前一步的结果
ode23（二阶或三阶龙格库塔法）	属于一步求解法，在较大的允许误差和中度刚性系统模型下比 ode45 更有效
ode3（变阶的 Adams-Bashforth-Moulton PECE 法）	属于多步预测法，即当前值需要前几步的结果
ode15s（基于数值微分公式的变阶算法）	属于多步预测法，适用于研究的系统刚度很大的情况
ode23s（基于改进的二阶公式）	属于一步求解法，适用于求解某些刚性系统和允许误差较大的情况
ode23t	适用于解决中度刚性问题
ode23tb	适用于较大允许误差的情况
discrete	适用于系统中没有连续状态变量的情况

表 A-1-15　固定步长及其含义

算法名称	含义
ode5	采用固定的 ode45 方法
ode4	四阶龙格-库塔法
ode3	采用固定步长的 ode23 方法
ode2	采用改进的欧拉公式
ode1	欧拉方法
discrete	固定步长的离散系统求解算法，适用于不存在状态变量的系统

2. Data Import/Export 参数设置

Data Import/Export 即数据的导入和导出，主要是从 MATLAB 的工作区输出模型仿真结果数据，或者导入数据。其参数设置如图 A-1-24 所示，主要包括 Load from workspace、Save to workspace or file 和 Save options（Save final operation point）三个部分。

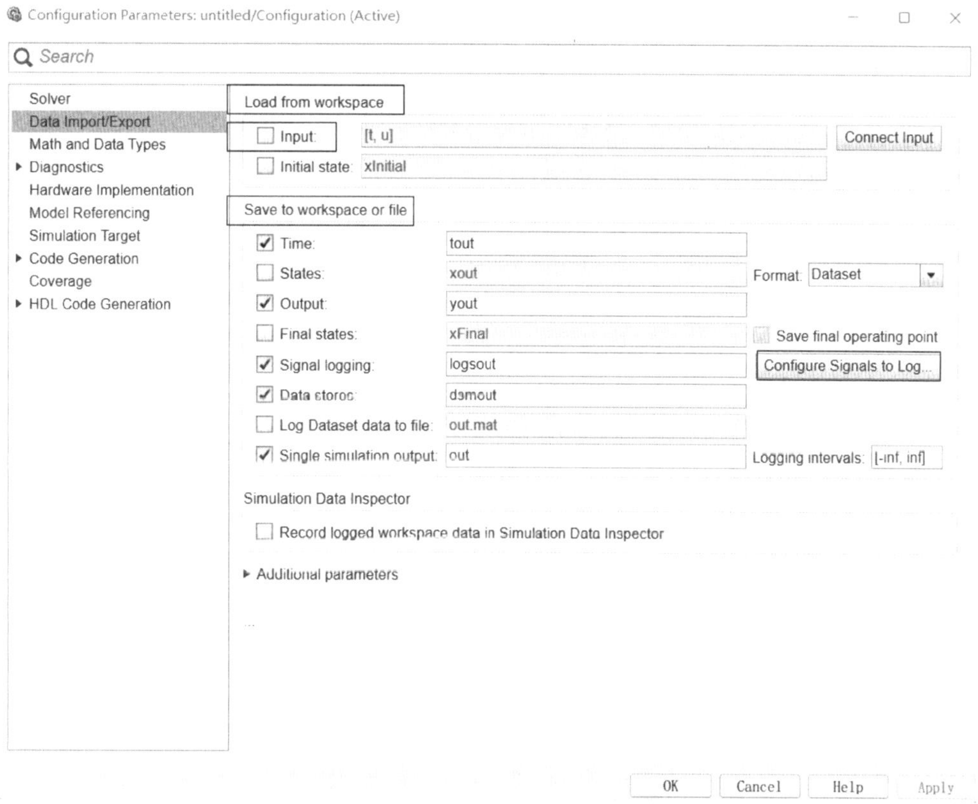

图 A-1-24　Data Import/Export 参数设置

（1）Load from workspace 用于从 MATLAB 工作区向模型导入数据，作为输入和系统初始状态。在仿真过程中，如果模型中有输入口（In 模块），可以从工作空间直接把数据载入输入端口，即先选中 Load from workspace 栏的 Input 复选框，然后在后面的编辑框内输入 MATLAB 工作空间的变量名。变量名可以采用以下两种不同的输入形式。

矩阵形式。如果以矩阵形式输入变量名，则矩阵的列数必须比模型的输入端口数多一个，MATLAB 把矩阵的第一列默认为时间向量，后面的每一列对应每一个输入端口，矩阵的第一行表示某一时刻各输入端口的输入状态。

包含时间的结构体格式。用来保存数据的结构体必须有两个名字不能改变的参数：time 和 signals。time 是列向量，表示仿真时间；signals 是一个结构体数组，每个结构体对应模型的一个输出端口。

（2）Save to workspace or file 用于向 MATLAB 工作区输出仿真数据（仿真时间、系统状态、系统输出、系统最终状态）。

（3）Save options 用于向 MATLAB 工作区输出数据的格式、数据量、存储数据变量名及生成附加输出信号等。

3. Optimization 参数设置

Optimization 用于设置各种选项来提高仿真性能，在新的 MATLAB 版本中已由 Math and Data Types 代替。

4. Diagnostics 参数设置

Diagnostics 主要用于设置当模块在编译和仿真遇到突发情况时，SIMULINK 将采用哪种诊断动作和突发情况的原因及诊断办法，如图 A-1-25 所示。

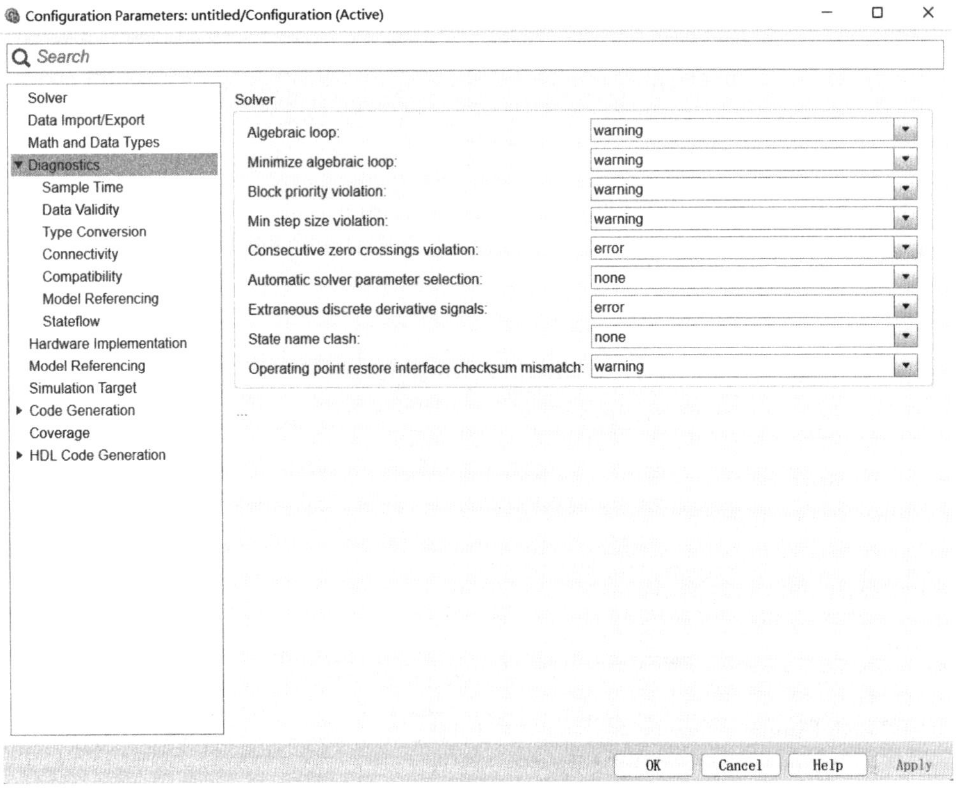

图 A-1-25　Diagnostics 参数设置

5. Hardware Implementation 参数设置

Hardware Implementation 主要用于定义硬件的特性，通过设置硬件特性能够帮助用户在模型实际运行硬件前，通过仿真检测硬件可能出现的问题，其工作面板如图 A-1-26 所示。

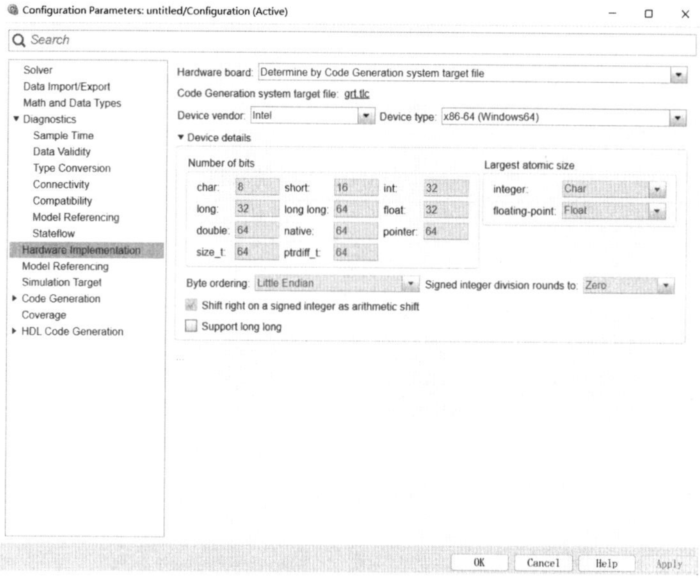

图 A-1-26　Hardware Implementation 参数设置

6. Model Referencing 参数设置

Model Referencing 主要用于生产目标的代码、建立仿真及定义当此模型中包含其他模型时的一些参数，如图 A-1-27 所示。

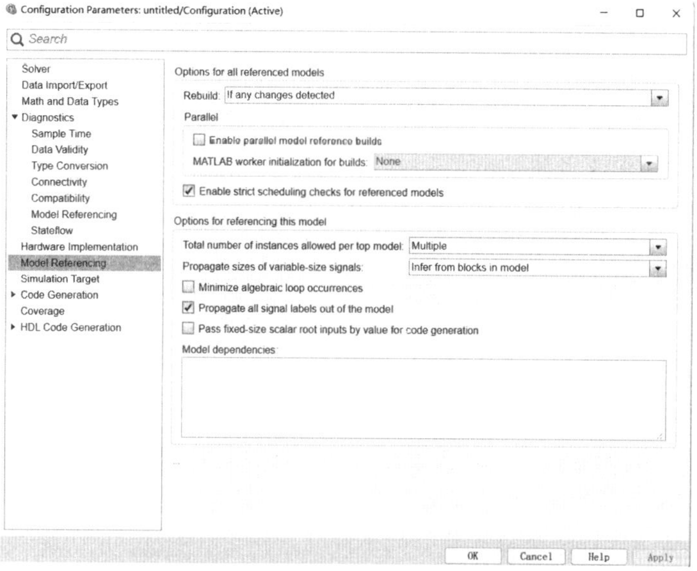

图 A-1-27　Model Referencing 参数设置

A.1.5 SIMULINK 仿真运行

在学习完模型建立及仿真参数的设置后，一个 SIMULINK 系统已经初步完成搭建，本小节介绍系统的运行仿真、仿真调试和结果输出。

1. 运行仿真

（1）仿真模式参数。在 MATLAB 中，用户可在 SIMULINK 模型编辑窗口以交互方式运行仿真。SIMULINK 运行仿真的相关模式参数有 3 种，具体介绍见表 A-1-16。

表 A-1-16 SIMULINK 仿真模式

仿真模式参数	功能评价
Normal	以解释方式运行，仿真过程中能够灵活地更改模型参数和显示结果
Accelerator	通过创建和执行已编译的目标代码来提高仿真性能，而且在仿真过程中能够较灵活地更改模型参数。加速模式下运行的是模型编译生成的 S 函数
Rapid Accelerator	能够比 Accelerator 模式更快地进行模型仿真，该模式不支持调试器和性能评估器

（2）运行仿真。仿真参数设置完之后，单击 SIMULATE 任务栏中的 Run（运行）按钮，便可对当前模型进行仿真，如图 A-1-28 所示。

图 A-1-28 SIMULATE 任务栏

2. 仿真调试

SIMULINK 支持使用仿真步进器（simulation stepper）进行调试，这是一种仿真步进器模块。通过步进方式，用户可以逐步观察系统状态变化及状态转变的时间点，逐步分析系统的执行过程。具体步骤如下。

（1）单击模型编辑窗口 SIMULATION 选项卡的 SIMULATE 命令组中的 Step Forward（向前）按钮，启动单步仿真。

（2）单击 Stop（停止）按钮，终止单步仿真。

3. 结果输出

对应运行仿真的方式，用户也可以设置不同的输出方式观察仿真结果，具体可以采用以下两种方法。

（1）将最后一个数据处理模块连接 Scope 模块或 XY Graph 模块。Scope 模块显示系统输出量和仿真时间的变化曲线，XY Graph 模块显示送到该模块上的两个信号中的一个和另一个的变化关系，如图 A-1-29 所示，以正弦信号为输入，上面为 Scope 模块，下面是 XY Graph 模块。同样一个输入信号的不同显示结果（Scope 模块和 XY Graph 模块）如图 A-1-30 所示。

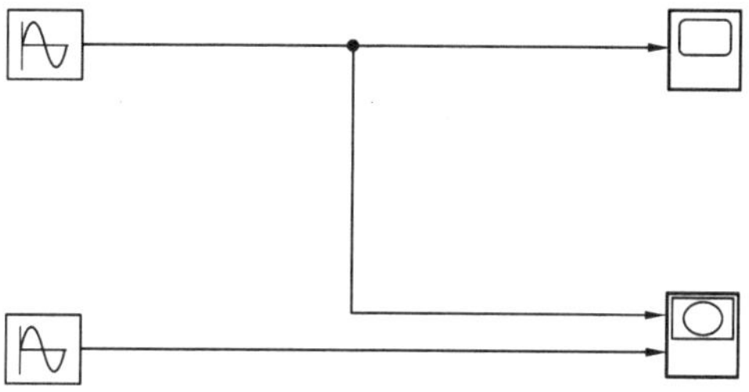

图 A-1-29　仿真结果送至 Scope 模块或 XY Graph 模块

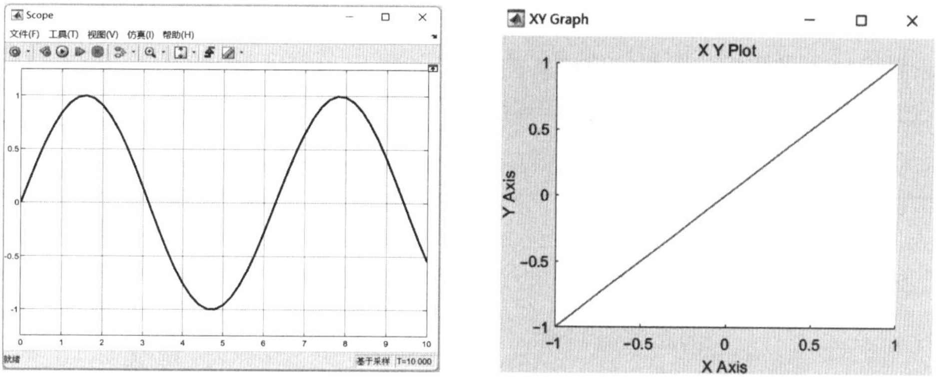

（a）Scope 输出　　（a）XY Graph 输出

图 A-1-30　Scope 模块和 XY Graph 模块的显示结果

在显示出图形后，用户还可以进行图形属性设置。具体做法为：双击 Scope 模块，打开示波器窗口，单击示波器窗口工具栏的设置按钮，出现如图 A-1-31 所示的配置属性对话框，可以设置示波器属性。在此需要注意，高版本的 MATLAB/SIMULINK 已支持部分汉化（比如输出图像的显示设置等处），这一点在图 A-1-31 中也可以体现出来。

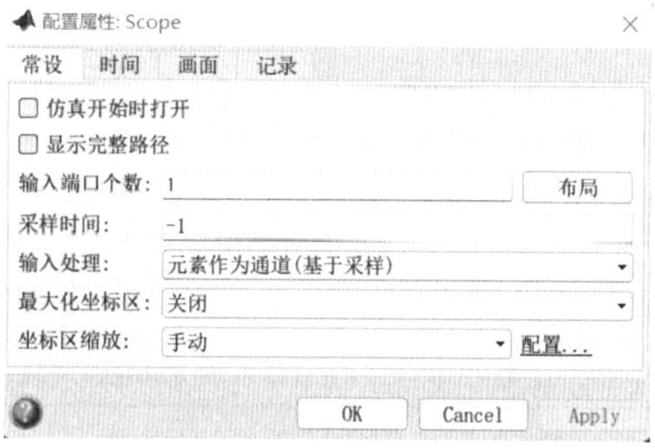

图 A-1-31　示波器配置属性对话框

（2）将最后一个数据处理模块连接输出端口或 ToWorkspace 模块。这样做将会把结果导出到 MATLAB 的工作空间，然后用 MATLAB 命令画出该变量的变化曲线。在运行这个模型的仿真之前，先在 Scope 模型配置属性对话框的记录选项卡中，规定时间变量和输出变量的名称，如图 A-1-32 所示。仿真结束后，时间值保存在时间变量中，对应的输出端口的信号值保留在输出变量中。

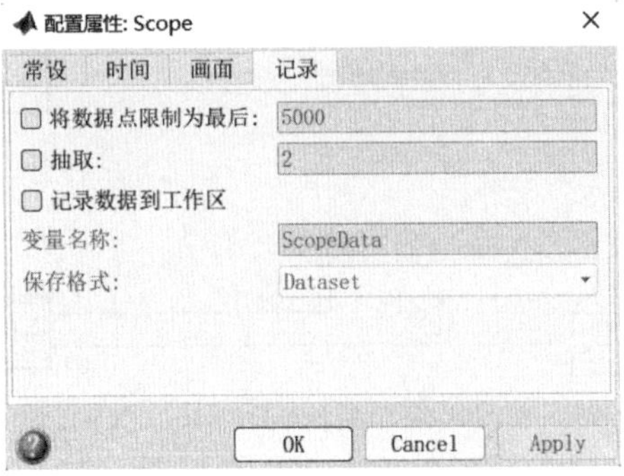

图 A-1-32　属性设置对话框记录选项卡

设置完以上参数后，即可完成仿真的输出。

表 A-1-17～表 A-1-24 列出一些基本模块的功能说明，以供实际使用时查询。

表 A-1-17　连续（Continuous）系统模块功能

模块名	功能简介	模块名	功能简介
Integrator	输入信号积分	Derivative	输入信号微分
State-Space	线性状态空间系统模型	Transport Delay	输入信号延时一个固定时间再输出
Transfer-Fcn	线性传递函数模型	Variable Transport Delay	输入信号延时一个可变时间再输出
Zero-Pole	以零极点表示的传递函数模型		

表 A-1-18　离散（Discrete）系统模块功能

模块名	功能简介	模块名	功能简介
Discrete-time Integrator	离散时间积分器	Discrete Filter	IIR 与 FIR 滤波器
Discrete State-Space	离散状态空间系统模型	Discrete Zero-Pole	以零极点表示的离散传递函数模型
Discrete Transfer-Fcn	离散传递函数模型	Zero-Order Hold	零阶采样和保持器
First-Order Hold	一阶采样和保持器	Unit Delay	一个采样周期的延时

表 A-1-19　函数和平台（Function & Tables）模块功能

模块名	功能简介	模块名	功能简介
Fcn	用自定义的函数（表达式）进行运算	MATLAB Fcn	利用 MATLAB 的现有函数进行运算
S-Function	调用自编的 S 函数的程序进行运算	Look-Up Table	建立输入信号的查询表（线性峰值匹配）
Look-Up Table(2-D)	建立两个输入信号的查询表（线性峰值匹配）		

表 A-1-20　数学（Math）运算模块功能

模块名	功能简介	模块名	功能简介
Sum	加减运算	Product	乘运算
Dot Product	点乘运算	Gain	增益模块
Math Function	包括指数函数、对数函数、求平方、开根号等常用数学函数	Trigonometric Function	三角函数，包括正弦、余弦、正切等
MinMax	最值运算	Abs	取绝对值
Sign	符号函数	Logical Operator	逻辑运算
Real-Imag to Complex	由实部和虚部输入合成复数输出	Complex to Magnitude-Angle	由复数输入转为幅值和相角输出
Magnitude-Angle to Complex	由幅值和相角输入合成复数输出	Complex to Real-Imag	由复数输入转为实部和虚部输出
Relational Operator	关系运算		

表 A-1-21　非线性（Nonlinear）模块功能

模块名	功能简介	模块名	功能简介
Saturation	饱和输出，让输出超过某一值时能够饱和	Relay	滞环比较器，限制输出值在某一范围内变化
Switch	开关选择，依据第二输入端的值，选择输出第一或第三输入端的值	Manual Switch	手动选择开关

表 A-1-22　信号和系统（Signal & Systems）模块功能

模块名	功能简介	模块名	功能简介
In1	输入端	Out1	输出端
Mux	将多个单一输入转化为一个复合输出	Demux	将一个复合输入转化为多个单一输出
Ground	给未连接的输入端接地，输出 0	Terminator	连接到没有连接的输出端，终止输出
SubSystem	空的子系统	Enable	使能子系统

表 A-1-23　接收器（Sinks）模块功能

模块名	功能简介	模块名	功能简介
Scope	示波器	XY Graph	显示二维图形
To Workspace	输出到 MATLAB 的工作空间	To File(.mat)	输出到数据文件
Display	实时的数值显示	Stop Simulation	输入非 0 时停止仿真

表 A-1-24　输入源（Sources）模块功能

模块名	功能简介	模块名	功能简介
Constant	常数信号	Clock	时钟信号
From Workspace	输入信号来自 MATLAB 的工作空间	From File(.mat)	输入信号来自数据文件
Signal Generator	信号发生器，可以产生正弦、方波、锯齿波及随意波	Repeating Sequence	重复信号
Pulse Generator	脉冲发生器	Sine Wave	正弦波信号
Step	阶跃波信号		

需要指出的是，在 SIMULINK 模块库浏览器的 help 菜单系统中可查询以上各模块的详细功能和使用说明。

A.2　SIMULINK 基础程序设计

A.2.1　程序设计

A.1 节从操作基础、模型创建、仿真分析、系统封装和函数设计等方面介绍了 SIMULINK 的常见运算规则。本节针对 A.1 节内容，进行实践练习，为惯性导航系统的建模仿真奠定基础。

例 1　有初始状态为 0 的二阶微分方程 $y''+1.5y'+10y=1.5u(t)$，其中 $u(t)$ 是单位阶跃函数，试建立系统模型并仿真。

例 2　构建一个离散时间系统——低通滤波系统的 SIMULINK 模型。输入信号如下：

$x(kT_s)=2\sin(2\pi kT_s)+2.5\cos(2\pi 10kT_s)+n(kT_s)$，$T_s=0.002\ \text{s}$，$n(kT)\sim N(0,1)$，

$$F(z)=\frac{B(z)}{A(z)}=\frac{1}{1+0.5z^{-1}}$$

A.2.2　仿真结果

根据 A.1.1 节两道例题的建模和编程步骤，即可得到运行结果。

例 1 解：

用积分器直接构造求解建立微分方程的模型。

把原微分方程改写为

$$y''=1.5u(t)-1.5y'-10y \tag{A-2-1}$$

y'' 经积分作用得 y'，y' 再经积分模块作用得 y，而 u、y' 和 y 经代数运算又产生 y''，据此可以建立系统模型并仿真，步骤如下。

利用 SIMULINK 模块库中的基本模块建立系统模型，如图 A-2-1 所示。

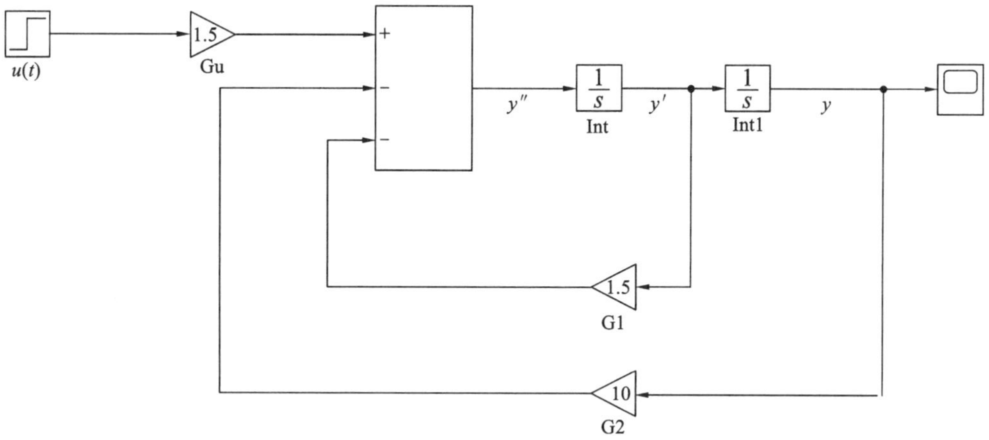

图 A-2-1　二阶微分方程模型

模型中各个模块的说明如下。

（1）$u(t)$输入模块：Step time 设置为 0，模块名称由原来的 Step 改为 $u(t)$。

（2）Gu 增益模块：增益参数 Gain 设置为 1.5。

（3）Add 求和模块：其图标形状 Icon shape 选择 rectangular，符号列表 List of signs 设置为+−−。

（4）Integrator 和 Integrator1 积分模块：参数不需要改变，模块名称改为 Int 和 Int1。

（5）G1 和 G2 反馈增益模块：增益参数分别设置为 1.5 和 10，它们的方向翻转可借助模块右键快捷菜单中的 Rotate & Filp→Filp Block 命令实现。

设置系统仿真参数：打开 Configuration Parameters 对话框，把仿真的终止时间设置为 5 s。

仿真操作：双击示波器模块，打开示波器窗口，单击模型编辑器窗口 SIMULATION 选项卡中的 Run 按钮，就可以在示波器窗口中看到仿真结果的变化曲线，其仿真结果如图 A-2-2 所示。

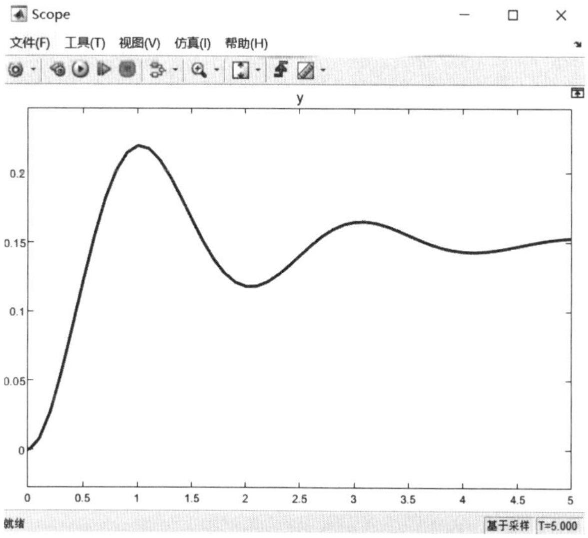

图 A-2-2　二阶微分系统仿真结果

例 2 解：

（1）建立数学模型：

$$y(k) = F(z)x(k) \tag{A-2-2}$$

$$F(z) = \frac{B(z)}{A(z)} = \frac{b(1) + b(2)z^{-1} + \cdots + b(n+1)z^{-n}}{1 + a(2)z^{-1} + \cdots + a(n+1)z^{-n}} \tag{A-2-3}$$

$$F(z) = \frac{B(z)}{A(z)} = \frac{1}{1 + 0.5z^{-1}} \tag{A-2-4}$$

（2）启动 SIMULINK 模块。

（3）新建模型窗口，建立模型，如图 A-2-3 所示。

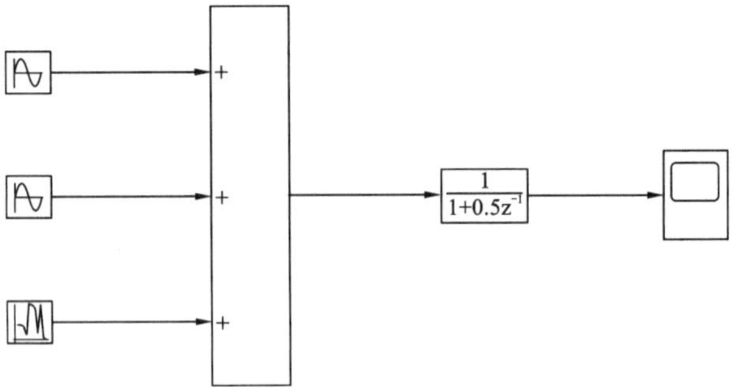

图 A-2-3　低通滤波系统模型图

（4）设置参数。设置 Sine Wave 模块参数值，如图 A-2-4 所示；设置 Random Number 模块的参数值，如图 A-2-5 所示；设置 Discrete Filter 模块的参数值，如图 A-2-6 所示。

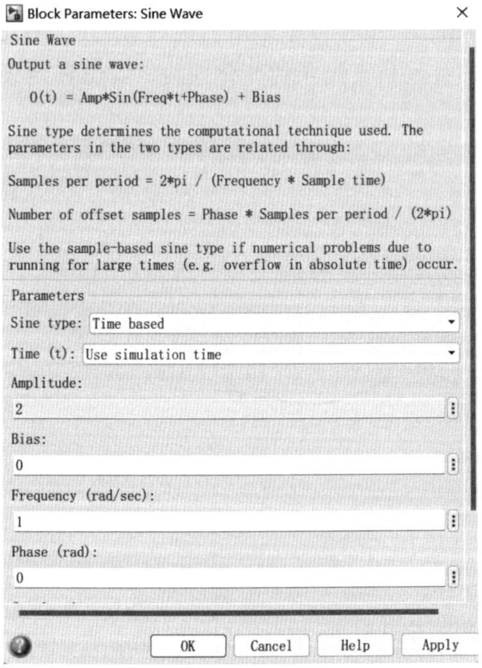

（a）第一个 Sine Wave 模块参数设置

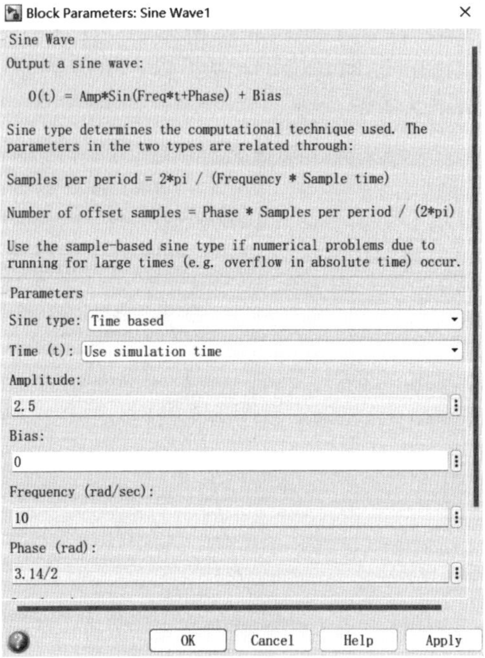

（b）第二个 Sine Wave 模块参数设置

图 A-2-4　Sine Wave 模块参数设置

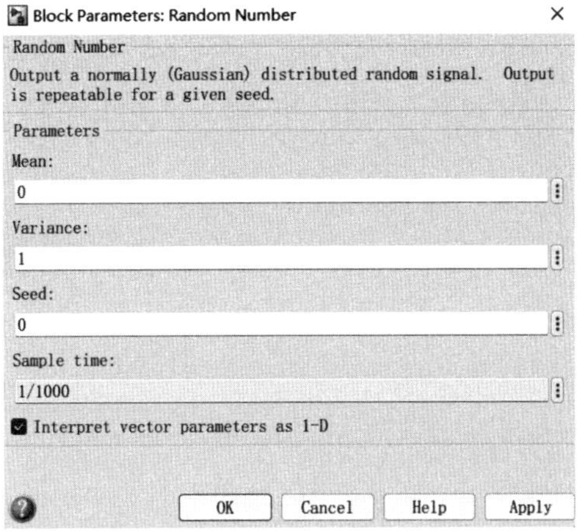

图 A-2-5　Random Number 模块参数设置

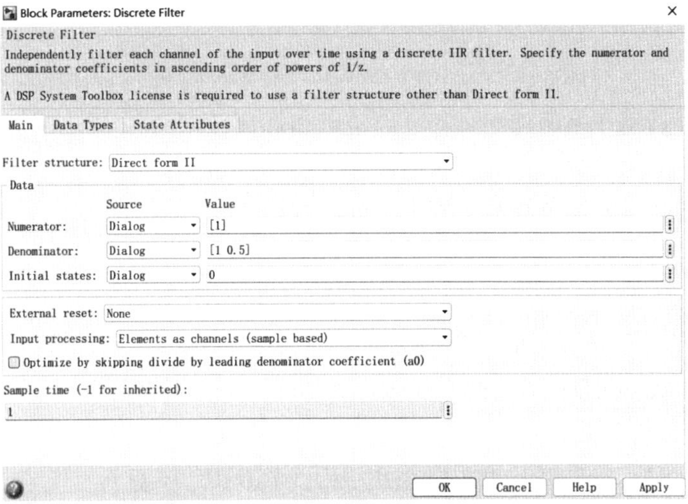

图 A-2-6　Discrete Filter 模块参数设置

（5）仿真运行，点击 Scope 模块，仿真结果如图 A-2-7 所示。

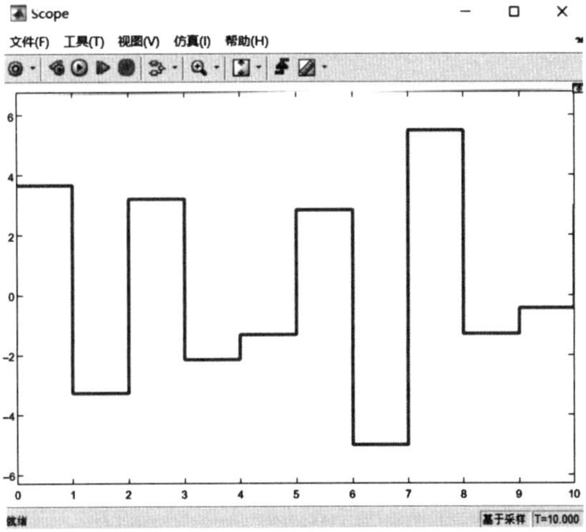

图 A-2-7　低通滤波系统仿真结果

附录 B 卡尔曼滤波基础

B.1 基础理论

卡尔曼滤波与之前的滤波算法相比，适用于非平稳过程，且使用状态空间法在时域内设计滤波器，适用于多维随机过程；有连续型和离散型两种算法，可直接在计算机上实现。

设 t_k 时刻的状态方程及测量方程由下列方程描述：

$$\boldsymbol{X}_k=\boldsymbol{\Phi}_{k,k-1}\boldsymbol{X}_{k-1}+\boldsymbol{\Gamma}_{k-1}\boldsymbol{W}_{k-1} \tag{B-1-1}$$

$$\boldsymbol{Z}_k=\boldsymbol{H}_k\boldsymbol{X}_k+\boldsymbol{V}_k \tag{B-1-2}$$

式中：$\boldsymbol{X}_k$ 为被估计的状态变量；$\boldsymbol{\Phi}_{k,k-1}$ 为 t_k 时刻到 t_{k+1} 时刻的一步转移阵；$\boldsymbol{W}_k$ 系统噪声序列，该序列驱动状态变量；$\boldsymbol{\Gamma}_{k-1}$ 为系统噪声驱动阵；$\boldsymbol{H}_k$ 为测量阵；$\boldsymbol{V}_k$ 为测量噪声序列。

同时，$\boldsymbol{W}_k$ 和 $\boldsymbol{V}_k$ 满足：

$$\begin{aligned}&\boldsymbol{E}[\boldsymbol{W}_k]=\boldsymbol{0},\quad \mathrm{Cov}[\boldsymbol{W}_k,\boldsymbol{W}_j]=E[\boldsymbol{W}_k\boldsymbol{W}_j^{\mathrm{T}}]=\boldsymbol{Q}_k\delta_{kj}\\&\boldsymbol{E}[\boldsymbol{V}_k]=\boldsymbol{0},\quad \mathrm{Cov}[\boldsymbol{V}_k,\boldsymbol{V}_j]=E[\boldsymbol{V}_k\boldsymbol{V}_j^{\mathrm{T}}]=\boldsymbol{R}_k\delta_{kj}\\&\mathrm{Cov}[\boldsymbol{W}_k,\boldsymbol{V}_j]=E[\boldsymbol{W}_k\boldsymbol{V}_j^{\mathrm{T}}]=\boldsymbol{0}\end{aligned} \tag{B-1-3}$$

式中：$\boldsymbol{Q}_k$ 为系统噪声序列的方差阵，假设为非负定阵；$\boldsymbol{R}_k$ 为测量噪声序列的方差阵，假设为正定阵；δ_{kj} 为克罗内克（Kronecker）δ 函数，定义为

$$\delta_{kj}=\begin{cases}0, & k\neq j\\1, & k=j\end{cases} \tag{B-1-4}$$

如果被估计状态 $\boldsymbol{X}_k$ 满足式（B-1-1），对 $\boldsymbol{X}_k$ 的测量 $\boldsymbol{Z}_k$ 满足式（B-1-2），系统噪声 $\boldsymbol{W}_k$ 和测量噪声 $\boldsymbol{V}_k$ 满足式（B-1-3），系统噪声方差阵 $\boldsymbol{Q}_k$ 非负定，测量噪声序列的方差阵 $\boldsymbol{R}_k$ 正定，则 $\boldsymbol{X}_k$ 的估计值 $\hat{\boldsymbol{X}}_k$ 可通过 k 时刻的测量值 $\boldsymbol{Z}_k$ 由以下方法求得：

$$\begin{cases}\hat{\boldsymbol{X}}_{k/k-1}=\boldsymbol{\Phi}_{k,k-1}\hat{\boldsymbol{X}}_{k-1}\\\boldsymbol{P}_{k/k-1}=\boldsymbol{\Phi}_{k,k-1}\boldsymbol{P}_{k-1}\boldsymbol{\Phi}_{k,k-1}^{\mathrm{T}}+\boldsymbol{\Gamma}_{k-1}\boldsymbol{Q}_{k-1}\boldsymbol{\Gamma}_{k-1}^{\mathrm{T}}\\\boldsymbol{K}_k=\boldsymbol{P}_{k/k-1}\boldsymbol{H}_k^{\mathrm{T}}(\boldsymbol{H}_k\boldsymbol{P}_{k/k-1}\boldsymbol{H}_k^{\mathrm{T}}+\boldsymbol{R}_k)^{-1}\\\hat{\boldsymbol{X}}_k=\hat{\boldsymbol{X}}_{k/k-1}+\boldsymbol{K}_k(\boldsymbol{Z}_k-\boldsymbol{H}_k\hat{\boldsymbol{X}}_{k/k-1})\\\boldsymbol{P}_k=(\boldsymbol{I}-\boldsymbol{K}_k\boldsymbol{H}_k)\boldsymbol{P}_{k/k-1}\end{cases} \tag{B-1-5}$$

式中：$\boldsymbol{I}$ 为单位向量；$\hat{\boldsymbol{X}}_{k/k-1}$ 为状态一步预测值；$\boldsymbol{P}_{k/k-1}$ 为一步预测均方误差；$\boldsymbol{P}_k$ 为估计均方差；其他符号与前面意义一致。式（B-1-5）即为离散卡尔曼滤波基本方程。只要给定初值 $\hat{\boldsymbol{X}}_0$ 和 $\boldsymbol{P}_0$，根据 t_k 时刻的量测值 $\boldsymbol{Z}_k$，就可以递推计算 t_k 时刻的状态估计 $\hat{\boldsymbol{X}}_k$ ($k=1,2,\cdots$)。式（B-1-5）所述算法流程可用图 B-1 表示。

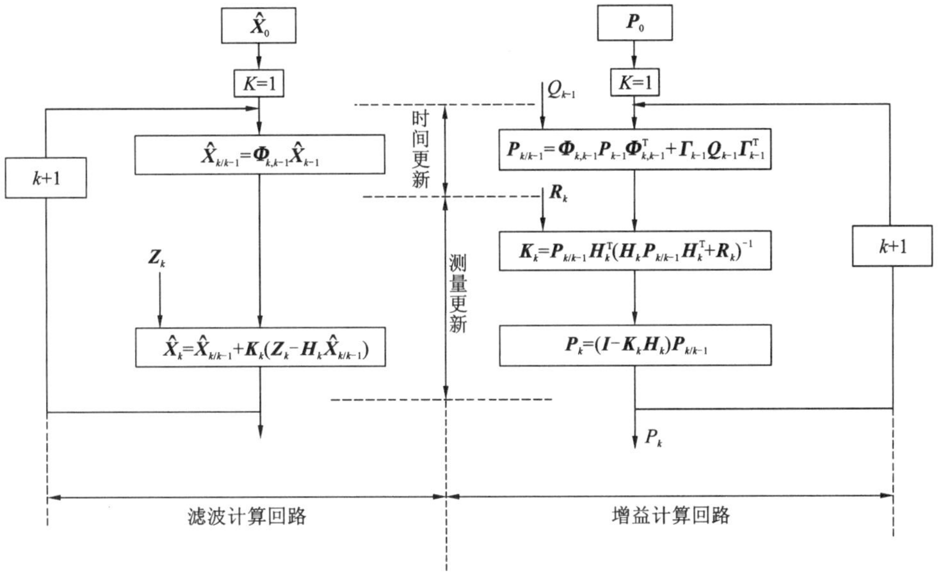

图 B-1　卡尔曼滤波算法

从不同的角度考查上述滤波算法，则滤波算法按不同思路可做不同划分。一种方法是将其划分为增益计算回路和滤波计算回路。其中前者是独立的计算回路，后者依赖前者。另一种方法是将其划分为预测步骤和更新步骤。前者根据前一时刻测量值预测系统状态变量，后者根据当前时刻测量值更新系统状态变量。

B.2　离散卡尔曼滤波使用要点

1. 连续系统的离散化

通常情况下，列写出系统的误差方程是连续的。因此，在进行滤波之前，需要将连续时间的误差方程离散化。

设系统的连续状态方程为

$$\dot{\boldsymbol{X}}(t)=\boldsymbol{F}(t)\boldsymbol{X}(t)+G(t)\boldsymbol{w}(t) \tag{B-2-1}$$

式中：系统的驱动噪声 $\boldsymbol{w}(t)$ 为白噪声过程。

该连续系统离散化处理后，状态方程为

$$\boldsymbol{X}_k=\boldsymbol{\Phi}_{k,k-1}\boldsymbol{X}_{k-1}+\boldsymbol{W}_{k-1} \tag{B-2-2}$$

式中：$\boldsymbol{\Phi}$ 可表示为

$$\boldsymbol{\Phi}=\sum_{i=0}^{\infty}T^i\frac{\boldsymbol{F}_k^i}{i!} \tag{B-2-3}$$

式中：T 为系统采样时间。

系统噪声等效方差阵按式（B-2-4）～式（B-2-6）计算：

$$\boldsymbol{Q}_k=\sum_{i=0}^{\infty}\boldsymbol{M}_i\frac{T^i}{i!} \tag{B-2-4}$$

$$\boldsymbol{M}_{i+1}=\boldsymbol{F}\boldsymbol{M}_i+(\boldsymbol{F}\boldsymbol{M}_i)^{\mathrm{T}} \tag{B-2-5}$$

$$\boldsymbol{M}_1=\boldsymbol{q} \tag{B-2-6}$$

式中：$\boldsymbol{q}$ 为其方差强度阵。

此外，连续系统的离散化还包括对激励白噪声过程 $\boldsymbol{w}(t)$ 的等效离散化处理，按式（B-2-7）进行：

$$\boldsymbol{W}_k=\int_{t_k}^{t_{k+1}}\boldsymbol{\Phi}(t_{k+1},\tau)\boldsymbol{G}(\tau)\boldsymbol{w}(\tau)\mathrm{d}\tau \tag{B-2-7}$$

可证，离散后的等效噪声序列 $\boldsymbol{W}_k$ 仍然为白噪声序列，满足卡尔曼滤波方程的要求。

例如，一阶马尔可夫过程的离散化可表示为

$$\dot{\boldsymbol{N}}(t)=-\alpha\dot{\boldsymbol{N}}(t)+\boldsymbol{w}(t) \tag{B-2-8}$$

用解析法离散化，可得

$$\boldsymbol{N}_{k+1}=\mathrm{e}^{-\alpha T}\boldsymbol{N}_k+\boldsymbol{W}_k \tag{B-2-9}$$

式中：$\boldsymbol{W}_k$ 为白噪声序列，其均值和方差分别为

$$E[\boldsymbol{W}_k]=0,\quad E[\boldsymbol{W}_k\boldsymbol{W}_j]=\boldsymbol{R}_N(0)(1-\mathrm{e}^{-2\alpha T})\delta_{kj} \tag{B-2-10}$$

如果使用数值解法，设白噪声离散化步长为 T，则由马尔可夫随机微分方程可直接写出其差分递推格式为

$$\left|N_{k+1}=N_k+T\cdot(-\alpha N_k+\boldsymbol{V}_k)\right| \tag{B-2-11}$$

式中：$\boldsymbol{V}_k$ 是白噪声序列，其均值和方差分别为

$$E[\boldsymbol{V}_k]=0,\quad E[\boldsymbol{V}_k\boldsymbol{V}_j]\approx 2\alpha\boldsymbol{R}_N(0)/T\cdot\delta_{kj} \tag{B-2-12}$$

2. 滤波初值的选取

卡尔曼滤波是一种递推算法，启动时必须先给定初值 $\hat{\boldsymbol{X}}_0$ 和 $\boldsymbol{P}_0$。

如果不了解初始状态的统计特性，常令 $\hat{\boldsymbol{X}}_0=\boldsymbol{0},\ \boldsymbol{P}_0=\alpha\boldsymbol{I}$ 或 $\hat{\boldsymbol{X}}_{0/-1}=\boldsymbol{0},\boldsymbol{P}_{0/-1}=\alpha\boldsymbol{I}$。其中，$\alpha$ 是很大的正数，在此情况下，滤波器不能保证是无偏的。

3. 估计均方差阵的等价形式及选用

在实际应用中，均方误差阵的计算可根据具体情况选用不同形式的计算方法以达到所期望的效果，下面给出几种计算的方法，并分别介绍其优缺点和适用场合。

（1）$\boldsymbol{P}_k=(\boldsymbol{I}-\boldsymbol{K}_k\boldsymbol{H}_k)\boldsymbol{P}_{k/k-1}(\boldsymbol{I}-\boldsymbol{K}_k\boldsymbol{H}_k)^{\mathrm{T}}+\boldsymbol{K}_k\boldsymbol{R}_k\boldsymbol{K}_k^{\mathrm{T}}$。实际使用中常使用该式。

（2）$\boldsymbol{P}_k=(\boldsymbol{I}-\boldsymbol{K}_k\boldsymbol{H}_k)\boldsymbol{P}_{k/k-1}$。形式简单，但计算中的积累误差易使 $\boldsymbol{P}_k$ 失去非负定性甚至对称性。

（3）$\boldsymbol{P}_k^{-1}=\boldsymbol{P}_{k/k-1}^{-1}+\boldsymbol{H}_k^{\mathrm{T}}\boldsymbol{R}_k^{-1}\boldsymbol{H}_k$。如果在滤波初始时刻不了解状态的统计特性，盲目选

取初始值，相应地 $\boldsymbol{P}_0$ 选得非常大，计算 $\boldsymbol{P}_{1/0}$ 和 $\boldsymbol{K}_1$ 就会很困难，在此情况下，宜采用该式。此时，一步预测的均方差阵也用逆阵来表示。这种逆阵称为信息矩阵。

4. 卡尔曼滤波中的发散问题

卡尔曼滤波计算中常会出现估计值相对实际被估计值的偏差越来越大的情况，此时滤波器逐渐失去估计作用，这种线性称为滤波器的发散。

5. 引起滤波器发散的主要原因

（1）模型原因。系统模型和噪声模型的不准确，特别是将有色噪声近似成白噪声，无法真实地反映物理过程，使模型与获得的量测值不匹配，导致滤波器发散。

（2）数值计算原因。在递推计算过程中，随着滤波计算步数的增加，计算机舍入误差逐渐积累，使得均方差阵失去非负定性甚至失去对称性。

针对模型不准确原因造成的滤波发散问题，可使用衰减记忆滤波或限定记忆法滤波，具体可参考相关文献；针对数值计算原因导致的发散问题，可使用平方根滤波相关算法，如更新时采用若瑟夫范式或楚列斯基（Cholesky）分解等算法，能使滤波具有更好的数值计算稳定性。

参 考 文 献

陈永冰, 钟斌, 2007. 惯性导航原理[M]. 北京: 国防工业出版社.

邓正隆, 2006. 惯性技术[M]. 哈尔滨: 哈尔滨工业大学出版社.

付梦印, 邓志红, 张继伟, 2003. Kalman 滤波理论及其在导航系统中的应用[M]. 北京: 科学出版社.

李友善, 1989. 自动控制原理(修订版)[M]. 北京: 国防工业出版社.

刘浩, 韩晶, 2020. MATLAB R2020a 完全自学一本通[M]. 北京: 电子工业出版社.

刘卫国, 2021. MATLAB2021 从入门到实践[M]. 北京: 中国水利水电出版社.

秦永元, 2006. 惯性导航[M]. 北京: 科学出版社.

覃方君, 陈永冰, 查峰, 等, 2018 . 船用惯性导航[M]. 北京: 国防工业出版社.

吴林涛, 刘天华, 张诚, 等, 2021. 捷联惯导系统误差抑制技术研究[J]. 电子世界(23): 35-36.

袁保伦, 2007 . 四频激光陀螺旋转式惯导系统研究[D]. 长沙: 国防科学技术大学.

中国惯性技术学会, 2010. 惯性技术学科发展报告[M]. 北京: 中国科学技术出版社.

周永余, 许江宁, 2006. 舰船导航系统[M]. 北京: 国防工业出版社.

Britting K R, 1971. Inertial navigation system analysis[M]. New York: Wiley Interscience.

Grewal M S, Weill L R, Andrews A P, 2001. Global positioning systems, inertial navigation, and integration[M]. New York: John Wiley & Sons.